사막에서 길을 잃고
인생의 사막을 건너다

와일드북
와일드북은 한국평생교육원의 출판 브랜드입니다.

사막에서 길을 잃고 인생의 사막을 건너다

초판 1쇄 발행 · 2020년 11월 30일
초판 2쇄 발행 · 2020년 12월 20일

지은이 · 민복기
발행인 · 유광선
발행처 · 한국평생교육원
편　집 · 장운갑
디자인 · 이종헌

주　소 · (대전) 대전광역시 유성구 도안대로589번길 13 2층
(서울) 서울시 서초구 반포대로 14길 30(센츄리 1차오피스텔 1107호)
전　화 · (대전) 042-533-9333 / (서울) 02-597-2228
팩　스 · (대전) 0505-403-3331 / (서울) 02-597-2229

등록번호 · 제2015-30호
이메일 · klec2228@gmail.com

ISBN 979-11-88393-34-3 (13190)
책값은 책표지 뒤에 있습니다.

이 도서의 국립중앙도서관 출판예정도서목록(CIP)은 서지정보유통지원시스템 홈페이지(http://seoji.nl.go.kr)와 국가자료공동목록시스템(http://www.nl.go.kr/kolisnet)에서 이용하실 수 있습니다.(CIP제어번호: CIP2020048301)

사막의 끝에서 시작한 자기계발 이야기

사막에서 길을 잃고 인생의 사막을 건너다

민복기 지음

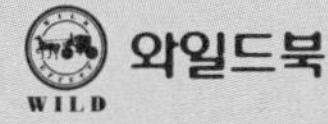

와일드북

현장에 부임하자마자 새로운 베이스캠프가 놓일 지역의 지반 조건을 조사하러 다니게 되었다. 사막과 바다가 만나는 곳이었고 아무런 이정표도 없었다. 시간이 지나면 이 자리에 숙소도 생기고 임시 부두도 만들어지겠지만, 아직까지는 빨간색 측량용 깃발만 몇 개 꽂혀 있을 뿐이었다.

어느 날 오후 늦게 그곳에 가봐야 할 일이 생겼다. 그런데 일을 끝낸 후 주변을 돌아다니다가 그만 길을 잃었다. 안개가 짙게 드리워 있었기 때문이다. 기온차가 큰 시기여서 해무가 피어오르고 있는 것 같았다. 하지만 항상 다니던 길이어서 조심해서 차바퀴 자국만 따라 돌아가면 될 거라는 생각을 했다.

하지만 틀린 판단이었다. 금방 어두워지면서 빠르게 시야도 좁아졌다. 해무에 휩싸이면 아무리 큰 배도 꼼짝 못 하고 제자리를 지켜야 한다고 했던 말도 어렴풋이 기억났다. 이제는 돌아가야겠다고 생각했을 때는 이미 많이 늦었다. 비상 조명등을 켜도 빛이 그대로 공중으로 흩어졌다. 아무것도 보이지 않았고, 단지 주변 몇 미터만 알아볼 수 있었다. 완벽하게 홀로 미아가 된 느낌이었다.

차를 마구 내달릴 수도 없었다. 바다 쪽으로 가면 땅이 진흙이었기 때문에 까딱하다가는 차바퀴가 빠질 수 있는 상황이었다. 그리고 모래 위에 온통 차바퀴 자국이 엉켜 있어서 어떤 바퀴자국을 따라가야 할지도 알 수 없었다.

두려워졌다. 달려야 할지 멈춰야 할지 판단이 서지 않았다. 하지만 무작정 달리는 것이 더 위험하다는 생각이 들었다.

차를 멈추고 밖으로 나왔다. 몇 발자국 걸어보니 발이 조금 빠지는 것이 느껴졌다. 차를 몰고 더 들어갔으면 정말 큰일 날 뻔했다. 차가 진흙탕에 빠져서 옴짝달싹하지 못하게 되면 숙소로 돌아갈 방법이 없었을 테니까.

안도의 한숨을 내쉬고 주변을 두리번거렸다. 바다를 등지고 그 위치에서 멀어지는 방향으로 차를 몰아가면 차도를 만날 수 있다는 판단이 들었다. 그렇다면 이제는 바다가 어느 쪽에 있는지 찾아야 할 차례였다.

한 걸음씩 내딛을 때마다 진흙 위에 발자국이 새겨졌다.

꽤 많이 걸었지만 처음 선택한 방향에서는 바다를 만나지 못했다. 하는 수 없이 내가 걸어왔던 발자국을 보고 제자리로 돌아왔다.

그 다음 번에도 실패했고 세 번째 시도 끝에야 겨우 바다를 만났다.

진흙 위를 한참 헤매며 걸어 다녔기 때문인지 기운이 빠졌다. 더구나 바다에 가까울수록 땅은 더 질척거렸다. 그렇게 바다에 거의 다다

랐을 즈음 결국 발이 엉켜서 넘어지고 말았다. 한 바퀴 뒹굴고 나니 흙 범벅이 되었다. 기왕지사 이렇게 된 것, 잠시 쉬어야겠다는 생각에 그대로 드러누웠다.

바닥에 누워보니 기분이 이상했다. 사막과 안개 그리고 바다가 한곳에 뒤엉켜 있었다. 바다와 모래의 냄새가 마치 연기처럼 한 점에서 피어오르는 것 같았다. 비릿하면서도 찝찝한 느낌이랄까. 단 한 번도, 상상에서조차도 떠올려 본 적 없는 광경이었다. 세상의 끝이 존재한다면 바로 지금 이곳의 모습일 듯싶었다. 그 음울한 분위기가 점점 더 마음을 무겁게 했다.

이유 없이 서러운 기분이 들었다.

내가 누워 있는 주변을 멍하니 둘러보았다.

파도소리, 그리고 앞뒤 분간도 어렵게 하는 짙은 안개만 가득했다.

한숨이 나왔다. 그리고 동시에 많은 질문이 쏟아졌다. 대체 여기가 어디인지, 그리고 나는 왜 여기에 와 있는지, 그리고 무엇을 위해 살다가 여기까지 오게 된 건지.

질문들과 함께 눈물이 왈칵 쏟아졌다. 한국에 두고 온 아이와 아내가 그리웠다. 아들을 떠나보내시던 어머니의 슬픈 표정도 선명하게 떠올랐다. 가슴이 먹먹해졌다. 일어나 앉아서 웅크린 채로 한참을 울었다.

억울했다. 나는 언제나 주변에서 인정받는 사람이었다. 하지만 이 순간에 그런 것은 아무런 소용이 없었다. 자기 자신이 현실을 받아들이지 못하는데 다른 사람들의 평가가 무슨 소용이 있을까. 나는 주변의 목소리에만 신경을 썼을 뿐 나 자신의 목소리에 귀 기울이지 않았다. 그리고 지금 그 벌을 받고 있는 중이라는 생각이 가득했다. 불현듯 왜 아무도 나에게 그런 말을 해주지 않았느냐고 소리치고 싶었다.

그러고 보니 지금 내 옆에 아무도 없는데도 소리는 지르지 않았고, 심지어는 울면서도 주변을 둘러보면서 눈치를 보고 있었다. 이렇게 멍청할 데가 있나! 사막의 끝에서도 남의 눈치를 보고 있는 셈이었다.

대체 어디부터 잘못된 것이었을까. 그리고 언제부터였던 걸까. 전혀 대답이 떠오르지 않았다.

그랬다. 내가 살아온 인생이 마치 눈앞에 펼쳐진 이 광경, 이 순간과도 같았다. 어디로 가는지도 몰랐다. 잘 보이지도 않았다. 그 끝에 어디에 닿는지도 생각해보지 않은 채로 무작정 가고 있었다. 그냥 남들이 가라고 하니까 진흙 밭에 발이 빠지는 힘겨움을 모두 참아내면서 살아온 것이었다. 그리고 그 끝에서 마주친 것은 마치 세상의 끝인

듯 느껴지는 현실이었다.

삶의 길을 잃고 넘어져서 헤매고 있었다. 그런 생각을 한 번도 안 했던 것은 아니었지만, 이렇게 절실하게 느끼게 될 줄은 몰랐다. 그저 남들이 가는 대로 가면, 남들이 좋아 보인다고 말하는 길을 가면 잘 가는 줄로만 알았다. 머릿속에 물음표가 떠오를 때에도 이것이 모두가 다 부러워하는 길이라고 나를 위로했다. 안정된 직장, 단란한 가정, 아껴 쓰면 모자라지 않을 수입, 가다 보면 결국 내 길이 될 것이라고 합리화했다.

그 모든 순간이 실수였다. 가다 보면 내 길이 되는 것은 결단코 아니었다. 내 의지로 자신의 길을 찾았어야 했다. 그리고 그곳으로 가는 과정에서 길을 잃었어야 했다. 그래야만 다시 일어나서 원래 가야 할 길을 찾아서 걸어갈 수 있을 테니까.

하지만 남이 좋다는 길을 가다가 넘어지면, 다시 일어나도 어디로 가는 게 좋을지 알 수가 없는 치명적인 단점이 있었다. 수없이 많은 시간, 넘어진 줄도 모르고 그냥 무작정 성실하게만 사는 것이 전부인 줄 알았던 나야말로 진정한 패배자였다.

많은 것이 다르게 느껴졌다. 그날의 안개와 바다, 그리고 희미한 파도소리를 잊지 말아야겠다고 다짐했다. 그리고 내가 이루고 싶었던 꿈을 향해 가는 삶을 살아야겠다는 다짐도 이어졌다.

누구나 삶을 살다 보면 길을 잃는다. 당연히 그 순간에는 눈앞이 캄캄하다. 하지만 길을 잃지 않으면 내가 가야 할 길에 대한 고민을 하지 않는다. 역설적이지만 길을 잃어야만 길을 찾을 수 있는 셈이다. 그래서 길을 잃는 것은 오히려 좋은 기회가 된다.

많은 시간이 흘러서 그때를 뒤돌아보면 그곳에서 길을 잃고 넘어졌던 것은 참으로 다행스러운 경험이었다. 그 경험이 없었다면 과연 내가 꿈을 이루는 삶을 살겠다고 다짐할 일도 없었을 테니까.

그렇게 보면 그날 길을 잃었던 것은 정말 큰 행운이 아니었나 싶다. 바닥을 쳐야 비로소 위를 올려다보고 걸어갈 수 있는 기준이 되어주니까.

민복기

들어가는 글 _ 4

제1장 나를 이끌어준 삶 속의 메시지들

1 숙소에 돌아온 이후 _ 15
2 사막의 별이 전해준 이야기 _ 23
3 치열했던 사막에서의 삶 _ 29
4 화면 속 한 남자 _ 36
5 역경을 영광으로 _ 43
6 샌프란시스코에서 알게 된 것 _ 50

제2장 배운다는 것, 발가벗은 나를 마주하는 일

1 배움의 무게 _ 61
2 코치가 되기로 결심하다 _ 67
3 캘리포니아에서 있었던 일들 _ 74
4 온실에서 나와 세상을 향해 걷다 _ 85
5 누군가의 삶을 더 나은 곳으로 이끈다는 것 _ 91
6 어깨 위에 짊어졌던 소중한 사람에게 보내는 마지막 인사 _ 97

제3장 삶을 바꾸어 준 질문들

1 나는 지금 진실한 내 모습으로 살아가고 있는가 _ 111
2 지금 나의 에너지를 의식적으로 관리하고 있는가 _ 135
3 중요한 일을 중요하게 다루고 있는가 _ 168
4 어느 날 마술처럼 내가 바라는 것이 다 이루어지면 나는 어떤 일을 하고 있을까 _ 195
5 내 삶의 목표는 무엇인가 _ 214

제4장 코치의 조언

1 일이 풀리지 않아 자신감을 잃고 헤맬 때 _ 245
2 관계 속에서 공허함을 느끼고 고독할 때 _ 251
3 일의 의미를 찾지 못하고 방황할 때 _ 257
4 원하지 않는 인생을 살고 있을 때 _ 264
5 행복하지 못하다고 느낄 때 _ 269
6 돈이 부족하다고 느낄 때 _ 275
7 사람들 앞에서 발표를 잘하고 싶을 때 _ 282
8 무엇을 해야 하는지 알고 있으면서도 하지 못할 때 _ 292
9 사랑하는 사람을 잃었을 때 _ 297

마치는 글 _ 301

제
1
장

나를 이끌어준
삶 속의 메시지들

—1—
숙소에 돌아온 이후

그날 밤 숙소에 돌아와서도 쉽게 잠이 오지 않았다. 몸은 내 방에 있었지만 마음은 여전히 사막의 끝에 닿아 있었다. 결국 잠을 포기하고 밤을 지새우며 많은 생각들을 노트에 옮겨 적었다.

중구난방이었다. 온갖 생각의 파편이 종이 위에 흩어져 있었다. 새벽 동이 터 올 즈음 겨우 4개의 문장으로 정리가 되었다.

1) 내가 가고자 하는 길이 명확한가

'내가 지금 어디로 가는 건가. 길을 찾아 가고 있는 걸까. 아니면 잘못된 길을 가는 걸까. 이 길의 끝에서 나는 어디에 도달하게 될까.'

힘들게 사막을 걸으면서 나를 가장 많이 괴롭힌 생각이었다. 그리고 이내 내 삶이 나아가는 길에 대해서도 떠올리게 했다.

남들이 보기에는 괜찮은 삶이었다. 따뜻한 마음씨와 긍정적 성격,

번듯한 직장, 단란한 가정, 안정된 수입, 무엇 하나 모자란 것이 없었다. 나도 그렇게 생각했다. 이대로 살면 내 삶은 성공적인 것이 되는 줄 알았다. 하지만 결국 도착한 곳은 사막의 끝, 세상이 끝이었다.

살아오면서 단 한 순간도 사막과 바다의 경계에서 눈물을 흘리게 될 것이라고 생각해보지 않았다. 상상조차 해보지 못했다. 그러나 그것은 분명히 오늘 내게 일어난 일이었다.

지금 내 삶에 던져진 질문을 붙잡지 않으면 나중에 어떤 모습으로 찾아올지 두려웠다. 답을 얻어야 했다. 얼마의 시간이 걸려도 찾아야 했다. 행여나 평생에 걸쳐 찾아도 답을 찾지 못할 수도 있다는 두려움이 생겼지만 버텨내야겠다는 절실함이 생겼다. 생각 없는 삶보다는 두렵지만 답을 찾기 위해 노력하는 삶을 사는 것이 더 낫다는 결론에 닿았다.

"내 삶은 어디로 향해 가고 있는 것인지. 나는 그 끝에서 어떤 것을 얻고자 하는지. 그리고 지금 내가 하고 있는 일과 행동들이 그것을 얻게 해주는 것인지."

이 질문들은 그날 이후 정말 오랜 기간 나를 괴롭혔다. 그리고 삶의 목적에 대한 진지한 고민의 시작점이기도 했다.

2) 그 길 위에서 방황하고 있는가

짙은 안개가 없었으면 헤매지 않았을 것이다. 숨 막히도록 자욱했던 그 안개 때문에 오랜 시간을 방황하고 나서야 겨우 바다를 만났다. 늦은 밤 그 장면들을 떠올리면서 느낀 것은 내 삶도 다를 것이 하나도 없다는 것이었다.

안개는 언제나 자욱하게 끼어 있었다. 방황하지 않을 도리는 없었던 셈이다. 그리고 나는 그 길을 다른 사람들이 말하는 대로 걸어왔다. 그들의 말이 맞는 줄 알았다. 하지만 그 길이 맞는지는 그들도 알 수 없었다. 그런데 왜 나는 고민 없이 그 말들을 따라 그 자욱한 안개 속을 걸어왔던 것일까.

이제는 내가 가고자 마음먹은 길을 가야 했다. 그 길 위에서도 방황은 이어지겠지만 적어도 내가 가고 싶은 길을 가면서 방황을 해야 의미가 있는 것이다. 그 길 위에서 흔들리고, 다시 조정하고 그렇게 나아가야 내 삶에 의미를 부여할 수 있는 것이라는 확신이 들었다.

그러자 마음이 조급해졌다. 무언가를 해야만 했다. 덤벼들어서 실행해보지 않으면 얻어지는 것은 아무것도 없었다. 그리고 또 한 가지 중요한 것이 있었다. 이제는 의식적으로 이 길이 맞는지도 함께 고민해야 했다. 맞든 틀리든 일단 내딛어야 했고 동시에 이 길이 틀렸을 수도 있다는 마음도 품어야 했다. 두려웠다. 세상이 말하는 안전한 선택만 이어온 나로서는 마냥 어려운 일이었다. 하지만 이제는 의식적으로 내가 선택한 방황을 이어가야 했다. 그렇다면 앞으로의 삶은 너무나도 치열해질 것이었다. 가슴이 두근거렸다. 정말 해낼 수 있을까. 자꾸만 스스로에게 반복해서 묻고 있었다.

"다시 예전으로 돌아가지 않고 이 길을 계속 걸어갈 수 있을까."

3) 사랑하는 사람들을 잊지 않았는가

사막의 끝에서 처음 터져 나온 한마디는 '엄마'였다. 더 이상 어머니가 바라는 보통의 삶을 이어가지 못할 것임을 느꼈던 것 같다. 괜히 죄송한 마음이 들었다. 돌이 갓 지난 딸아이도, 아이를 안고 손을 흔들던 아내도, 묵묵히 가방을 들어주시던 아버지도, 안타까운 눈으로 바라봐주던 동생도 모두 보고 싶었다. 그리고 마치 소 울음소리처럼 내 속에서 흘러나오는 '엄마'라는 단어는 결국 나를 울렸다. 나는 과연 얼마나 이들을 소중하게 대했던 걸까.

그리고 혼자서 자욱한 안개 속을 걸어갈 때, 가족이 다 같이 모여서 식사를 하던 생각이 자꾸만 떠올랐다.

딸아이가 두 손에 귤을 움켜쥐고 조몰락거리다가 나와 아내에게 먹으라고 내밀던 그 순간이 사진처럼 가슴에 박혔다. 그때 어머니 아버지는 손녀딸을 보고 기특하다며 박수를 치셨고, 나와 아내는 고맙다고 딸아이에게 이야기하면서 셋이 함께 부둥켜안았다. 너무나도 선명하게 남은 이유는 하나였다. 그때가 내 기억 속 제일 행복한 순간이었으니까.

왜 나는 그런 시간을 더 많이 만들지 못했나. 언제나 그런 순간이 이어질 거라는 근거 없는 확신을 가졌던 이유는 무엇이었을까. 사막의 한가운데서 외롭다는 느낌이 너무나도 강하게 밀려왔다. 왜 나는 그렇게도 사랑하는 사람들을 그만큼 소중하게 대하지 못했던 것일까.

4) 단 한 걸음이라도 나아가고 있는가

명확하게 내가 바라는 길을 가자. 그리고 그 길 위에서 방황하자. 이렇게 다짐했다. 하지만 결국 변화하겠다는 강인한 의지가 없으면 불가능했다. 그리고 아무리 그 길을 빨리 가고 싶어도 소중한 사람들도 놓치지 않아야 했다. 일단 그들의 삶은 내 어깨에 짊어진 것이었으니까. 그렇다면 변화도 천천히 해야 했다. 모두를 함께 이끌면서 삶의 방향을 트는 것은 마치 큰 배가 방향을 바꾸는 것과 같을 테니까. 미리미리 준비해서 방향키를 틀어야 큰 궤적을 그리면서 원하는 곳으로 향할 수 있는 것이 지금 내가 살아가야 할 삶일 테니까.

그리고 그 과정에서 또다시 삶의 평범함 속에 묻히지 않아야 했다. 의식적으로 애를 써서 일상의 삶이 주는 안락함을 벗어나야 했다. 그 마음을 담아서 종이 위에 꾹꾹 눌러썼다.

"하루에 한 걸음씩은 나아가자. 멈추지는 말자. 어차피 원하는 속도로 달려갈 수 없다면 멈추지만 말고 계속 가는 것을 선택하자. 그렇게 긴 호흡으로 가자."

여기까지 정리하고 나니 비로소 짧은 잠을 잘 수 있었다.

5) 이것이 진정 내가 바라는 것인가

다음 날 해야 할 일을 대충 마무리한 시각이 오후 4시 즈음이었다.

문득 어제 길을 잃었던 곳에 가보고 싶은 생각이 들었다.

사람들이 주로 다니는 길은 자동차 바퀴자국이 어지러이 널려 있었다. 하지만 어제 내가 길을 잃었던 곳에는 분명히 별다른 자국이 없을 것이었다. 그래서 길을 따라 가면서 도로를 살폈다. 동쪽으로 꽤 올라간 지점에서 자동차 바퀴자국을 발견했다. 거꾸로 따라 가보니 내가 어제 길을 잃었던 지점에 도착할 수 있었다. 차를 타고 어제 남겨진 발자국을 따라갔다. 어제 그 길을 걸어가던 기분을 다시금 떠올리면서.

첫 번째로 걸어갔던 방향은 바다가 아니라 곧바로 도로로 나올 수 있는 방향이었다. 만약에 200미터만 더 걸어 나왔다면 한 번에 도로를 찾을 수 있었다. 조금 아깝다는 생각이 들었다. 물론 안개가 심했기 때문에 육안으로 확인하기는 어려웠지만 분명히 바다에서 멀어지면서 발이 덜 빠지는 것을 느꼈어야 했다. 조금만 침착했으면 바로 알아챘을 텐데. 아마도 당황해서 그랬으려니 싶었다.

그런데 마음에 걸리는 것이 하나 있었다. 나는 분명히 똑바로 길을 걸었다고 생각했다. 하지만 길을 잃은 장소에서 발자국이 끝난 곳까지가 비뚤배뚤 제멋대로 발자국이 남아 있었다. 아무래도 어젯밤의 여운이 가시지 않아서인지 문득 이런 질문이 떠올랐다.

"바르게 살아왔다고 혼자서 자신했던 내 삶이 과연 정말 그렇게 살아왔던 것일까? 두 발로 걷는 것조차 이렇게 제멋대로 흩어져 있었다면, 보이지도 않는 마음에 의지해서 걸어야 하는 삶이 얼마나 어지러운 발자국을 남겼을까?"

이번에는 두 번째로 걸어갔던 길을 살폈다. 완전히 틀린 길이었다. 아마도 계속 그 방향으로 걸어갔다면 사막 깊이 들어갔을 터였다. 얼마 가지 않고 다시 제자리로 돌아오길 천만다행이었다. 탁월한 선택이었다는 생각에 미소가 지어졌다.

하지만 그것은 분명히 아이러니한 일이었다. 분명히 어제는 두 길 모두 실패하고 제자리에 돌아오게 만든 길이었을 뿐이었다. 그런데 지금 보니 하나는 아쉽고, 다른 하나는 다행스럽게 느껴지고 있었다. 성공을 코앞에 두고 돌아섰던 길은 아쉽고, 실패했을 것으로 보이던 길에서 돌아온 것에는 만족해하고 있었다. 어제는 똑같이 불확실하고 알 수 없는 현실이었을 뿐인데 말이다. 역시나 새로운 질문이 생겼다.

"삶 속에서 성공으로 가는 길이란 과연 무엇일까? 지금 가는 길이 성공할 것인지 실패할 것인지를 알고 가는 것도 아닌데 왜 그렇게 남들의 말에 휘둘렸던 것일까?"

그저 대기업에 취직해서 열심히 일하고 인정받으면서 임원을 꿈꾸면 그만인 줄 알았던 삶에 경종이 울렸다. 성공이란 것의 주체도 결국 나 자신이어야 했다. 남들이 아무리 좋다고 해도 내가 바라는 것이 아니면 헛될 따름이라는 것을 또 한 번 깨닫고 있었다.

그렇게 한참을 그 자리에서 물끄러미 사막과 나의 발자국들을 겹쳐서 바라보았다. 그리고 숙소에 돌아와서 지금 까지 썼던 글들을 훑어보았다. 그리고 마지막 문장을 썼다.

"내가 바라는 삶을 살자. 진정으로 내가 원하는 삶을 찾아보자."

시간이 지나서 생각해보면 이 모든 일이 진즉에 배웠어야 할 것들을 지나쳐 왔기 때문에 그에 대한 보충수업을 받은 것이라고 느껴진다. 왜 첫 번째 걸음에서 코앞에 둔 도로를 찾지 못하고 돌아왔으며, 두 번째 길을 쉽게 포기하도록 하고, 마지막 세 번째 시도에서야 바다에 닿게 된 것이었을까. 그리고 왜 그 바다에서 세상의 끝에 도착한 것 같은 느낌을 받으면서 눈물을 흘려야 했을까. 모두 다 삶이 나를 일깨우기 위해 전해준 메시지라는 생각이 들었다. 이제는 정말 제대로 자신을 대해달라는 메시지였다.

— 2 —
사막의 별이 전해준 이야기

초등학생 시절에 우주소년단이라는 서클활동을 했다. 덕분에 4학년 때부터 다양한 과학 관련된 실험들을 하면서 시간을 보냈고, 5학년 때는 계룡산 야간산행을 한 적이 있었다. 목표는 별자리 관측이었다. 가을이었고 밤 9시부터 등산을 시작해서 정상에 도착했을 때의 시간은 대략 밤 12시였다. 아이들과 함께 오셨던 부모님들까지 합치면 거의 100명이 함께 했고, 랜턴을 달고 마치 광부들이 석탄을 캐러 가듯 길을 밝히면서 산을 올랐다. 한참을 오르다 보니 널찍한 분지가 있었고 그곳에서 우리는 하늘을 가득채운 별들을 만났다.

장관이었다.

모래를 양손에 가득 움켜쥐고 힘껏 하늘에 뿌려서 그 모두가 알알이 박힌다고 해도 눈앞에 보이는 별보다는 그 숫자가 적을 것 같은 느낌이었다. 생에 처음으로 자연에 압도당한 순간이기도 했다. 쏟아지는 별빛만으로도 길이 밝아 보인다는 생각이 들만큼 하늘 가득 별 밭이었으니 그럴 만도 했다.

그런 광경을 처음 본 건 나뿐만이 아니었다. 학생들 모두에게 너무나도 인상적이었고 모두 놀란 입을 다물지 못했다. 학생들만 그런 것이 아니었다. 선생님들과 부모님들도 연신 감탄했다. 우리나라 하늘에 이렇게 많은 별이 보이는지 몰랐다는 말이 여기저기서 터져 나왔다.

물론 그날의 광경만으로도 멋있었지만 사실 그날을 이렇게 선명하게 기억하는 이유는 선생님의 말씀 한마디가 가슴에 남았기 때문이다.

"저 수많은 별들 중에 분명히 여러분들의 별이 있어요. 잘 찾아보세요. 어떤 별이 맘에 들어오는지 유심히 잘 보세요. 그리고 정말 중요한 건, 그 바로 옆에 여러분의 꿈도 함께 있다는 사실이에요. 잘 찾아보세요. 그 별 옆에 여러분의 꿈이 잘 있는지."

5학년이었던 내게도 너무나도 멋있게 들리는 말씀이었다. 내 별이 저렇게 찬란히 빛나고 있다니, 그리고 내 꿈도 그 옆에서 함께 빛나고 있다니. 환하게 웃었다. 너무나도 즐거웠다. 그렇게 그날의 기억은 멋진 추억으로 가슴에 남았다.

하지만 시간이 흐르면서 기억은 무디어졌다. 중학교와 고등학교를 거쳐 입시를 치르고 대학을 다니면서 방황할 동안에는 단 한 번도 하늘의 별과 내 꿈에 대해 생각해 본 적이 없었다. 굳이 변명하자면 서울의 하늘이 워낙 오염되어서 별이 보이지 않기 때문이라고 핑계대고 싶다. 아마 하늘 가득 별이 빛났다면 그러지 않았을 거라고 이야기하면서.

그렇지만 그건 말 그대로 핑계일 뿐이었다. 괜히 회피해보고 싶었을 뿐 모든 책임은 고스란히 내 몫이었다. 그것이 누군가의 강요였건 자신의 무관심함이었건 말이다.

어떤 이유이었던 간에 나는 내 삶이 그저 흘러가는 것에 동의한 셈이었다. 능동적이었건, 수동적이었건 그다지 중요하지 않았다. 당연하게도 그때부터 삶이 아프게 느껴졌다.

내가 품어야 할 현실에는 따끔거리는 가시가 돋아 있었던 셈이었다. 내가 회피하고 있었던 꿈이라는 녀석은 가시가 되어 있었다. 그래도 무언가 해야 할 목표가 생기면 그 가시는 참을 만했다. 어쩌면 참을 만하기보다는 잠시 잊을 수 있었다는 것이 더 정확한 표현일 것 같다. 그렇게 해서라도 잠시나마 아프지 않고 싶었다.

그래서 한 가지 목표를 이루면 또 다른 목표를 찾으려 했다. 한 가지 자격증을 따고 또 다른 자격증을 공부하면서, 가끔은 몇 단계의 연속된 목표를 잡으면서 집중하려고 했다. 그러나 그런 시간들에도 점점 내성이 생겼다. 짧은 목표를 가지고 있는 탓에 성실하게 살아갈 수는 있었지만 꿈을 가지지 않은 탓에 가슴이 뛰는 일은 거의 없었다. 나중에는 몇 달을 노력해서 자격증을 따도 전혀 기쁘지 않았다. 자괴감만 켜켜이 쌓여갔다.

어느덧 나는 목표를 향해 삶의 방향을 트는 것이 아니라 삶이 가는 방향에 맞춰서 목표를 잡고 있었다. 등대를 보고 항해하고 있는 배가 아니라 배의 전방에 등대가 있는 듯 살려고 한 셈이었다. 삶이 어긋나는 것은 당연했다. 그러자 그 가시가 다시 나를 아프게 찔러댔다. 그래도 그즈음 새로운 도피처가 생겼다.

갓 태어난 딸아이가 웃으면 하나도 아프지 않았다. 삶의 가시가 무디어진 듯했다. 이 아이만 웃게 해줄 수 있으면 아무래도 좋다는 생각이 가득했다. 하지만 한편으로는 더욱 서글펐다. 그나마 이전에는 내 삶에서의 목표들로 아픈 것을 잊었다. 그러나 이제는 나 자신도 아닌 아이에게로 도망쳤을 뿐이었다. 좋으면서도 잔인한 삶의 현실이었다.

이런 과정을 거치면서 부모들이 자식을 위해 자신의 삶을 묻어두게 되는 것임을 알았다. 나뿐만 아니라 나의 아내까지 그렇게 될까 봐 두 배로 서글퍼졌다. 혼란스러웠다. 탈출구가 없다는 생각에 숨이 막혔다. 그런데 그때 내 삶에 폭풍이 몰아쳤다. 나를 지탱하던 가족을 떠나서 말 그대로 모래폭풍이 부는 중동의 사막에서 객지 생활을 하게 된 것이다.

며칠간 적응 못 하고 헤맸다. 겨우 정신을 차려보니 나는 사막 한가운데 서 있었다. 살아 있는 것이라고는 아무것도 없는 곳이었다. 눈길이 닿는 모든 곳이 모래뿐이었다. 그 안에서 고스란히 혼자였다. 사막의 어딘가에 덩그러니 놓인 모래처럼 온전히 혼자였다. 숨이 막혔다. 그렇게 며칠이 흘렀다. 우연히 저녁 늦게 사무실에 들러야 할 일이 있어서 밖으로 나왔다.

하늘에 수많은 별이 빛나고 있었다. 어릴 적에 계룡산에서 보았던 많은 숫자의 별은 아니었지만, 그 시절의 그 순간으로 나를 이끌어 주기에는 충분할 만큼이었다. 그렇게 한참동안 별을 올려다보고 있다 보니 선생님이 해주셨던 말씀의 뒷부분이 생각났다.

"별똥별을 보고 소원을 빌면 그 소원이 이루어지는 이유를 여러분은 알고 있나요? 잘 모르면 선생님이 가르쳐 줄 테니 잘 들으세요."

모든 학생들의 눈이 반짝였다.

"별똥별이 흔들리다가 떨어지는 데에는 2~3초의 시간밖에 걸리지 않아요. 그 사이에 자기의 꿈을 말할 수 있다면 항상 그 꿈을 마음에 품고 있다는 이야기예요. 그래서 여러분은 여러분이 바라는 소원을 항상 마음에 품고 있어야 해요. 밥 먹을 때도 학교에 갈 때도 말이에요. 그리고 특히 밤길을 걸을 때는 항상 생각하고 있는 게 좋겠지요? 별똥별이 떨어질 때 그 기회를 놓치면 안 되니까요."

20년도 넘은 시간을 지나 지구를 반 바퀴 돌아서 온 쿠웨이트의 하늘에서도 별은 그대로 빛나고 있었다. 그리고 나에게 아직 소원을 빌 시간이 남아 있다는 생각이 들었다. 다행이라는 생각에 안도감도 느껴졌다. 동시에 별은 당연히 거기 있는 건데 왜 이런 생각이 드는 것인지 조금은 우습다는 생각도 들었다.

그렇다. 별은 당연히 거기 있는 거다. 그렇다면 내 꿈도 변하지 않고 그곳에 함께 있다. 결국 꿈이 나를 외면한 적은 단 한 번도 없었다. 내가 바라봐 주지 않았을 뿐이었다.

별은 언제나 그 자리에 있었다. 구름에 가려서 보이지 않을 때도 있고, 공기가 탁해서 보이지 않을 수도 있다. 하지만 분명히 그 자리에 있었다. 나만 그것을 의심하지 않으면 되는 것이었다. 보이지 않는다고 해서 없어진 것은 아니었다. 그저 선명하게 보였던 순간을 기억하고 그 존재를 의심하지 않으면 될 일이었다.

모래 위에 털썩 앉았다. 두 손을 뒤로 짚고 한참 동안 하늘을 올려다보았다. 손 안에 고운 모래를 한 가득 쥔 채로 어릴 적의 꿈을 떠올렸다.

나는 사람들의 마음을 따뜻하게 해주는 사람이고 싶었다. 그 생각만으로도 훨씬 행복해졌다. 그리고 멋진 글을 쓰고 싶었던 꿈도 다시 만났다. 그저 떠올린 것만으로도 한참을 즐겁고 행복했다. 손 안의 모래를 힘껏 하늘로 흩뿌리듯 내던졌다. 언젠가는 어린 시절에 만났던 그 하늘에 있었던 많은 별들을 다시 만나길 기도하면서.

— 3 —
치열했던 사막에서의 삶

해외 생활을 하면서 가장 힘든 것은 가족이 곁에 없다는 것이었다. 하지만 삶을 어떻게 살아야 하는지에 대한 고민을 할 때는 달랐다. 가족이 내 옆에 없다는 것이 오히려 장점이었다. 방긋 웃는 어린 딸아이를 볼 수 없다는 형벌이 오히려 장점이라는 것은 슬픈 일이었다. 하지만 어쩌면 이것이 삶이 나에게 준 마지막 기회일 수도 있었다.

다만 한 가지 문제가 있었다. 일터가 곧 숙소이다 보니 일과 삶이 분리되지 않았다. 더구나 초기 해외 건설현장의 업무량은 살인적이었다. 오전 6시부터 저녁 11시까지 근무하는 것이 기본이었다. 휴일도 2주일에 하루였다. 그리고 바쁘면 그보다 더 많이 근무했다. 정말 바쁠 때는 4개월간 단 하루만 쉬고 내내 일하기도 했다. 요즘에는 법적으로 그렇게 일을 하는 것은 허용되지 않지만 그 시절에는 52시간 근무라는 것은 꿈도 꾸지 못했다. 그러다 보니 하루 종일 긴장하고 있어야 했다.

하지만 굳게 결심한 일을 멈출 수는 없었다. 정신없이 바쁘게 일하면서도 삶이 준 질문에 대한 답을 찾아야 했다. 생각 없이 편한 삶보다는 고민하는 불편한 삶을 살겠다고 다짐했고, 그 결심을 따르기 위해 퇴근 후 책을 읽기 시작했다.

건설현장에는 책을 다량 비치해둔다. 한 번에 한 권씩만 빌리는 것이 원칙이었다. 하지만 몰래 2~3권씩 가져다가 숙소에서 읽기 시작했다. 제대로 읽는다면 하룻밤에 2~3권을 읽는다는 것은 말도 안 되는 일이다. 하지만 나는 목표가 분명했다. 삶이 어느 방향으로 가야 하는지에 대한 답을 내야 했다. 그래서 책을 읽으면서 최대한 빠르게 속독 및 통독을 했다.

그래도 한 권을 훑어내는 데 거의 1.5~2시간씩은 걸렸다. 그러다 보니 보통 3~4시간씩 책을 읽었다. 보통 11시가 넘어야 퇴근이었으니까 잠을 든 시간은 새벽 3시가 넘었다.

그리고 기상은 5시 20분이었다. 하루에 수면 시간이 두 시간 정도였다. 치열했다. 난생 처음 굳은 다짐을 했는데 피곤하다고 멈출 수는 없었다. 어떻게 하든 내가 바라는 삶을 찾아내고 싶었다.

너무 절실하다 보니 에피소드도 겪었다.

파울로 코엘료 작가가 쓴 〈연금술사〉를 다시 읽던 중이었다. 주인공 산티아고가 질문을 거듭하다가 자아의 신화를 이루어 내는 명장면의 조연이 모래폭풍이었다. 따라서 모래폭풍이 불면 나도 밖에 나가서 서 있었다. 나에게도 그런 환상적인 일이 일어나기를 바라는 마음이었다. 하지만 당연히 그것은 그저 환상이었다. 안 된다고 생각하면서도 혹시나 1억분의 1만큼이라도 가능성이 있을까 봐 그냥 지나치지 못했다.

그만큼 절실했다. 총 10번 남짓 되는 모래폭풍을 겪었고, 그중에서 한 세 가지는 기억에 깊이 남아 있다.

가장 먼저 떠오르는 것은 2014년 4월의 모래폭풍이었다.

그날 새로 부임하는 동료들이 있어서 마중을 하러 공항에 나갔다. 사람들을 만나고 공항을 빠져나오는데 세상이 온통 뿌옇게 변해 있었다. 오전 10시경이었는데도 가시거리가 얼마 되지 않았다. 도로 옆의 야자수들이 정신없이 흔들리고 있었고, 그날 처음 쿠웨이트에 도착한 동료들은 그날의 광경에 엄청나게 충격을 받았다. 그중에 한 동료는 가족을 불러서 쿠웨이트로 같이 지내려고 했었는데 그날의 모래폭풍을 보고 마음을 바꿨다. 도저히 이런 곳에 가족을 오게 할 수는 없다는 결심을 할 만큼 심한 모래 폭풍이었다.

두 번째는 2015년 초였다.

쉬는 날이어서 쇼핑몰 근처의 커피숍에서 차를 마시고 있는데 갑자기 날이 어두워졌다. 책을 읽던 중이어서 시간이 얼마나 흘렀는지 잘 몰랐고 그저 숙소로 가야 할 시간이 된 줄 알고 일어나보니 오후 4시경이었다. 주차장에 차를 타러 갔는데 지하의 주차장까지 먼지가 자욱했다. 밖으로 나오자 비릿한 흙냄새와 더불어 엄청난 바람이 불고 있었다. 도심에는 모래가 많지 않음에도 불구하고 어디선가 날아온 모래가 차창과 측면을 때렸다. 동시에 차가 휘청거리는 느낌이 들었다. 대낮이었는데도 태양이 보이지 않았다. 완전히 태양이 가려진 것은 아니었지만, 맨 눈으로 태양을 보고 있을 수 있을 만큼 모래구름이 피어올라 있었다. 태양마저 한 발 물러서게 한 모래폭풍이었다.

세 번째는 2015년 4월이었다.

저녁식사를 하고 산책을 나왔는데 하늘이 먹구름이 낀 듯 검었다. 중간 중간 붉은색 구름들이 끼어들어 있어서 하늘이 검붉은 빛깔을 머금은 채 기괴하고 음산한 분위기를 풍겼다. 조금 걷다 보니 멀리서 번개가 번쩍이는 것이 보였다. 서둘러 산책을 마치고 사무실로 돌아왔는데 한 시간 반쯤 지난 후에 사무실 건물이 온통 덜컹거렸다. 모래폭풍이 비와 더불어서 온 것이었다. 야외에 주차되어 있던 차는 완전히 흙탕물을 뒤집어 쓴 듯 빗자국이 생겨나고 있었고, 숙소로 돌아오는 길에 내내 와이퍼로 흙탕물을 닦으면서 운전을 해야 했다.

앞서 말한 대로 나는 모래폭풍이라는 존재에 대한 환상을 가지고 있었다. 그래서 모래폭풍이 몰아칠 때마다 잠시나마 밖에 나가서 그 가운데 서 있었다. 사실은 무모한 행동이었다. 그래도 혹시나 큰 깨달음을 얻을 수 있지 않을까 싶은 마음에 바람을 비집고 그 순간을 느껴보고 싶었다.

하지만 모래 폭풍이 부는 한가운데 있으면 그야말로 아무 생각이 들지 않았다. 빛마저 숨어버리는 상황에 무슨 생각을 할 수 있을까. 그야말로 재앙일 뿐이었다. 사람이 절망하는 순간을 외부의 환경으로 만들어낸다면 바로 이 순간이 아닐까 싶을 만큼.

잠시만 서 있어도 재채기가 멈추지 않았다. 지금 당장 피하지 않고 뭐 하는 거냐고 몸이 난리를 쳤다. 시간이 조금 더 지나면 목이 칼칼해지고 입안에 모래가 돌아다녔다. 동시에 쉬지 않고 얼굴에 모래가 날아들었다. 그러면 들고 간 물을 마시면서 견뎌야 했다. 뱃속으로

물과 모래가 함께 들어가겠지만 그 정도는 감수해야 했다. 그렇게 하지 않으면 곧 눈이 말라서 아팠기 때문이었다.

파울로 코엘료가 미우면서 동시에 존경스러웠다. 어떻게 이런 모래폭풍을 가지고 그런 글을 써냈을까. 어떤 마음이었기에 가장 절망스러운 순간을 자아의 신화를 이루는 순간으로 빚어낼 수 있었을까. 정말 대단하다는 생각이 들었다. 내가 보통 사람일 뿐이어서 그런지는 모르지만 나를 가득 채웠던 것은 불안함과 두려움이었다. 내 안의 신화는 찾지 못했다. 속상했다. 마음에 품었던 환상이 산산이 부서져 버렸으니까.

하지만 그렇게 지겹게 후회를 하고도 다음 모래 폭풍이 불면 또 나가서 그 바람을 마주했다. 미련하기 짝이 없는 짓이었다. 하지만 그 행동을 반복하면서 내가 지금 무엇을 위해 이 안에 서 있는지에 대해서는 계속해서 선명하게 나 자신에게 각인시킬 수 있었다.

4개월마다 주어지는 2주간의 휴가에서도 치열하게 답을 찾아 다녔다. 현장에 없는 책을 캐리어 가득 사서 들고 왔다. 나중에 쿠웨이트 공항에서 짐 검사를 받을 때 검사관이 가방을 열어 보자고도 할 만큼이었다. 큼지막한 캐리어 한 가득 책이 들어 있으니 진짜 이게 모두 책인지 궁금해했을 정도였다. 책 무게만 20kg이 넘었으니 혹시나 그 중간에 이상한 물건이 있을지 궁금할 만도 하다는 생각이 들기도 했다.

현장에서 읽은 책 중에서 책 쓰기를 소개하는 책도 있었다. 그래서 휴가가 돌아올 때마다 관련된 내용을 배웠다. 비용이 많이 들었지만 그런 것은 신경 쓰지 않았다. 내가 지금 마음에 품은 생각들을 책으로 내서 사람들에게 전해주면 정말 좋겠다는 생각이 들었으니까.

하지만 잘되지 않았다. 내 능력이 모자랐기 때문이었겠지만 스트레스가 심했다. 특히 첫 책을 수없이 많은 출판사로부터 거절당했을 때는 몇 주간 가슴이 답답했다. 그리고 열이 많이 났었다. 온몸에 붉은 자국들이 생기기도 했다.

하루에 2~3시간 자는 삶이 이어지고 동시에 정말 노력해서 쓴 책이 거절당하는 스트레스가 찾아오자 몸이 버텨내지 못했다.

아침에 일어날 때 불규칙적으로 이석증이 찾아왔다. 이석증은 명확한 원인은 알 수 없지만 일반적으로 과로를 하게 되면 많이 일어나는 경향이 있는 병이었다.

일어나다가 심하게 어지러워져서 다시 쓰러지곤 했다. 침대에서 몸을 일으키다 쓰러지면 그나마 다치지 않으니 다행이었다. 하지만 자리에서 일어나서 한두 걸음 옮기다가 어지러우면 큰 문제였다. 쓰러지다가 팔목과 발목을 심하게 다쳤다.

하지만 그런 것은 문제가 아니었다. 어떻게든 답을 찾으려고 버텨내다 보니 나중에는 낮 시간 중에도 이석증이 나타났다. 이것은 정말 심각한 문제였다. 운전을 하다가 이석증이 오면 죽을 수도 있었다. 하지만 그때 내 머릿속에 가득했던 것은 아프면 안 된다는 것이 아니었다. 죽는 것은 하늘이 정하는 것이지 내가 정하는 것이 아니라고 여겼다. 그 와중에 머릿속을 맴도는 것은 이 한마디였다.

"오늘 만약 내가 죽는다면 나는 그 질문들에 어떤 대답을 하게 될까."

내가 가고자 하는 길이 명확한가.

그 길 위에서 방황하고 있는가.

사랑하는 사람들을 잊지 않았는가.

단 한 걸음이라도 나아가고 있는가.

이것이 진정 내가 바라는 것인가.

삶의 끈을 놓칠 수 있다는 위험을 안고도 이 질문들은 떠나지 못했다. 온 힘을 다해 붙들었다. 지금이 아니면 평생 잡을 수 없다는 절박함이었다. 가시 돋친 선인장을 끌어안은 것처럼 아팠지만 참았다. 이미 수십 년을 외면했으니 이제는 절대 놓치지 말고 마음에 품어야 했다.

어쩌면 반쯤 미쳐 있었던 것 같다. 하지만 그만큼 절실하게 답을 원했다.

다섯 가지 질문에 모두 '그렇다.'고 답할 수 있다면 기꺼이 웃으면서 죽을 수 있을 거라고 생각했다. 딱 한 가지가 마음에 걸리긴 했다. 이러다 행여나 세상을 떠나게 된다면, 가족들 특히 아직 너무 어린 딸아이에게 정말 미안하겠다는 생각이었다.

— 4 —
화면 속 한 남자

사막에서 길을 잃었던 그날 밤, 하루에 한 걸음씩은 나아가자고 다짐했다. 하지만 실제로 사막에 있던 기간에는 그 다짐을 넘어서 전속력으로 달리고 있었다. 달려야 했다. 온전하게 나를 위해 쓸 수 있는 고독한 시간은 사막에 있는 기간에만 가능한 것이었으니까.

하지만 결국 너무 빨리 뛰려다 넘어졌다. 내 체력조건에 대한 이해도 없었고 현장의 근무 강도에 대한 이해도 없이 무작정 덤벼들었던 대가였다. 계란으로 바위치기. 딱 그만큼이었다. 아무런 준비도 되지 않았는데 최대한의 속도로 마라톤을 하겠다고 덤빈 셈이었다고나 할까. 툭하면 발생하는 이석증은 정말 큰 형벌이었다.

대체 그 당시에는 무슨 판단으로 하루에 2~3시간만 자는 삶을 선택했던 것일까. 얼마나 오래 참을 수 있다고 생각했을까. 하지만 그런 고민을 하기에 눈앞에 놓인 질문은 너무나도 처절하게 아픈 대상이었다. 멋있어 보이고 뭔가 있어 보이는 느낌마저 들 만큼 나를 흔들어댔다.

하지만 이상과 현실은 철저히 달랐다. 나는 정말 바위에 내던져진 계란처럼 부서졌고, 그 한가운데에서는 아픈 나를 받아들일 수 없었다. 그저 나 자신이 나약하다고만 생각했다. 개인 생활뿐 아니라 회사 일까지도 못하게 하는 이석증이라는 병이 싫었다. 그 원인을 해결할 생각은 하지 않고 부서진 나를 미워했다. 그렇게 자존감도 바닥으로 떨어졌다.

평생을 두고 남들의 인정을 받고자 살아온 삶이었다.

사막에서 얻은 깨달음이 있다고 해도 그간의 삶의 기준이라는 관성이 쉽게 사라지지는 않았다. 남들에게 폐를 끼치다니. 이런 쓸모없는 사람이 되다니. 자괴감이 가득했다.

이석증의 증상은 사람마다 다르다고 했다. 내 경우에는 반나절은 누워서 심한 멀미를 앓아야 했다. 하지만 그 정도면 심하지 않은 편이었다. 심한 사람들은 한 번 쓰러지면 며칠씩 누워 있어야 한다는 이야기를 듣고 그나마 다행이라고 여겼다. 그렇다고 해서 쓸모없는 사람이 되었다는 자괴감이 크게 줄어들지는 않았다.

반나절 누워 있다가 일어나는 것도 쉽지 않았다. 전날 먹은 것들 중에서 속에 남아 있는 것들을 다 게워내고 난 후 누워서 멀미를 참아냈다.

오후에도 누워 있고 싶었지만 힘들게 일하는 동료들에게 차마 못할 짓이었다. 다 나은 척하면서 자리에 가서 일을 했다. 모니터를 볼 때마다 속이 울렁거렸지만 그냥 참았다. 억지로 무언가를 먹었다. 그래야 기운 차리고 일을 할 테니까.

사는 것이 전쟁이라는 생각이 들었다.

처음이었다. 그전의 삶과 너무나도 달랐다. 예전에도 딱히 하고 싶은 일이 없었을 따름이지 노력하지 않았던 삶은 아니었다. 남들에게 인정을 받으려면 남들보다 최소한 조금이라도 더 열심히 해야 한다는 것을 알고 있었으니까. 그래서 언제나 딱 그 정도만 하고 멈추었다. 하지만 이제는 그런 것이 적용되지 않았다. 남들의 인정이 아니라 나 자신이 인정할 수 있는 결과를 만들어야 했다.

삶의 목표를 고민한다는 것은 그만큼 어려운 것이었다.

거울을 볼 때마다 능력 없고 체력까지 약해서 골골거리는 한 남자만 보였다. 이렇게 나약한 사람이었나. 이렇게 쉽게 무너지는 사람이었던 걸까.

한없이 작아지고 있었다. 불편한 삶을 감내하겠다고 다짐했지만 이만큼 힘겨울 거라는 생각은 하지 못했다.

건강 상태는 바닥을 치고 있고 내 앞에 놓인 질문들에 대한 답은 조금도 얻어지지 않았다. 지난 몇 달간 내가 얻은 것은 과연 무엇이었을까. 그렇게 하루만큼씩 지쳐가고 있었다.

방법을 바꾸어야 했다. 일단 잠을 더 자야만 했다. 그래도 어차피 근무 시간은 오전 6시부터 밤 9~11시까지 이어졌다. 그러다 보니 책을 읽는 것은 쉽지 않았다. 하루에 한 권 내지는 이틀에 한 권으로 분량을 줄였다. 그리고 점심시간과 이동 시간을 활용했다. 유튜브를 통해 여러 강연을 보고 들었다. 잠을 잘 때도 틀고 자고 이동할 때도 들었다. 태어나서 가장 열심히 무언가를 배우겠다고 매달렸다. 그렇지만 결국 뾰족한 답은 얻지 못하고 시간만 흐르고 있었다.

그 시절에는 알 수 없었다. 결국 그 답이라는 것은 시간과 고민 그리고 배움이 쌓여야만 천천히 그 모습을 보여준다는 것을. 지금은 그런 것에 대해 어렴풋이 나만의 답을 채워놓고 있지만 그 시절에는 절대 알 수 없는 것이었다. 그렇게 하루하루 초조해지고, 초조한 만큼 힘들었다.

휴가를 나온 2014년 초 어느 강연장이었다. 한 남자가 자신이 최근에 다녀온 교육에 대해 이야기했다. '메신저가 되라'라는 책을 읽고 그 저자를 만나보고 싶어서 미국을 다녀왔다는 이야기였다.

신기했다. 저자가 궁금해졌다. 브랜든 버처드라고 했다. 포스트잇에 영어 스펠링을 물어봐서 적은 후 가방 속에 찔러 넣고 강연장을 나왔다. 휴가가 끝나고 현장으로 복귀해서 그 이름을 유투브에서 검색했다.

한 가지 동영상이 눈에 들어왔다. 2014년 2월 13일에 업로드 된 영상이었다. 제목은 "Caged, Comfortable, or Charged-Which life is yours?"이었다. 번역하자면 "철창에 갇힌 삶, 안락한 삶, 충전된 삶 중에서 당신은 어디에 있나요?"라는 뜻이었다.

영상을 클릭하자 9분 39초짜리 흑백 영상이 시작되었다.

영어를 잘하지 못했던 나에게는 너무 말이 빨랐다. 하지만 기분이 묘했다. 선한 인상과 맑은 눈빛이 인상적이었다. 무엇보다도 다 알아듣지 못했지만 목소리 안에 담겨진 에너지가 느껴졌다. 그리고 한 문장이 가슴을 후려쳤다.

"They don't understand me!"

앞뒤의 맥락상으로 보면 삶이 너무 힘든 상황에 처한 사람이 다른 사람들에게 '당신들은 나를 이해하지 못해!'라고 말하는 것이었다. 이렇게 말하는 삶이 철창에 갇힌Caged 삶이라고 이야기했다. 그리고 한참 뒤에 또 다른 문장이 나를 뒤흔들었다.

"How are you doing?"(요즘 어떻게 지내?)

"It's …… fine."(뭐 그냥 그렇지 뭐.)

It's fine이라고 무덤덤하게 대답하면 안락한Comfortable 삶에 빠져 있는 신호라고 했다. 그 두 문장에 내 현실이 들어 있었다. 아무도 나를 이해할 수 없을 거라는 분노도 내 안에 있었고 지금 가진 것들이라도 지켜내야 한다는 두려움도 내 안에 있었다. 그리고 한국에 있던 시절에 사람들이 물으면 언제나 그냥 그렇다고 대답하던 것이 나의 삶이었다. 내가 처한 상황을 이렇게 명쾌하게 이야기해주는 사람을 만나니 그저 고마웠다.

그 뒤로도 이야기가 이어졌다. 그 너머의 삶이 있다고 했다. 충전된Charged 삶이란다. 그리고 그 삶을 이야기할 때 브랜든의 에너지가 나를 흔들었다. 가슴이 먹먹했다. 그리고 눈물이 흘렀다. 당황스러웠다. 왜 눈물이 나는지 당최 알 수 없었다.

그날 이후로 몇 주간 저녁 식사 후 산책을 할 때마다 이 영상을 다시 듣고 또 들었다.

자꾸만 눈물이 흘렀다. 나를 짓누르던 무거운 마음이 덜어내졌다.

그리고 동시에 내가 처한 현실이 어디인지에 대해서 더 날카롭게 바라보고 개선해야겠다는 의지가 생겼다. 이것이 고무된다는 것이었다. 브랜든의 목소리와 표정과 이야기는 나를 끌어 올려주고 있었다.

그렇게 그 영상을 내 안에 온전히 소화시키고 난 후 다른 영상들을 찾아보기 시작했다. 그 다음으로 만난 영상이 "What I believe"라는 제목의 영상이었다.

그 영상에서 브랜든은 자신이 죽을 뻔한 경험을 공유하고 있었다. 그리고 그 한가운데서 자기가 겪은 것을 이야기했다. 그 모든 경험을 세 개의 문장으로 요약해서 이야기하고 있었다.

"Did I Live?"
"Did I love?"
"Did I matter?"

간단하게 요약하면 Live, Love, Matter의 세 단어였다. 오늘 하루 내가 충만하게 내 삶을 살았는지, 사랑하는 사람들을 잘 돌보았는지 그리고 마지막으로 무언가 아주 작은 것이라고 해도 의미 있는 것을 했는지를 묻고 있었다.

저 세 문장을 들은 순간 내가 가진 질문이 같은 것임을 느꼈다. 삶의 마지막인 듯한 상황을 마주하면 이런 질문을 마주하는 것인가 보다.

내가 가고자 하는 길이 명확한가. 그 길 위에서 방황하고 있는가. 사랑하는 사람들을 잊지 않았는가. 단 한 걸음이라도 나아가고 있는가. 이것이 진정 내가 바라는 것인가.	Live Love Matter

그 이후로 긴 문장을 두고 고민하는 하루를 살지 않았다. 물론 답을 얻은 것은 아니었지만, 밤마다 나 자신에게 묻는 질문은 아주 간단하게 세 단어로 줄어들었다.

Live? Love? Matter?

브랜든의 이야기가 궁금해졌다. 그래서 유투브에 올라와 있는 모든 영상을 보았다. 안 들리면 들릴 때까지 반복해서 들었다. 나중에는 받아 적기도 하고 별도 노트로 정리하기도 했다. 하지만 듣고 얼마 지나지 않아 잊어버리기 마련이었다. 그래도 최대한 내 안에 남기려고 애를 썼다. 그 사람의 에너지가 힘든 나에게 큰 위로가 되어준다는 생각이었다. 참 고마웠다.

시간이 지나자 언어의 장벽을 조금씩 이겨내기 시작했다. 어느 정도 이 남자의 말투나 속도에 적응이 된 것이 느껴졌다. 그때부터는 유료 강연을 듣기 시작했다.

정말 많은 강연이 있었다. 지금까지 겪어보지 못한 강연 비용이었지만 그런 것은 고민하지 않았다. 삶을 건 질문을 해결해야 하는 순간이었다. 마음을 다잡고 정말 열심히 배우기 시작했다.

— 5 —
역경을 영광으로

그렇게 조금씩 생활이 안정되기 시작했다.

좋은 일도 생겼다. 세 번째 휴가에 아내가 둘째를 임신했다. 원래는 큰 아이와 두 살 터울로 둘째를 얻고 싶었다. 두 아이가 서로에게 의지하면서 함께 커가는 모습을 바랐으니까. 하지만 해외 생활을 하면서 아이를 원하는 시기에 가진다는 것은 쉬운 일이 아니었다. 그러다 보니 목표보다 1년쯤 늦어졌지만, 그것만으로도 너무나 감사한 일이었다.

4개월에 한 번 휴가를 가는 것이 회사의 규칙이다 보니 출산에 맞춰서 5번째 휴가를 들어갈 예정이었다. 긴 고민 끝에 출산예정일보다 5일 일찍 한국에 휴가를 갈 계획을 세웠다. 2주밖에 없는 휴가기간에 아이가 태어나는 것을 보기 위해서 나름 고심한 선택이었다. 예정일보다 아이가 빨리 나올지 늦게 나올지는 아무도 알 수 없는 일이기에 아내와 상의 끝에 그렇게 정했다.

하지만 결국 우리가 바라는 대로 되지는 않았다. 입국을 사흘 앞두고 둘째가 세상에 태어났다. 아내는 큰 딸아이를 데리고 혼자서 씩씩하게 병원으로 향했다. 둘째의 탯줄은 딸아이가 잘랐다. 아빠 역할을 네 살짜리 딸이 해준 셈이었다.

남편도 없이 출산을 한 부인에게 너무나도 미안했다. 출산을 마쳤다는 소식을 듣고 서둘러 전화를 걸었는데 대뜸 아내가 한다는 소리가 "당신 아들 생겼네요. 축하해요."였다. 씩씩하게 웃으면서 이야기했다. 단 한 마디의 책망도 없었다. 너무나 고마웠다. 그리고 말로 표현 못 할 만큼 미안했다.

이미 일어난 일이고 어쩔 수 없지만 아쉬운 마음은 금할 길이 없었다. 이런 일이 일어날까 봐 미리 병원과 상의도 했었다는 아내에게 큰 빚을 진 기분이 들었다. 그렇게 그날이 지나가고 휴가 출발하기 전날이 되었다.

갑자기 부장님이 자리로 오셨다. 조심스럽고 곤란한 표정을 이야기를 시작했다.

"민 대리, 한 달만 있다가 휴가를 가면 안 될까?"

"왜요?"

"이번에 발주처하고 설계사하고 함께 회의하는 거 본사에서 출장까지 요청했는데 현장 사람을 휴가 보낸다는 것이 좀 모양새가 좋지 않아서……. 소장님이 한 달만 있다가 갔으면 좋겠다고 하시네."

귀를 의심했다. 동시에 속에서 불이 치밀었다.

"그게 무슨 말씀이세요. 저희 아내 어제 아기 낳았어요. 현장이 바쁘긴 하지만 기껏해야 대리 한 명 휴가 가는 건데 대체 현장에 무슨 문제가 생긴다고 이러십니까. 이번에 있을 회의에 어차피 저는 참석하는 대상자도 아니고요. 그리고 원래 내일 휴가 가겠다고 두 달도 전부터 신청해서 결재 다 받은 거 아닙니까!"

옆에서 차장님도 이야기했다. 별 문제 없을 테니 그런 말씀하시지 말라고. 아무 문제없을 거라고.

한 5분쯤 지나서 부장님이 다시 오셨다. 한 2주만 늦춰보자고 하셨다. 부장님의 표정도 곤혹스러워 보였다. 차마 한 번 더 안 된다고 말하기 어려웠다. 그래도 도저히 양보할 수가 없었다. 숨을 몰아쉬다가 한마디를 던지고 밖으로 나왔다.

"제가 지금 여기 있어봐야 무슨 일이 손에 잡히겠습니까."

문을 열고 나갔다. 중동의 뜨거운 바람이 훅 하고 얼굴을 달궜다. 열을 식히러 나왔는데 도리어 열을 받고 있었다. 그래도 밖에서 서성였다. 자리로 돌아가서 스트레스 받고 싶지는 않았으니까.

잠시 후 자리에 돌아와 보니 차장님도 미안한 얼굴로 나를 바라보았다. 그 사이에 소장님과 한 번 더 회의를 한 모양이었다. 미안하지만 소장님이 듣지 않으신다고, 정말 미안하지만 휴가를 미뤄야 할 것 같다고 안타까운 목소리로 이야기했다.

이를 악물다가 입 안쪽과 입술을 씹었다. 피가 터져서 뱃속으로 꿀꺽 넘어왔다. 하지만 그까짓 것은 아무것도 아니었다.

가슴속이 터지고 있었다. 얼굴이 달아올랐다. 회사에서 이렇게까지 원하니 따라야 한다고 생각했다. 연신 한숨을 쉬다가 마음을 좀 진정시키고 나서 아내에게 전화를 걸었다. 한참을 머뭇거리다가 상황을 설명하고 휴가를 들어가지 못할 것 같다는 이야기를 전했다.

그렇게 씩씩했던, 혼자서 애를 낳고도 둘째가 생긴 것을 축하한다면서 생글거리던 아내가 울기 시작했다. 다시 한번만 소장님께 가서 말씀드려보면 안 되겠느냐고. 제발 부탁드린다고 이야기해보라면서 울먹거렸다. 그에 감응했을까. 갓 태어난 둘째가 낑낑거리는 소리가 들렸다. 그 소리에 아내는 큰 소리로 서럽게 울었다.

머리카락이 쭈뼛거렸다. 그야말로 뚜껑이 열리는 기분이 이런 것인가 싶었다. 일단 알겠다고 하면서 아내를 진정시켰다.

"잘 이야기할 테니 진정해요. 제발 진정해요."

내 목소리도 후들후들 떨렸다. 목소리가 떨리는 만큼 울분이 켜켜이 쌓이고 있었다. 그렇게 전화를 끊고 난 후에 숨이 가빠오고 온갖 감정이 복받쳤다. 나는 뭘 잘못한 걸까. 왜 내가 이런 일을 당해야 하는 걸까. 나는 그렇다 치고, 혼자서 애까지 낳고 누워 있는 아내는 대체 무슨 죄로 이런 꼴을 당해야 하는 걸까.

결국 눌러 두었던 감정이 터졌다. 대성통곡이었다. 두 아이의 아빠가 된 서른다섯 살 된 남자가 온 사무실이 울릴 만큼 큰 목소리로 통곡했다.

한 5분쯤 울었을까? 팔다리가 심하게 저려왔다. 자리에서 꼼짝할 수도 없을 만큼 호흡도 가빠졌다. 내 상태가 너무 걱정스러웠는지 사람들이 다가왔다. 주변 동료들의 부축을 받으면서 밖으로 나와서 한참 동안 숨을 골랐다. 태어나서 단 한 번도 마음에 품어보지 않았던 크기의 분노가 나를 채웠다.

사직서를 쓰기로 결심했다.

나는 노예가 아니라고 소리 지를 생각이었다. 대체 당신이 뭔데 나한테 이런 상처를 주는 것이냐고 말하고 싶었다. 하지만 한 번도 다른 사람들에게 큰 소리를 내보지 못했던 나라는 사람은 분명히 그 앞에 가서 내 감정을 이기지 못하고 울기만 할 것 같았다. 그것은 상상도 하기 싫은 꼴이었다.

남의 눈치를 보는 인생의 끝이 이런 모습인 건가 싶었다. 어디서 무슨 일을 해도 이런 수모를 다시 겪을 일은 없을 것 같았다. 하지만 쉽게 호흡이 가라앉지 않았다. 소장 앞에서 울면서 말하기는 죽기보다 싫었다. 그래서 심호흡을 하면서 한참을 더 기다렸다.

그때 차장님이 밖으로 나왔다. 오열하는 소리를 듣고 도저히 안 되겠는지 부장님이 그냥 휴가를 보내줘야겠다고 결정했다고 했다. 그러자 현장 소장님도 그렇게 하라고 결정했다는 말도 들었다. 허탈했다. 결국 이렇게 될 일을 왜 이 지경까지 만들었어야 했을까.

그 일이 있은 후 두 달 정도 지난 후 브랜든 버처드 팀으로부터 한 통의 메일이 왔다. 메일 안에는 16페이지의 편지글이 있었다.

요약하면 간단했다. 브랜든 버처드가 라이프 코치를 키운다는 것이었다. 그리고 그 코치는 일반 라이프 코치와는 다르다고 했다. 고객을 코칭하기 위한 명확한 커리큘럼도 정해져 있다고 했다. 항상 똑같은 질문과 고객의 의견에 따라서 진행하는 형태의 코칭이 아니라 정해진 주제에 따라서 12회에 걸쳐서 코칭을 이어가는 프로그램이고 현존하는 가장 앞선 코칭 프로그램이라고 자부한다고 했다.

코치가 된다는 것에는 큰 관심이 없었다. 하지만 이 프로그램에 참가하면 브랜든 버처드를 직접 만날 수 있는 기회가 되는 것에 끌렸다. 얼마 전 일어난 둘째 아이 출산 사건으로 너무나도 정신적으로 힘들었기에, 내게 힘을 주는 사람을 실제로 만나보고 싶다는 마음이 가득했다.

하지만 한 가지 문제가 있었다. 일주일 교육비가 만 불이라고 했다. 거기에 교통편 및 숙박비, 식비가 더해지면 못해도 천오백만 원이 들어가야 하는 일이었다. 말도 안 되는 비용이었다.

아내에게 세상에 이런 일도 있다는 이야기를 했다. 그랬더니 가만히 듣고 있던 아내는 다녀오라고 했다. 정말 놀랐다. 당황해서 되물었다. 왜 다녀오라고 하냐고.

"보통 해외 생활하고 들어올 때 사람들 명품시계나 뭐 이런 것들 하나씩 장만하고 오잖아요. 당신은 그 과정 듣고 싶으면 그 강연이 롤렉스라고 생각하고 다녀와요. 요새 당신 정말 열심히 무언가 배우고 나아지려고 애쓰는 거 모두 그 사람 덕분이라면서요. 그럼 가 볼 만하지 뭐."

지금 돌아보면 평생 다시는 겪고 싶지 않은 일인 것은 분명하지만, 그 일이 없었다면 국내 최초 CHPC[Certified High Performance Coach]는 되지 못했을 것이다. 엄청나게 큰 상처를 남겼던 일이 결국 다른 삶을 열어주는 시작점이 된 셈이었다.

시간이 흘러서 저 끔찍한 기억이 내게는 흉터로 남게 될까, 아니면 훈장처럼 남을 수 있게 될까. 나는 어떻게든 훈장으로 만들고 싶다. 아마도 지금부터 20년 정도 지나면 그 결과가 나오게 되겠지. 그날 저 기억을 돌아보면서 훈장으로 여길 수 있기를 바라본다.

— 6 —
샌프란시스코에서 알게 된 것

2014년 말에 브랜든 팀의 연락을 받고 2015년 초에 교육 일정과 관련한 결재를 진행했다. 2015년 6월에 일주일간 코치 인증교육을 받는데 교육비가 10,000불에 호텔비용이 약 2,500불, 그리고 왕복 항공비용과 식비까지 하면 최소 1,500만 원이 들어가는 셈이었다.

결재를 하고 난 후 한동안 자다가 깨곤 했다.

그 당시 숙소는 자리에서 일어나면 정면에 거울이 있었는데 그 거울을 물끄러미 보면서 내가 미친 것이 아닐까 싶었다. 그전까지는 내가 지불했던 제일 비싼 강연이 2,000불이었다. 그것도 Expert Academy라고 하는 브랜든의 강연이었다. 그 과정을 신청할 때도 정말 심사숙고하면서 쉽게 결정하지 못했다. 그런데 1,500만 원이라니. 정말 무시무시한 규모의 돈이었다.

만약 강연이 별로 마음에 들지 않으면 어떻게 해야 할까. 걱정이 너무 컸다. 그리고 이 과정은 매년 500불의 코치 자격 유지비용도 내야 하고 무엇보다도 2년마다 재교육을 받으러 다시 미국으로 와야만 하는 문제도 있었다.

단 한 번은 그렇다고 쳐도 격년마다 추가로 비용을 내면서 과연 내가 미국에 다시 찾아오게 될지 자신이 없었다. 그렇게 고민이 한 달쯤 이어지자 취소하는 방향으로 마음이 기울었다. 내 주제에 무슨 미국까지 가서 코치 인증을 받으려고 하느냐는 내 안의 목소리가 이긴 셈이었다.

그때였다. 브랜든 팀에서 다시 연락이 왔다.

코치 이수를 하다가 2일째까지 듣고 마음에 들지 않으면 아무것도 묻지 않고 바로 10,000불을 환불 처리해주겠다고 했다.

충격적이었다. 이 자신감은 어디서 나오는 것일까. 그때부터 다시 가보고 싶은 마음이 생겨나기 시작했다.

'일단 가보자. 정말 아니면 그때 가서 환불해달라고 하면 되지 뭐. 이만큼 자신감 넘치는 교육이라면 단 한 번 듣고 그 뒤에 다시 찾지 못하더라도 그만한 가치가 있겠지.'

그렇게 결심하고 나자 브랜든의 교육 과정들을 처음부터 다시 듣겠다는 의지가 생겼다. 미국까지 가는 상황에 최대한 많은 것을 얻으려면 그간 이수했던 과정들을 모두 다 집중해서 다시 들어야 할 것 같았다.

사실 이전까지 내 공부 방식은 치사한 편이었다. 남들이 약간 부러워할 만큼만 했다. 내가 하고 싶어서 깊이 있는 배움을 이어간 적이 없었다. 이 정도면 남들이 잘한다고 하겠다 싶으면 그 정도에서 멈췄다. 그 이상의 목표가 없었다. 남들이 어느 정도 부러워할 대학에 가고, 어느 정도 부러워할 회사에 입사하면 충분했다.

하지만 이번에는 달랐다. 최대한 배우고 싶었다. 코칭 교육이 어찌 진행될지는 모르지만 적어도 앞에서 상사가 하는 말은 제대로 알아들을 수 있어야 했다. 그래서 브랜든의 영상들을 반복해서 들었다. 그 사람이 말하는 것은 아무리 빨라도 알아들을 만큼 귀에 익숙하게 해놓고 싶다는 생각이었다. 10,000불이라는 교육비가 주는 마음가짐이 어마어마했다. 이래서 돈을 들여서 배워야 제대로 배운다고 하는구나 싶었다. 자면서도 듣고 현장에 나갈 때도 듣고 다녔다.

그렇게 교육을 준비하던 중 쿠웨이트 부임 2년 4개월 만에 한국으로 돌아왔다. 현장 소장은 좀 더 있기를 바라는 입장이었지만 내 의사는 명확했다. 둘째 아이가 태어났을 때의 사건을 겪었을 때부터 그곳의 생활을 이어가고 싶지 않았다.

처음으로 찾아갔던 코치 인증 교육은 샌프란시스코 인근의 산타클라라라는 지역에서 열렸다. 멋들어진 호텔 입구에 안내 표지판들이 서 있었다. 수많은 사람들이 등록을 하고 있었고 나도 그 틈에 끼었다.

그곳에 온 사람들은 대부분 성격이 활발했다. 툭하면 인사를 받았고 그때마다 한참을 서서 떠듬떠듬 영어로 이야기를 해야 했다.

브랜든의 말은 알아들을 자신이 있었지만 다른 사람들의 말은 쉽지 않았다. 고작 등록만 하고 방으로 돌아왔을 뿐인데 힘이 쪽 빠졌다. 내일부터 있을 교육이 정말 쉽지 않을 거라는 느낌이 강하게 들었다. 한 가지 다행인 것은 너무 많이 긴장했던 탓에 밤에 그 긴장이 풀어지자 시차 문제없이 깊은 잠을 이룰 수 있었다는 점이었다.

다음 날 아침, 미리 받은 명찰과 팔찌를 차고 교육장에 들어갔다. 신나는 음악이 정말 크게 틀어져 있었다. 많은 사람들이 몸을 들썩이며 돌아다녔다. 하지만 나는 그 음악을 즐길 정신이 없었다. 책상 위에 놓여 있는 폴더와 인쇄물들을 보니 바짝 긴장이 되었다. 자리에 앉아서 굳은 얼굴로 유인물만 뚫어져라 바라보고 있었다.

다른 사람들은 달랐다. 그리고 강연장의 분위기 자체가 완전히 달랐다.

그곳은 강연장이 아니라 축제가 이루어지고 있는 공연장의 느낌이었다. 많은 사람들이 중앙 무대 부근에 모여서 음악에 맞춰서 춤을 추고 서로 바라보면서 웃고 있었다. 그야말로 문화 충격이었다. 저 사람들도 나와 같은 수업료를 내고 온 사람들이었다. 그런데 왜 저들은 즐겁고 나는 심각한 걸까. 그냥 내 영어 실력이 모자라기 때문이라고 생각했다.

하지만 그것도 틀린 생각이었다. 전 세계에서 사람들이 모이다 보니 나보다도 영어를 더 못 하는 사람들도 있었다. 그런데 그 사람들도 즐겁게 어우러져 있었다. 그냥 내 마음이 즐겁고 여유로울 틈이 없었던 것이었다.

왜 나는 그런 여유가 없는 것인지에 대한 생각이 이어지고 있는데 브랜든 버처드가 무대 위로 올라왔다. 그러고는 정말 쉴 새 없이 무대 위를 뛰어다녔다. 마치 댄스 가수의 공연장에 온 느낌이 들 만큼이었다.

처음에만 그런 것이 아니었다. 쉬는 시간이 끝나고 새로운 강연이 시작될 때에는 언제나 신나는 음악을 틀어주었다. 그러면 자연스럽게 다들 박수를 치면서 자리에서 춤을 추었다. 또한 강연이 길어질 때마다 중간에 일으켜 세웠다. 어떻게 긴장을 풀고 몸의 에너지 레벨을 유지하는지를 직접 가르쳐주었다. 그래서인지 하루 종일 앉아 있었으면서도 그렇게 피곤하지 않았다. 50분마다 한 번씩은 자리에서 일어나게 하는 느낌이었다. 그 덕분이었을까. 시차문제로 인한 피로는 거의 없는 편이었다.

그리고 수강생들이 지루해지지 않게 하기 위한 노력들을 많이 했다. 옆 사람과 하이파이브를 하는 방식이나, 허그를 하게 하는 순간들도 자주 넣어서 스킨십이 이어지게 했다. 그저 서로에게 응원을 조금 해주었을 뿐인데도 큰 위로를 받는 느낌이었다. 그렇게 참가자들이 서로를 위해주도록 하는 것이 참 좋은 수업 방식이라고 느껴졌다.

수업은 오전 9시부터 저녁 7시까지 쉴 새 없이 이어졌다. 그리고 대부분이 역할 분담이었다. 즉, 브랜든이 전체적인 내용을 설명해주고 나면 그 내용을 바탕으로 모르는 사람과 단 둘이 앉아서 서로를 코칭해주는 방식이었다.

한국에서 준비해온 것과는 완전히 다른 셈이었다.

코칭을 한국말로 해도 쉽지 않을 상황에 영어로 해야 하는 문제가 겹치니 너무 힘들었다. 살면서 이렇게 식은땀을 흘리면서 대화를 이어가본 적은 없었다.

점심시간도 두 시간이었다. 다른 사람들과 친하게 알고 지낼 시간을 준다는 이유였다. 하지만 나는 오히려 숨이 턱턱 막혔다. 코칭을 하려고 1:1로 이야기할 때도 온 집중을 해야 겨우 알아들을 수 있었다. 그런데 원형 식탁에 앉아서 다 같이 이야기를 시작하면 아무것도 못 알아들었다.

대화 중간에 누군가가 끼어들고 다시 건너편에서 누군가가 말을 시작하면 그걸로 알아듣는 것은 끝이었다. 밥이 어떻게 속으로 들어갔는지도 모를 정도였다. 그러고 나서 오후에 다시 코칭이 이어졌다. 정말 하루가 너무나도 길고 길었다. 특히 전 세계의 지역별 영어 발음들은 나를 좌절시켰다.

강연이 모두 마무리되고 곧바로 방으로 돌아왔다. 얼른 내용을 정리해야 덜 잊어버릴 거라는 생각이었다. 사실 좋은 사람들은 참 많았지만 같이 밥 먹고 싶지는 않았다. 저녁을 먹으면서 이곳에서 새로 만난 사람들끼리 친해지라고 하는데, 하루 종일 집중해서 코칭을 하고 나니 저녁 먹으면서까지 영어를 듣고 말할 기력이 남아 있지 않았다. 더구나 식당 안이 사람들로 바글바글 했기 때문에 옆 사람이 하는 소리도 듣기 어려운 상황이었다. 그렇게 이런저런 핑계를 대면서 내 결심을 합리화했다. 그러고는 방으로 돌아와서 하루를 가만히 돌아보았다.

이곳의 사람들이 나와 다른 것이 어떤 것이었는지 떠올렸다. 우선 이곳에 있는 사람들은 모두 나보다 여유가 넘쳤다. 영어를 잘하고 못하고는 문제가 아니었다.

삶을 대하는 자세가 달랐다. 어떻게든 더 즐거운 방향으로 현실을 바라보고 있었다. 나는 왜 그런 마음을 가지지 못하고 있는 것일까? 분명히 내 현실이 여기 있는 모든 사람들보다 힘든 것은 아닐 텐데 왜 나는 세상 문제를 다 짊어진 것처럼 심각한 표정으로 하루를 보내야 했던 걸까.

두 번째, 강연 중간에 정말 흥미로운 질문이 하나 있었다. 경제적인 자유를 가진 사람들은 손을 들어보라고 했다.

전체 인원 중에 약 25% 정도가 손을 들었다. 하긴 10,000불이라는 교육비를 내고 오는 사람들 중에는 그런 사람들이 있을 가능성도 있겠지. 그런데 대체 어느 정도로 돈을 벌면 경제적인 자유를 가졌다고 하는 걸까? 옆 사람에게 슬쩍 물었다. 돈이 얼마나 있어야 경제적인 자유를 가진 거냐고. 그러자 아주 간단하지만 놀라운 대답이 돌아왔다.

"사고 싶은 것은 그 자리에서 사는 정도로 보면 되죠. 그 대상이 자동차나 집이나 뭐 작은 건물 같은 그런 것들?"

사고 싶으면 그 자리에서 집도 살 수 있다니. 한 번도 생각하지 못했던 일이었다. 대체 이 많은 사람들이 무슨 방법으로 그런 부자가 된 것인지가 궁금했다. 하지만 이내 그 궁금증은 사라졌다. 대신 다른 질문이 떠올랐다.

"그렇게 돈 많은 사람들이 이곳에 왜 와 있는 것일까?"

그래서 경제적 자유를 이루었다는 사람에게 가서 물었다.

"조금 전에 경제적인 자유를 이루었다고 손을 들으셨던데요, 우선 멋지시네요. 정말 축하드립니다. 그런데 그만큼 부유하시면서 코치가 되는 교육에는 왜 오신 건가요?"

편안한 옷차림의 중년 남성이었고, 온화하게 웃으면서 어깨를 살짝 으쓱하고는 이런 이야기를 전해주었다.

"돈을 많이 벌고 보니 부유하다는 것이 좋은 것은 맞지만 생각만큼 큰 의미를 가져다주지 못했어요. 그저 돈만 많은 것은 가치 있는 삶과는 거리가 있거든요. 그래서 삶의 의미를 더해줄 수 있는 일을 찾아보려고 하다가 이렇게 여기까지 오게 되었어요."

"그럼 왜 이 일은 의미 있는 일이라고 생각하시죠?"

그 순간 그 남자분이 오히려 내게 반문했다.

"주변의 사랑하는 사람들에게 변화를 일으켜 주는 일만큼 좋은 일이 어디에 있겠어요?"

머릿속에 또다시 Live, Love, Matter. 세 단어가 떠올랐다.

아무리 부유해도 그에 대한 답을 찾고 싶은 거구나. 결국 돌고 돌아서 사람들이 가지게 되는 질문이 저것이라면 여기까지 온 것은 참 잘한 일이라는 생각이 들었다.

그때 그분이 나에게 물었다.

"그럼 당신은 어디서 오셨나요?"
"한국에서 왔습니다."
"와. 정말 멀리서 왔네요. 그럼 당신은 왜 이곳에 왔나요?"
"저도 의미 있는 일을 하고 싶다는 생각이 들어서 왔어요."

사실 그전까지는 그저 브랜든을 한번 만나보겠다는 마음이 더 컸다. 하지만 바로 그 순간 나도 모르게 흘러나온 말이 의미 있는 일을 하고 싶다는 것이었다.

그랬구나. 나도 의미 있는 일을 찾아서 해보고 싶다는 마음이었구나. 그 순간 상대가 웃으면서 이렇게 대화가 마무리되었다

"결국 같은 마음으로 같은 길을 가고 있네요. 잘 왔어요. 친구."

그 대화가 오간 이후 일단 오길 잘했다는 생각이 들었다. 그리고 그 이후의 일정은 생각보다 잘 버텨냈다. 12개의 과정을 거쳐 코치 인증을 받게 되어 참 뿌듯했다.

제
2
장

배운다는 것, 발가벗은 나를 마주하는 일

—1—
배움의 무게

석사를 마치고 건설회사에 취직했다. 이후 전문 엔지니어로서 계속 배워야 했다. 이론을 공부하고 현장에 출장을 가서 이론과의 차이를 배웠다. 프로그램으로 해석한 결과와 실제와의 차이를 이해해야 했다.

엔지니어의 판단은 사용하는 사람의 목숨을 좌우하는 일이다 보니 정말 배워야 할 것이 많았다.

그런 과정의 배움과 해결과정에 완벽한 답은 없었다. 하지만 나름 명백한 측면이 있었다. 엔지니어 각자의 판단이 더해지는 것은 맞지만, 많은 이들이 공감하는 답이라는 것이 분명히 존재했다. 합리적인 답안지의 범위가 있는 것이다. 그리고 그것은 내가 새로 만들 필요는 없었다. 즉, 기존 자료와 비교해서 남들을 설득할 수 있을 만큼의 결과물만 만들어내면 그만이었다.

그렇게 시간이 흐르다 보니 일이 쉬워졌다. 자연스레 오만해졌다. 살아온 그대로 살아가면 되는 것이었다. 주변 사람들도 빠른 답안지를 보여주는 것을 좋아했다. 그런 성과를 내는데 집중하다 보니 깊이 있는 공부는 이루어지지 못했다.

그랬던 내 앞에 찾아온 이번 질문들은 고문이나 마찬가지였다. 삶을 두고 이어지는 질문에는 처음부터 정답이 없었다. 그런데 그것을 정답을 찾겠다고 덤벼들었으니 결국 나가떨어지는 것 말고는 할 수 있는 것이 없었던 셈이었다.

수학 문제처럼 딱 떨어지는 것은 하나도 없었기에 평가할 방법도 없었다. 그리고 아무리 열심히 밑줄을 치고 노트에 옮겨 적어도 머릿속에 명확히 남는 것이 없었다. 그 어떤 것도 삶 안으로 들어와서 내 것이 되어주지 않았다. 쌓아두면 바람에 날려 흩어지는 사막의 모래처럼 사라졌다.

그렇게 주저앉았다가 다시 일어나서 배움을 이어가고 다시 주저앉는 일들을 반복했다. 자주 심호흡을 했다. 이유는 모르겠지만 자꾸만 짓눌리는 기분이 들었다.

다행히 내 안에 오기가 있었다. 누군가는 그 답이 있는데 나는 없다는 것이 싫었다. 그래서 최대한 타협하지 않았다. 그렇게 막막한 시간이 쌓였다. 한참의 시간이 쌓이고 난 후 한 가지를 알게 되었다. 바로 이렇게 쌓인 시간들이 나만의 답을 만들어 줄 토양이 되어주고 있다는 것이었다.

배움을 통해 알게 된 지식이 중요한 것이 아니었다. 배운 것들은 잊어버리기 마련이었다. 다만 그 사유의 시간들, 그리고 더 나아지고 싶다는 열망과 성장 의지가 남는 것이었다. 그리고 그것들이 답을 만드는 밑거름이 되어주었다. 이래서 나를 비롯한 많은 사람들이 평생을 두고 고민을 하면서도 답을 내지 못했던 것이라는 생각이 들었다. 단순히 만들어질 수 있는 것이 아니라 오랜 기간을 두고 나를 마주해야 얻을 수 있는 것이었다.

자기 성찰이라는 것. 시간을 두고 나를 돌아보면서 더 나아져야 할 것을 찾아가야 한다는 단어를 머리로만 알았지 정작 그 의미를 받아들이지는 못했던 셈이었다.

그리고 또 하나.

인격이라는 단어에 대해 어렴풋이 이해하게 되었다.

깊은 사유의 시간들, 성찰의 시간들.

이런 것들이 씨줄과 날줄로 얽혀야 인격이 만들어지는 것이었다.

왜 나는 이런 생각을 이제야 하는 것인지 안타까웠다. 하지만 시간을 되돌릴 수는 없었다. 그저 이제라도 이런 것을 알아가고 있다는 것을 다행으로 여겨야 했다. 이제 알았으니 남은 삶이라도 그런 것을 잊지 말고 살아가는 것이 최선일 따름이었다.

그리고 무언가를 얻기 위해서는 그만큼의 대가를 치러야 하는 것도 알게 되었다. 소중한 것일수록 더욱 그랬다. 중요한 만큼 시간과 열정을 투입해야만 하는 것이었다. 마치 갓난아이를 일반 사람으로 만드는 데는 엄마의 수많은 노력과 시간이 필요한 것처럼 말이다.

따라서 삶의 의미와 목적을 찾겠다는 것은 그만큼 긴 시간과 노력이 필요한 것이었다. 그런데 그 짧은 시간에 그것을 하려 했으니 어림도 없었던 셈이었다. 자신을 제대로 키워오지도 않았으면서 어떻게 완성된 자기 모습을 요구했던 것일까.

그리고 그 끝에 무섭게 버티고 서 있는 질문이 하나 있었다.

'이제 어떻게 하겠냐?'는 것이었다. 새로운 세상의 문을 열고 들어갈 것인지 아니면 그 앞에서 돌아설 것인지를 결정해야 했다.

문고리를 붙들고 잠시 방황했다. 돌아서면 편하게 살 수 있었다. 계속 물었다. 왜 나는 굳이 이 문을 열고 들어가려는 걸까? 여전히 답은 없었다. 하지만 답을 내지 못할지언정 멈추지 않았다. 새로운 세상을 향한 호기심인지, 아니면 앞선 질문들에 대한 오기인지는 모르겠지만 일단 덤벼들었다.

그렇게 결심하고 보니 갑자기 온 세상이 낯설어졌다. 내가 안다고 생각했던 것들을 과연 내가 정말 알고 있는 것들인지 의심해야 했다. 앞서 말했던 자기 성찰이나 인격 같은 단어들. 그리고 무엇보다도 배움이라는 단어가 아프게 다가왔다.

지금까지 내 삶 안에서의 배움은 지식을 쌓는 것이었다. 그리고 앵무새처럼 그 지식을 옮기기만 하면 되었다. 그 뜻도 모른 채 답이랍시고 다른 곳에 옮겨 놓았다.

엔지니어로서의 삶에서는 그것이 큰 문제가 되지 않았을 수도 있지만, 온전한 사람으로 성장하기에는 너무나도 어울리지 않는 방법이었다. 그래서 또 알게 되었다. 흔히 사람들이 하는 말 중에 '배우신 분이 왜 그러세요?'라는 말, 그런 말은 절대 쓰면 안 된다는 것이었다.

배워봐야 나처럼 겉으로만 배우면 참된 의미를 모른다. 그런 사람들은 순간적인 감정에 의해 하루의 기분을 지배당하고, 남에게 그 감정을 전가하기에 급급하다. 지식의 수준과 배움의 수준은 그렇게 그 기준 자체가 다른 것이었다.

나는 지식수준은 높되 배움의 수준은 너무나도 모자란 사람이었다.

속이 쓰렸다. 이렇게 얄팍한 배움을 가지고 얼마나 의기양양하게 살아왔던 것일까.

배움이란 그렇게 무거운 것이었다. 그 안의 의미를 고민하고 그 가치를 내 안에 가져오기 위한 성찰이 필요했다.

나는 정말 어떤 삶을 살고 싶은 것인가, 나는 어떻게 사람들과의 관계를 만들어 갈 것인가, 더 나은 내가 되는 길을 어떻게 파악할 수 있을까.

눈앞이 깜깜했다. 그러자 간사한 마음이 피어올랐다. 고개만 돌리면 피안인데 왜 이렇게 고생을 사서 하려는 건지 의문스러웠다. 누구도 시키지 않은 일을 굳이 왜 해서 사서 고생을 하고 그러냐고 자문했다. 마음이 또 다시 약해지고 있었다.

그때 불현듯 사막을 헤맸던 생각이 났다. 짙은 안개 냄새가 얼핏 느껴졌다.

그 속을 헤매면서 어디로 향하는지 모르던 그 순간과 비슷한 느낌이 들었다. 원하는 길을 찾을지, 아니면 사막 속으로 더 들어갈지 몰라서 마음 졸이던 그 시간들이 다시 내 곁으로 찾아왔다. 그 순간에 걸어가던 길의 끝을 보지 못하고 돌아오면 결국 다시 찾아 나서야만 한다는 것을 겪었다.

길을 만나든, 바다를 만나서 다시 그 반대 방향으로 걷든 일단 걸어야 했다.

그렇다면 이번에도 마찬가지라는 생각이 들었디.

계속 걸어야 했다. 이번에는 사막이 아니라 내 삶을 두고 걷는 것이 다를 뿐이었다. 헤매는 끝에서 답을 찾을지, 아니면 정반대의 어느 곳에 도착할지는 여전히 알 수 없지만 일단 이 배움의 길을 계속 가야만 한다는 결심이 들었다.

그 길은 너무나 버거웠다. 그런 고민들을 지나오면서 급속도로 머리가 세었다. 하지만 하나씩 배워간다는 충만함이 있었다. 태어나서 처음으로 무언가를 배워간다는 것이 즐거웠다. 그렇게 서른다섯이 되어서야 겨우 제대로 무언가를 배우고 삶 속으로 가져오는 걸음마를 시작했다.

— 2 —
코치가 되기로 결심하다

코치 인증 교육을 신청하고 나서도 사실 많은 시간 고민이 이어졌다.

'내가 과연 이것을 배워서 다른 사람들에게 도움을 줄 수 있을까?'
'그저 내 삶이라도 나아지면 다행이지 않을까?'
'그런데 내 삶이 얼마나 나아질지도 모르는데 이런 큰 비용을 들여서 배우는 게 맞는 걸까?'

그야말로 자다 말고 이불을 박차면서 일어나서 괴로워했다. 과연 나는 이만큼의 성과를 만들 수 있을지에 대해서 부담을 견디기 어려웠다.

그리고 일단 코치로 인증을 받아도 최소 2년에 한 번씩은 미국에 가서 재인증을 받아야 한다는 것도 또 다른 부담이었다.

물론 초기 인증 비용은 한 번만 내는 것이지만, 일단 캘리포니아에 가려면 아무리 조금 잡아도 경비와 숙박비만 해도 250~300만 원씩은 들어갈 일인데, 내가 2년마다 과연 그 비용을 감당하면서 다시 가려고 할지도 자신이 없었다.

거기에 조건은 또 있었다. 매년 코치로서의 자격 유지비용을 $500을 지불해야 한다는 것이었다.

대체 그게 돈이 얼마만큼인지 생각만 하면 놀라서 가슴이 뛰었다. 간단히 계산하면 코치 인증을 받은 이후에도 매년 들어가는 돈이 대충 200만 원씩이 꼬박꼬박 들어가는 셈이었다.

그 교육을 듣고 코치가 되어서 활동하지 않으면 그야말로 허공에 날리는 돈이 되는 것이었다. 과연 내가 그 부담을 이겨낼 수 있을지 확신이 서지 않았다.

그렇게 갈등하다가 브랜든의 강연 중 너무나도 와 닿는 에피소드를 들었다.

코칭을 하다 보면, 특히 워낙 부자들이 많은 곳이다 보니, 고객이 긴급하게 브랜든을 부르기 위해서 전세기를 보내는 일이 있다고 했다. 거의 대부분의 경우 전화로 이루어지는데 정말 급하면 그런 일들이 벌어지기도 한다는 것이었다.

코치를 보고 이야기를 나누고 싶어서 전세기를 보내는 사람들은 대체 어떤 사람들일지 궁금했다. 그리고 비행기를 타고 코칭을 하러 간다는 그 현실이 정말 신기하기도 했다.

하지만 그 호기심은 금세 없어졌다. 내 시각은 그 상황의 브랜든을 향해 있었다.

누군가가 나를 태우기 위해서 자기 비행기를 보내주고, 급하게 짐을 챙겨서 그 비행기를 타고 고객을 만나러 가야 하는 입장은 어떤 것일까? 그 비행기 안에서 내다보는 세상은 얼마나 큰 부담으로 느껴질까?

과연 나라면 도착 후에 듣게 되는 이야기들에 어떻게 순간 대응을 할 수 있을까?

생각만으로도 부담감이 밀려왔다. 큰돈을 받고 코치를 하는 것이 절대 부러운 일만은 아니겠다는 생각이 들었다.

현재 브랜든의 1:1 코칭을 받는 사람들은 아마도 최소 3억 원 이상의 코칭비를 낼 것이다. 그리고 저렇게 전세기를 보내는 사람 레벨이면 아마도 일 년에 5~6억을 내는 고객들일 것이었다. 그 비용이 주는 부담감을 어떻게 이겨낼 수 있는 걸까.

나라면 일단 고객과 통화를 해서 내가 가는 길에 상황을 파악할 수 있는 자료와 현재 상황을 알 수 있게 해달라고 요청할 것이다. 그리고 그 상황에 대한 고객의 의견, 나에게서 듣고 싶은 조언이 어떤 분야에 대한 것인지를 또한 물어봐야겠지.

생각만으로도 쉽지 않았다. 이런 압박감을 느껴야 하는 것이 코치들의 일이라면 내가 감당할 수 있을까.

그의 답이 궁금했다.

그런데 한 가지 전제를 더 달았다. 그렇게 비행기를 보내서 자기를 부르는 사람들은 왜 부르는지는 전혀 알려주지 않는 경우가 거의 대부분이라고 했다. 일단 만나서 이야기하자고. 그때까지 나도 생각을 더 정리할 테니 만나서 이야기하는 것이 좋겠다고 한다는 것이었다.

그런 상황이면 나는 그곳에 가지 않을 것 같았다. 아무런 준비도 안 된 상태에서 해줄 수 있는 말은 아무것도 없을 테니까.

그런데 브랜든이 그때부터 전해준 이야기는 완전히 나를 매료시켰다. 마치 그런 경우가 자기는 가장 즐거운 상황인 것처럼 이야기를 이어갔다. 심각한 고민이 이어질 줄 알았는데 조금 어이가 없을 정도였다.

"그 상황은 사실 간단해요. 제가 비행기에 내려서 짐을 끌고 그 사람의 사무실이나 미팅 장소로 이동하면, 물론 그 사람이 미리 차를 보내주니까 그걸 타고 이동하죠. 그러고 나서 그분을 만나러 문을 열고 들어가겠죠? 그러면 저는 그분의 말은 아무것도 듣지 않고 바로 제 이야기를 시작해요"

대체 이건 무슨 이야기일까? 고객의 말을 듣지 않고 자기 이야기를 시작한다고? 마치 내 머릿속을 읽은 것처럼 브랜든이 말이 이어졌다.

"물론 그곳에 도착하면 고객이 기다렸다는 듯 말을 쏟아내려고 해요. 그러면 잠시 실랑이가 이어지죠. 저는 내 이야기부터 들으라고 하고, 고객은 자기 이야기를 당연히 먼저 들으라고 하죠. 그러면 저는 가방도 열지 않고 계속 강조해서 이야기해요. 일단 내 말부터 들으라고요. 나는 당신의 문제가 뭔지 이미 다 알고 왔으니 내 말을 먼저 들으라고요"

믿을 수가 없었다. 이게 무슨 황당한 이야기인가? 듣지도 않고 문제가 뭔지 알고 왔다고 말을 한다고? 연간 몇 억씩 비용을 지불하는 고객에게?

정말 어이가 없었다. 특히 정보를 수집해서 문제를 파악하는 엔지니어의 성향을 지닌 나 같은 사람에게는 기가 차는 이야기였다. 하지만 그 뒷이야기는 그런 나까지도 납득을 시켰다.

"지금 나를 여기까지 부른 이유는 물론 지금 하는 일이 잘 안 되고 있기 때문이실 겁니다. 그게 일의 측면이든 개인적인 측면이든 그 이유는 분명히 두 가지 중 하나입니다.

첫 번째는 지금 세상에 던지는 이야기가 명확하지Articulate 않은 겁니다. 만약 그게 아니라면, 또 다른 이유는 지속성consistency이 부족했다는 것입니다. 아니면 둘 다 부족했을 것으로 여겨집니다. 어떤가요? 지금 저에게 하시려는 이야기가 이 두 가지에서 벗어나 있나요?

일 아니면 고민이 되는 상대에게 본인이 어떤 것을 전달하려고 하는지 명확하게 보여주고 있으신가요? 그리고 그것을 지속적으로 하고 있으신가요? 그 두 가지를 모두 다 제대로 하고 있는데 다른 문제가 있다면 거기서 이야기를 시작하죠.

만약 제 말대로 그 두 가지와 연계된 문제라면 우리의 대화는 이제부터 어떻게 당면한 문제를 두고 좀 더 명확하게 표현하고 지속적으로 당신의 이야기가 세상에 닿도록 하느냐에 초점이 맞춰져야겠죠. 그럼 시작해 볼까요?"

놀랐다. 수많은 코칭에서 얻어온 통찰인 걸까. 정말 어느 상황에 대입해도 맞을 만한 이야기였다.

그리고 또 하나가 중요하게 와 닿았다. 분명히 이러한 상황에 닥친 사람들은 모두 저 질문을 해봐야 한다는 것이었다. 나도 마찬가지였으니 자연스럽게 내 삶에 그 두 가지 질문을 입혀보았다. 과연 나는 무엇이 문제인걸까.

나는 세상에 어떤 이야기를 전하고자 하는 걸까. 내 삶에서 중요하게 여기는 가치는 어떤 것이고 세상에 더하고자 하는 의미 있는 일들은 어떤 것인 걸까. 그리고 지속적으로 그 의미 있는 것을 전달하려면 어떻게 해야 할까.

그간의 많은 질문들에 숨통이 트였다. 삶에 대한 고민이 있어도 이어지는 질문을 만들어가지 못했는데 이번 이야기로 자연스럽게 그 기준들을 잡을 수 있었다.

명확성과 지속성.

그렇게 처음으로 코칭이라는 것의 가치를 알았다. 그 몇 마디, 물론 브랜든도 수많은 시간을 고민하고 연구해왔겠지만, 그 몇 글자만으로도 사람의 마음에 이렇게 도움이 될 수 있는 것이 코칭이었다. 그저나 혼자서 막막히 생각을 이어가는 것과 누군가의 도움을 받아서 그 고민을 이어가는 것은 정말 다르다는 것을 알게 된 셈이었다.

이틀째까지의 내용이 마음에 들지 않으면 환불을 해주겠다는 조건

위에 이번 에피소드의 깨달음이 더해지고 난 후에는 코치가 된다는 것을 취소할 생각은 하지 않았다. 적어도 가서 배워오게 되는 것들이 내 삶에 적용해서 나를 바꾸는 과정에 도움이 될 것이라는 확신이 들었다.

그렇게 코치가 되는 것에 대한 명확성을 확보했다. 그리도 내 인생이 바뀌는지 아닌지는 그 배움을 내 삶에 꾸준히 지속적으로 적용해 보면 될 일이었다. 그렇게 브랜든을 만나러 미국에 가는 날이 하루 이틀 다가오고 있었다.

— 3 —
캘리포니아에서 있있넌 일들

1) 2015년 이야기

2년 4개월간의 쿠웨이트 생활을 마치고 한국에 들어온 날짜가 5월 28일이었다.

일주일간의 복귀휴가가 끝나고 출근을 하자마자 바로 이야기했다. 6월 14일부터 일주일간 휴가를 또 써야 한다고. 무조건 가야 된다고.

사람들이 모두 이상하게 쳐다봤다. 혹시나 한국에 복귀하자마자 긴 휴가를 가기 위해서 2주간 쉰다면 모를까, 느닷없이 2주 근무하고 또 휴가를 쓰겠다는 것은 무슨 경우냐고 했다.

그래도 팀장님이 쿨하게 봐주셨다. 자기 휴가 자기가 쓴다는데 뭐라고 하겠느냐고. 참 감사했다.

하지만 당연히 궁금해하는 사람들이 있기 마련이었다. 대체 무슨 일로 휴가를 그렇게 가는지 많은 사람들이 물어왔다.

예전 같으면 대충 얼버무렸겠지만, 이제는 내 표현을 명확하게 하고 싶다는 생각이 들었다. 그야말로 회사에 해를 주는 것도 아니었으니까.

이러저러해서 미국을 간다고 이야기했다. 비용도 무려 1,500만 원 가까이 들어간다고 이야기하면서. 그러자 조언이라는 이름 아래 수많은 이야기가 쏟아졌다.

"회사에서 보내주는 것도 아니고 그 금쪽같은 휴가를 그런데 쓰는 것은 너무 아깝지 않아?"

"한국에도 얼마든지 좋은 강연들이 있는 거 아니야?"

"너희 아내가 뭐라고 안 해? 그걸 가게 둬?"

"뭔지 모르겠지만 일단 들어올 때 양주나 좀 사와라. 회식하자"

이런 말 정도는 그냥 가벼운 인사였다. 하지만 가끔은 비난하는 사람들도 있었다.

"그런 거 괜히 갈 필요 없어. 그래 봐야 인생 바뀌지 않아."

"그거 하면 뭐 회사라도 그만둘 수 있을 거 같아?"

"그래봐야 네가 하는 이야기, 세상에 아무도 안 들어줘."

"참 세상에 별종들 많긴 하겠지만, 너도 그런 별종인지는 전혀 몰랐다."

그런 말을 들으면 홀로 사막에서 울던 기억이 떠올랐다. 거기에서조차 혹시 다른 사람이 나를 쳐다보지 않는지 놀랐던 내 모습이 보였다. 이제는 그렇게 바보같이 눈치 보는 일은 하고 싶지 않았다. 그래서 별 대응도 하지 않고 웃어 넘겼다. 그러고 나면 마음도 편해졌다. 그래도 인격적으로 조금이나마 성장했구나. 그간 마음 써온 것들이 도움이 되었다는 생각에 웃기도 했다.

하지만 적어도 그 순간에 마음에 떠오르는 이야기들은 있었다. 이전의 내 모습의 잔상이랄까. 욱하고 떠오르는 한마디들. 상대방의 가슴에도 분명히 상처를 내고 말겠다는 촌철살인의 문장들.

"글쎄요. 지금 손목에 차고 계신 명품 시계보다는 더 나은 선택인 것 같습니다만."

"제가 별종이어서 다행입니다. 다른 인생을 살아볼 가능성은 저에게만 있을 테니까요."

물론 그 이야기를 꺼내본 적은 없었다. 오히려 나 자신을 경계하는 말귀로 삼았다. 외부에 드러나는 나를 과시하기 위한 과소비는 하지 말자는 것, 그리고 나와 다르다고 해서 틀렸다고 생각하지 말자는 것.

이 두 가지만 잘 지켜도 다른 사람들과의 관계에서 큰 실수는 하지 않겠다는 생각이 많이 들었다.

6월 14일. 드디어 미국으로 향했다.

집을 나서는데 어머니가 오셨다. 그리고 봉투에 담긴 1,500불을 주머니에 찔러 넣어주셨다. 그리고 이렇게 말씀해주셨다.

"너 유학도 못 보내줬는데, 이렇게라도 공부하러 멀리 간다고 하니 그 비행기값이라도 내가 해주고 싶구나. 가서 많이 배우고 와. 나이 들어서도 뭐라도 배우겠다고 하는 아들이라 기특하구나."

그 당시에는 얼떨결이라 그냥 감사하다고만 말씀을 드리고 공항으로 향했다.

정신없이 체크인을 하고 비행기에 올라타서 강연 들은 것들을 요약하고 하다 보니 어느덧 미국에 도착할 즈음이었다.

교육 장소는 샌프란시스코 실리콘 밸리였다. 신혼여행으로 갔던 하와이를 제외하고 미국 본토에 들어와 본 것은 처음이었다. 공항에 내려서 샌프란시스코 공항이라는 글자를 보는데 정말 묘한 기분이 들었다. 그리고 혼자 중얼거렸다.

"정말 내가 여기까지 왔구나. 이렇게 새로운 배움에 끌려 여기까지 와보기도 하는구나."

그러자 갑자기 어머니 말씀이 떠올랐다. 나이 들어서도 배우려는 아들이라 기특하다면서 쥐어주신 돈도 이제 생각났다. 이 돈을 챙기면서 어머니는 어떤 마음이셨을까. 아이를 둘이나 두고도 방황하는 아들이 걱정되셨을까. 아니면 정말 새로운 배움을 향하는 나를 응원하고 계신 걸까. 아마 두 가지 모두 공존했을 것 같다.

그리고 나서 갑자기 울컥했다. 시간이 흘러서 생각해봐도 그 시간의 울컥함의 원인을 잘 모르겠다. 아마도 오랜 기간 꽤 많은 마음고생을 해온 것이 풀어진 느낌이었던 것 같다.

마음을 추스른 후 공항에서 실리콘 밸리로 이동하고, 이벤트 등록을 하고 숙소에 짐을 풀고 나니 긴장도 함께 풀렸다. 그렇게 CHPC 코치 인증을 받는 날이 다가왔고, 앞서 이야기한 것처럼 소위 문화충격을 받으면서 첫 CHPC 인증을 마쳤다.

2) 2017년의 이야기

2015년에 코치 인증을 받고 한국에 돌아왔지만 실제로 코칭을 해보지는 못했다. 캐나다와 독일에 있는 다른 코치들과 서로 코치를 해주는 경험만 해보았을 뿐, 내 주변의 누군가에게 코칭을 하겠다는 엄두가 나지 않았다.

자료는 너무나도 상세하게 갖춰져 있었다. 그리고 브랜든과 다른 코치들의 수많은 경험과 연구로 만들어진 자료였으니 믿을 수 있었다. 하지만 가장 큰 문제는 내가 나 자신을 믿을 수 없다는 것이었다. 행여나 누군가가 던질 한마디에 무너질 것 같은 기분이 많이 들었다.

“대체 네가 뭐라고 다른 사람들을 코칭하겠다는 거야. 그 교육받고 왔다고 어느 날 갑자기 다른 사람들에게 조언할 수 있는 사람으로 변신이라도 한 거야?”

바로 이 한마디였다. 도저히 대응할 방법이 없을 것 같았다. 그래서 시작도 못 하고 주저했다. 그냥 다른 코치들에게 내 삶을 두고 코칭을 받으면서 더 나아지는 것을 직접 경험해보는 수밖에 없다는 생각이 들었다. 그렇게 2년간 정말 열심히 코칭받은 대로 삶을 바꿔 나갔다.

매일 출근길과 퇴근길에는 브랜든의 강연을 들으면서 공부하고, 점심시간에도 샐러드 사먹으면서 시간을 아껴서 강연을 들었다. 들은 강연을 듣고 또 들었다. 스트레스를 받고 힘들다가도 그의 목소리를 들으면 힘이 났다. 그 안에 들어있는 열정과 에너지가 나를 자극했다.

처음에는 그저 허겁지겁 배우고 또 배우는 시간들이 이어졌다. 하지만 반복해서 들으면서 어느덧 내 안에 그 말들이 많이 자리 잡게 된 것을 느낄 수 있었다. 회사에서도 어느덧 이전보다 훨씬 인정받는 사람으로 변하고 있었다.

그렇게 2년이 지나고 다시 미국으로 향했다. 이번에는 샌디에고의 멋진 호텔이었다.

비행기를 타고 열 시간 남짓 날아서 LA 공항에 도착해서 국내선을 갈아타고 샌디에고로 향했다. 감기가 걸려서 힘든데 비행기 두 번 타고 내려서 또 밴을 타고 호텔에 도착하니 진이 다 빠졌다. 거기다가 호텔에는 들고 간 햇반을 데울 커피포트도 없고 전자레인지는 커피숍에만 하나 있었다. 2년 전에 호텔 식사가 얼마나 비싼지를 배웠던 탓에 햇반을 챙겨갔는데 익혀먹을 방법이 딱히 없는 것이었다.

그렇다고 아침마다 커피숍에 가서 공짜로 밥을 데워 달라고 하기도 미안했다. 그래서 숙소의 세면대에 뜨거운 물을 틀고 햇반을 넣어두었다. 하지만 음식이 익을 리가 없었다. 그나마 3분 요리들은 나름 따뜻했다. 그래서 덜 익은 햇반에 카레나 짜장을 부어서 일단 먹었다.

하지만 3일쯤 그렇게 식사를 때우려고 보니 결국 탈이 났다. 코칭 과정 자체도 엄청난 에너지를 필요했는데 감기와 속 아픔이 함께 찾아오니 결국 버티지 못하고 자리에 누워 있어야 했다.

그렇게 거의 하루를 다 날리고 침대에 누워 있다 보니 후회가 밀려왔다. 나 자신에게 계속해서 이야기했다.

"이게 지금 어떻게 온 교육인데 그냥 눈 딱 감고 사먹으면 될 일을 이 지경을 만들었냐. 어쩜 이렇게도 미련한 거야. 그 돈이 대체 몇 푼 된다고."

그래도 한 가지 얻은 것이 있었다. 멀리 교육을 받으러 가는 것이 얼마나 힘들고 어려운 일인지를 절감했다. 그래서 그 경험을 바탕으로 나중에 강연을 시작하자마자 빠르게 지방 강연을 다녔다. 혹시나 내 강연에 오려는 사람들이 있으시면 최대한 조금만 이동하고 강연에 오셔서 더 집중하게 해드리겠다는 마음이었다.

3) 2019년 이야기

2017년 교육을 받고 돌아와서는 이제 무언가를 해야겠다는 생각이 들었다. 하지만 여전히 나 자신에 대한 믿음이 부족했다. 그래서 주변에 가까운 사람들에게 대화인 듯 코칭인 듯 구분 가지 않는 선에서 무료로 코칭을 해주었다. 그러자 생각보다 많은 사람들이 관심을 보였다.

그렇게 회사 내에서 몇몇 지인들에게 코칭과 강연을 시작했다. 강연은 일주일에 한 번 한 시간씩 이루어졌다. 퇴근 시간에 맞춰서 회의실을 빌린 후 그곳에 모여서 강연을 했다. 물론 비용을 받지는 않았다. 하지만 생각보다 강연이 마음에 들었던지 한 번 시작한 강연은 매주 이어졌다.

물론 이런저런 마음 상하는 일도 있었다. 다들 각자의 부서에서 느닷없이 늦거나 오지 못하는 경우도 있기 마련이었다. 그러다 보면 강연장에 혼자 서서 기다리다가 시간이 끝나서 돌아가는 날도 많았다. 오지 못한 사람들도 엄청나게 미안해했다. 하지만 같은 회사에서 그 사람들의 사정을 모르는 바가 아니니 그냥 웃어주고 말았다. 열심히 준비해 온 강연장에서 혼자서 한 시간을 기다리는 기분은 결코 즐거운 것은 아니었지만, 그런 일들을 받아들여야 한다는 것을 알았다. 그리고 그때 그런 시간들을 겪은 덕분에 강연장에 사람이 한 명만이라도 있으면 감사해야 한다는 것을 알았다. 오히려 모든 에너지를 그 한 사람에게 쏟아 부어서 그 사람의 삶에 조금이라도 진정한 도움이 된다면 그것으로도 충분하다는 것을 알게 된 것은 큰 배움이었다. 코치로서, 그리고 강연을 하는 사람으로서 나중에 세상에 나서게 된다면 그만큼 중요한 마음이 없을 테니까.

코칭과 강연을 시작하게 되자 계속 해보고 싶은 욕심이 생겼다. 혼자서 공부하는 것과 강연을 준비하는 것은 배움의 깊이가 완전히 달랐다. 마침 회사에서 학생들에게 멘토링을 해주는 프로그램에서 직원을 모집했다. 가정형편이 어려운 고등학생들에게 대학생들이 과외를 해주고, 회사 임직원들이 이 학생들을 모두 멘토링을 해주는 프로그램이었다. 내가 배워왔던 것을 전해주기에 너무나도 좋은 기회이다 보니 처음으로 나를 소개하면서 코칭 전문가라고 이야기했다. 말하면서 여전히 마음 한구석이 편하지 않았지만 적어도 회사 안에서 나보다 전문가는 없을 거라고 스스로를 합리화했다.

그 후 운 좋게 임직원 멘토로 선정이 되어 학생들을 만났다. 대학생들 전체에게는 한 달에 한 번 두 시간씩 강연을 해주었다. 물론 강연을 오는 것은 학생들의 자유였기 때문에 많은 숫자의 학생들이 오지는 않았다. 하지만 바쁜 와중에도 꼭 참석해주는 학생들도 생겨나기 시작했다.

강연이 끝나고 나면 다 같이 회사 주변의 맛집도 돌아다녔다. 회사 지원금만으로는 모자라다 보니 내 돈을 들여가면서 다녀야 했지만 하나도 아깝지 않았다. 이 친구들이 마음도 몸도 모두 든든해지기를 바랄 뿐이었다.

내 직속 담당인 학생들에게는 시간이 날 때마다 이야기를 나누면서 코칭도 진행했다. 그렇게 시간이 지나고 2018년에도 연속해서 임직원 멘토로 선정이 되었고, 2017년의 학생들이 지속해서 강연에 참석하면서 강연에 오는 학생 숫자도 제법 늘어났다.

너무나도 즐거운 시간들이었고 많은 학생들이 스피치 강연을 부탁해서 그 강연도 열심히 준비해서 해주기도 했다.

매주 회사 지인들에게 해주는 강연과 학생들에게 해주는 강연들이 겹치면서 정말 몸이 두 쪽이어도 모자랄 만큼 바쁜 날들이 이어졌지만, 사람들에게 도움을 주고 있다는 것이 너무나도 즐거웠다.

회사 일에서도 성과를 내고 있었고 강연과 코칭을 통해서도 조금씩 성과가 생긴다는 것이 축복이라고 느껴졌다. 그 결과 2018년 연말에는 사회봉사 우수상을 받는 경험도 할 수 있었다. 즐겁게 하는 사람이 제일 잘하게 된다더니 정말 그 말이 맞는다는 생각이 들었다.

그 경험들을 들고 다시 미국으로 향했다. 이번에는 나 말고 다른 한국 사람이 드디어 코치가 되겠다고 그 곳을 찾아왔다. 김윤스키라는 분이었다. 그곳에서 한국 사람을 만나서 한국말로 저녁 식사를 하는 순간이 찾아오다니! 더구나 그분의 지인분들이 함께 어울려서 정말 즐거운 시간을 보냈다.

또 다른 한국 사람의 등장은 나에게는 정말 큰 도움이 되었다. 누군가는 경쟁자가 생긴 것이 아니냐고 했지만 그런 생각은 전혀 들지 않았다. 그냥 내가 지금 선택해서 이어가고 있는 길이 틀린 것이 아니라는 확신을 준 것만으로도 너무 감사했다.

'왜 나 말고는 아무도 나타나지 않는 걸까? 내가 정말 어리석은 선택을 한 건 아닐까?'

그저 혼자 불안해하던 그 질문들을 지워내는 누군가가 나타났다는 것, 정말 같은 길을 걸어갈 동지가 생겼다는 것에 마냥 즐거웠다. 그리고 어느덧 그 교육장의 열광적인 분위기에 나도 동화되고 있었다. 춤을 추고 뛰어다니는 것까지는 아직 하지 못했지만, 그래도 너무나도 편안하고 즐거운 시간들이라고 느끼고 있는 나를 찾을 수 있었다.

그리고 마음속에 나도 이렇게 멋지고 즐거운 강연을 해봐야겠다는 야망이 생겼다.

그렇게 마음의 위안을 얻으면서 시작한 3번째 코치 인증 교육은 내내 즐거웠다. 그간의 경험으로 코칭 자료들이 온전히 내 안에 있었고, 분위기를 즐기기 시작하니 사람들과의 대화도 쉬웠다. 영어도 조금 더 늘었고 코칭을 주고받는 사람들이 진심으로 나에게 얻어가는 것들이 있다는 느낌을 받으니 자신감도 커졌다.

그렇게 교육을 마치고 돌아왔다. 더 큰 목표가 생겼다. 이제는 정말 세상에서 코치로서 나를 보여주고 싶다는 마음이었다. 그렇게 나를 세상에 알리기 위해서 강연을 열었고, 2019년 7월 31일 첫 강연으로 드디어 세상에 나오게 되었다.

— 4 —
온실에서 나와 세상을 향해 걷다

브랜든이 처음으로 코치를 키우기 시작한 것이 2013년이었다. 그리고 모든 사람들이 코치로서의 커리어를 이어가는 것도 아니었다. 본업에 바쁘다 보면 자연스레 포기하게 될 가능성도 있기 마련이었다.

나도 2017년 재인증을 받아야 할 시기에 많은 고민을 했다. 이번에 다시 간다는 것은 앞으로도 격년으로 꼭 참여하겠다는 표현이었고, 그러면 정말 코치로서 무언가를 만들어 가야 한다는 심적인 부담이 느껴졌다.

하지만 맨 처음에 지불했던 인증 비용이 워낙 컸기 때문에 그 비용에 대한 가치를 아직 이루어내지 못한 것이 싫었다. 여기서 포기하면 1,500만 원에 가까운 돈이 무의미한 것이 된다고 생각했다.

그렇게 2017년에 미국으로 가는 결정을 했고 그 이후에 학생들에게 코칭과 강연을 하면서부터는 그 결정이 옳았다는 생각을 했다.

그래서 2019년에는 홀가분했다. 이전까지는 과하게 진지했다면 이제부터는 조금은 즐길 수 있는 여유가 생겼다.

그렇게 코치 3차 인증을 받으러 샌디에고로 향했다.

목에 건 명찰에 Since 2015라고 쓰여 있었다. 2015년부터 코치로 활동하고 있다는 표시였다. 그리고 그 표시가 엄청난 영향력을 발휘했다. 4년이 넘은 베테랑 코치라는 표시인 셈이었다.

입장을 바꿔보면 나도 교육을 받으면서 그런 사람하고 함께 롤플레이를 해보고 싶겠다는 생각이 들었다. 큰 비용을 내고 온 사람들인 만큼, 그리고 다른 이들의 삶을 좋은 곳으로 이끌고 싶어 하는 사람들인 만큼 그 열정과 진지함이 보통이 아니었으니까.

하지만 앞서 말한 대로 초기 멤버는 그 숫자도 적을 뿐더러 모든 코치들이 재인증을 받는 것은 아니었다. 그러다 보니 베테랑 코치 숫자가 생각만큼 많지 않았다. 그래서 사람들의 관심을 많이 받았다.

사람들이 이런저런 질문들을 많이 했다. 그때마다 정신을 바짝 차리고 답을 했다. 내 대답이 잘못되면 마치 브랜든에게 실수를 하는 셈이 될까 봐 조심스러웠다.

이야기를 나누다 보면 자연스레 삶에 대한 이야기를 하게 되었다. 그때마다 봉사활동으로 코칭을 한다는 것에 많은 사람들이 부러워했다. 정말 멋지다고 이야기하면서 나를 안아주었다. 그곳에서는 그렇게 안아주면서 서로의 감정을 표현하고 마음을 주는 일이 많았다. 그리고 이제는 그 문화가 너무나 좋아졌다. 누군가의 마음에서 마음으로 전달되는 따뜻함이 있었다. 한국의 강연장에서는 상상도 못 할 일이지만 언젠가는 꼭 그런 자리를 한국에서도 만들겠다는 다짐도 하게 되었다.

그렇다고 항상 즐겁기만 한 것은 아니었다. 한 가지 반복해서 받게 되는 곤란한 질문이 있었다.

"봉사활동을 하는 것도 참 멋있지만, 왜 일반 사람들에게 코칭을 하지 않는 거죠? 한국에도 많은 사람들이 코칭을 필요로 할 텐데요? 더구나 CHPC 프로그램이 정말 좋다면 한국 최초 CHPC로서도 선구자 역할도 해주셔야죠. 더 많은 사람들의 인생을 바꿔주는 것만큼 의미있는 일이 또 있나요?"

한글로 표현하니 참 둥글둥글한 느낌이지만, 영어는 훨씬 더 직설적이고 딱 부러지게 의사를 전달하는 언어였다. 그리고 그 사람들의 감정이 그 위에 실리면서 나를 더욱 자극했다. 하지만 내 대답은 항상 같았다.

"당장 하던 일을 그만두고 코칭과 강연을 시작할 수는 없어요. 제게는 가족이 있으니까요. 아내도 제가 그만두는 것은 받아들이지 못할 겁니다. 아내도 직장을 다니고 있기는 하지만, 적어도 가장으로서 책임을 져야 한다는 부담은 제가 지고 가야 한다고 생각합니다."

그러면 대부분의 사람들은 더 이상 말을 하지 않았다. 하지만 꼭 길을 찾아보라면서 내 손을 꼭 잡아주었다. 그리고 어떤 분은 그런 말씀을 해주셨다.

"꼭 회사를 그만두어야만 하나요? 휴직을 하는 방법도 있을 텐데요?"

휴직. 머릿속에 번뜩 그 단어가 박혔다. 하지만 이내 지웠다. 회사 전체에서는 가끔 있었지만 내가 근무하는 사업본부에는 휴직하는 직원은 거의 없었다. 정말 심하게 몸이 아프지 않은 다음에야 어느 누구도 휴직할 엄두를 내지 못했다. 그런데 시간이 가면서 자꾸만 그 단어가 입안을 맴돌았다.

한국에 돌아와서 며칠을 고민한 끝에 결국 휴직을 하기로 마음먹었다. 아내 역시 어이없어했다. 회사의 허락을 받을 수 있으면 받아보라면서 별 일이 아닌 듯 넘겼다. 사업부에서 쉽게 진행해주지 않을 거라고 생각한 것 같았다.

역시나 그 과정은 쉽지 않았다. 제일 힘든 것은 팀장님이었다. 몇 번을 반려하고 다시 생각해보기를 권하셨다. 그분이 나를 얼마나 아끼는지 다른 누구보다 내가 제일 잘 알았기 때문에 너무나 힘들었다. 안타까워하는 눈빛, 진심이 담긴 말씀들.

정말 좋은 팀장님 밑에서 일을 해왔다는 것을 절실히 느꼈다.

"너를 아끼는 사람들이 회사에 얼마나 많은데, 왜 지금 그런 결정을 하는 거야. 내가 답답해서 죽을 거 같다, 정말. 잘 해오고 있었고 앞으로도 잘 해갈 수 있잖아. 내가 회사를 20년 넘게 다녔는데 이렇게 마음이 아픈 적이 없어. 별일이 다 있었지만 이렇게 내 속이 아픈 적이 없다고. 그리고 그게 왜 하필 너냐, 민 과장."

팀장님과는 2016년에 만나서 함께 정말 많은 고생을 했다. 항상 잘 한다고 격려해주시고 자기 목소리를 내라고 응원해주신 분이셨다. 차라리 그 윗분들이 뭐라고 하시면 흔들리지 않을 수 있었겠지만, 그런 팀장님이 만류를 하셔서 너무나도 힘들었다.

그렇게 약 2주의 시간이 흘렀다.

힘든 만큼 그 시간들이 약이 되었다. 지금부터 하려는 일이 얼마나 소중한 것을 뒤로 하고 시작하려는 일인지 절실히 느껴졌다. 이렇게 힘들게 얻은 시간을 절대 허비하지 않아야겠다는 다짐을 몇 번이고 반복했다.

그렇게 몇 주간 결재 서류를 들고 계시던 팀장님은 결국 큰 한숨과 함께 승인을 해주셨고, 그 이후로는 사실 일사천리였다. 누가 무슨 이야기를 해도 꿈쩍도 하지 않았다.

국내 최초 CHPC에 이어 사업부 최초 멀쩡한 남자가 휴직한 직원이 되었다. 가까운 사람들이 웃으며 그렇게 이야기했다.

"너는 최초 뭐 이런 거 아니면 안 하나 보다. 코치도 최초, 휴직도 최초."

사막에서 혼자 울면서도 다른 사람이 쳐다보지 않는지 눈치를 보던 사람이었다. 그 사람이 이렇게까지 바뀌다니 참 신기한 일이었다. 서류를 들고 나서면서 어떻게든 길을 찾기 위해 사막을 헤매고 다녔던 때가 떠올랐다. 이제 회사라는 온실에서 나와서 세상에 나가면 그렇게 헤매게 될 일이었다. 하지만 이번에는 그 온실의 문고리를 붙들고 방황하지 않았다. 큰 심호흡을 하고 당차게 그 문을 열어 재꼈다. 기대와 두려움, 그리고 자신감과 용기가 모두 한 자리에 있었다. 위험하지만 나를 끌어당기는 세상으로 그렇게 한 발씩 내딛었다.

그렇게 세상에 나오려고 준비하고 행동하면서 알게 된 것이 있었다. 새로운 시작은 언제나 두렵지만 실제로 시작하면 생각했던 만큼 어렵지 않다는 것이다. 그리고 어쩌면 그것은 당연한 일이었다. 우리의 뇌는 위협을 느끼면 자신을 보호하기 위해 그 위험을 과대평가해서 피하도록 만들기 때문이다.

하지만 일단 그것을 실행하게 되면, 두려운 만큼 그 위협을 해결하려고 애를 쓰게 된다. 역시나 빨리 그 위협에서 벗어나고 싶기 때문이다. 그래서 생각보다 훨씬 빠르게 그 문제들을 해결할 가능성이 높다. 언제나 새로운 시작은 보기보다 쉽게 이뤄낼 수 있다. 살면서 얻은 많은 깨달음 중에 가장 소중한 것 중 하나다.

— 5 —
누군가의 삶을 더 나은 곳으로 이끈다는 것

2019년 3차 코치 인증을 받을 때였다.

브랜든과 사진을 찍지 못한 사람들은 함께 찍을 기회를 준다고 했다. 깜짝 놀랐다. 언제부터 이런 걸 해주었느냐고 묻자 2018년이라고 했다.

워낙 프라이버시를 중요하게 여기는 브랜든이 이런 것을 해주다니, 그야말로 이제 세상에 미치는 자기 영향력에 대해 받아들였다는 생각이 들었다. 자기와 함께 찍은 사진 하나가 얼마나 CHPC들에게 홍보에 도움이 되는지 이해한 것이었다.

처음 브랜든을 보러왔던 2015년에는 마스터 마인드 그룹하고만 사진을 찍어주었다. 마스터 마인드 그룹은 쉽게 말해서 브랜든과 3박 4일짜리 이벤트를 일 년에 두세 번 정도 별도로 할 수 있는 연간 회원이었다.

모든 강연에 무료로 참가가 가능(코칭 교육 제외)하고 그 이외에 별도로 모여서 함께 하는 시간을 갖는다고 했다.

브랜든이 관심을 가진 최신 자기 계발 주제들을 공유하고, 또한 그 모임에 오는 사람들과 알아가는 것만으로도 엄청난 가치가 있다고 홍보했다.

비용은 6만 불 또는 9만 불이었다. 그야말로 일 년에 일 억 원인 셈이었다.

대체 저 정도 수준으로 자기 계발에 관심이 있는 사람들은 누굴까. 나중에 언젠가는 저 모임에 가보고 싶다는 생각을 잠깐 했었다.

2019년에는 그 비용이 확연히 낮아져서 일 년에 2만 불짜리도 있었다. 그래서 그 모임에 참가자가 많아졌다는 이야기도 들었다. 하지만 그것도 2,400만 원 가까이 되는 돈이다. 추가로 미국까지 일 년에 두세 번 오가는 비용을 생각하면 역시나 다가가기 어려운 금액 수준이었다. 여전히 내 마음속 한구석에 언젠가 저 모임에 가보는 날이 올 수 있도록 하고 싶다는 열망만 남겨두었다.

그런 사람들하고만 함께 사진을 찍어주던 브랜든이 함께 사진을 찍겠다고 했으니 얼마나 기뻤는지 모른다. 하지만 온 사람들 중에서 170명 정도가 사진을 찍어야 했다. 그래서 우리는 쉬는 시간에 줄서서 허겁지겁 사진을 찍기에 바빴다.

무대 가운데서 브랜든이 포즈를 취하고 있으면 한 사람씩 자동차 부품 조립하듯 그 자리에 들어가서 사진을 만들어냈다. 사진작가와 조명 같은 것은 움직이지 않은 채로 사람만 바뀌면서 빠르게 찍었다.

이럴 줄 알았으면 한국에서 미용실이라도 다녀올걸. 옷도 좀 좋은 옷을 가지고 올걸.

하지만 어쩔 도리가 없었다. 그냥 주섬주섬 준비해서 대기 줄에 서 있을 수밖에.

그냥 사진 한번 찍는 것일 뿐이었다. 그런데 마음이 설레었다. 그렇게 마냥 설레었던 적이 언제였는지 잘 생각나지도 않을 만큼이었다.

얼마나 수많은 시간을 이 사람의 목소리를 들어왔는지. 나아지려고 몸부림쳤는지.

그 시간들이 오롯이 마음속에서 두방망이질을 했다. 그리고 그렇게 한 발씩 내 순서가 다가오고 있었다.

그런데 나보다 조금 앞에 있는 여자분이 갑자기 울기 시작했다. 그런 경우에 워낙 또 매너 있게 대하는 문화이다 보니, 사진 찍는 팀과 브랜든이 모두 함께 그 여자분을 위로하고 다독여주고 포옹도 하고 하면서 달랬다.

그렇게 잠깐 시간이 지체가 되었지만 그 상황을 지켜보는 모두가 그 마음을 잘 알다 보니 그저 웃고 있었다.

하지만 나는 달랐다. 브랜든을 좋아하는 정도를 놓고 보자면 그 여자분이 얼마만큼이었든 내가 절대 모자라지 않을 거라고 생각했다.

나도 지금 울어야 저렇게 챙겨주려나. 그렇다고 느닷없이 눈물이 나올 리도 만무했다. 좋은 방법이 없을까. 하지만 워낙 빨리 내 차례가 다가와서 별다른 방법은 떠오르지 않았다.

그래도 한 마디라도 더 듣고 싶어서 무대로 걸어 올라가면서부터 말을 걸었다.

"Brendon, I'm such a big fan of yours."(브랜든, 저는 정말 당신의 엄

청난 팬이에요.)

"I'm a big fan of yours too. thank you for being here."(나도 당신의 팬입니다. 이 자리에 와주셔서 감사해요.)

조금 서운했다. 브랜든을 보려고 코칭 인증 교육만 세 번, 백만장자 메신저 교육도 한 번, 총 네 번이나 미국을 왔는데 뭔가 한 마디만 더 들을 수 있는 방법이 없을까.

그때 불쑥 한 마디가 튀어나왔다.

"Maybe you don't know, you changed my life."(잘 모르시겠지만 당신이 내 인생을 바꿔주었어요.)

그러나 브랜든이 나를 힐끗 쳐다보면서 한마디 했다

"Thank you."(고맙습니다.)

거기까지였다. 한번 안아주기라도 했으면 좋았을 텐데. 하지만 그런 걸 바라는 티는 전혀 내지 못했다. 아직 그런 감정을 표현하기에는 서툴렀다. 그저 꾸벅 인사하고 뒤로 돌아서 무대 끝까지 걸어왔다.

그리고 그 무대 끝에 서서 뒤돌아보았다. 다른 사람들이 순서대로 사진을 찍고 있었다. 그 모습을 보면서 방금 사진 찍었던 순간을 잠시 떠올리게 되었다.

부러웠다. 현재 이 사람이 가진 많은 돈, 화려한 이벤트, 잘생긴 외

모 이런 것들에 대한 것이 아니었다. 내가 전했던 그 한 마디.

지구 반대편의 대한민국이란 나라에서 한 남자가 이렇게 찾아와서 온 마음으로 해준 그 한마디.

"당신이 내 인생을 바꿔주었어요"

그 이야기를 해주는 누군가가 있다는 것. 그것이 너무나도 부러웠다.

진심으로 내 이야기에 귀를 기울여서 삶을 바꿔낸 사람이 찾아와서 감사를 표시한다는 것. 과연 그 이상 마음이 뿌듯해지는 일이 있을까.

그 순간의 감정이 세상에 나가야겠다는 결심에 방아쇠를 당겨주었다. 누군가의 인생을 진심으로 더 나아지게 해주기 위해 노력하고, 그 노력의 결실로 그 한마디를 들어보고 싶다는 것. 앞으로 살면서 꼭 겪어보고 싶다는 욕망이 불처럼 타올랐다. 그 무대 끝에 서서 잠시 내가 앉은 자리를 바라보면서 중얼거렸다.

"언젠가는 나를 찾아와서 자기 인생을 바꿔주었다고 이야기 해주는, 그런 사람이 단 한 사람이라도 있으면 좋겠다."

그래서 내 강연에서는 항상 그 이야기를 하고 있다. 언젠가 내 강연과 코칭을 받은 사람들이 나를 다시 찾아와 주길 바라고, 동시에 민코치 덕분에 조금이나마 삶이 바뀌었다고 이야기해주길 바란다고.

그게 처음에 시작한 마음이고, 잊어버리지 않기 위해서 항상 말씀드린다고.

그리고 그런 말을 하면서 마음에 다짐했던 것들이 있었다. 정말 제대로 된 코치가 되고 싶나는 생각이었다. 감히 멘토가 되기를 바라지는 않았다.

나는 누군가의 멘토가 되어 그 사람들을 이끌어 갈 수 있는 깜냥을 가진 사람이 되지 못한다. 하지만 같이 고민하고 답을 고민해 보는 것, 가장 기본적으로 갖추어야 할 것들은 전해주고 그 위에서 그 사람의 답을 찾아가도록 응원하는 것, 방황하면 가끔은 쓴 소리도 해서 그 사람이 원하는 방향으로 다시 돌아올 수 있도록 하는 것. 그런 것들은 할 수 있을 거라는 생각이 들었다.

처음 브랜든을 만난 지 5년 만에야 드디어 내가 하고 싶은 일을 알게 되었다.

나는 코치가 되어 사람들이 변화하는 데 도움이 되고 싶었다. 에베레스트를 오르는 사람들에게 셰르파가 필요하듯, 나는 삶의 어려운 단계를 이겨내려는 사람들을 돕고 싶었다. 지금의 자신이 아니라 그 너머로 향하려는 사람들에게 힘이 될 수 있다는 열망이 들불처럼 피어올랐다. 그리고 그날 나를 소개하는 슬로건을 만들었다.

"삶의 다음 단계로 나아가는 모든 이들을 응원합니다."

— 6 —

어깨 위에 짊어졌던 소중한 사람에게 보내는 마지막 인사

내가 하고 싶은 일을 알고 난 이후, 오랜 기간 마음에 담아두었던 한 후배에게 인사를 해야 했다. 책 한 권으로 이어진 그 친구와의 이야기를 마무리해야만 다음 걸음을 내딛을 수 있었기 때문이었다.

스물여섯 살이던 2005년, 학교에 복학해서 열심히 공부했다. 그저 공부하고 책 읽는 게 즐거웠다. 7시 반이면 학교에 와서 밤 11시까지 그냥 도서관에 있었다. 전공 공부를 하다가 지치면 좋아하는 다른 책을 읽고, 그러다 나가서 농구하고 다시 도서관에 와서 공부하고 책 읽는 삶을 일 년 중에 340일 이상 반복했다. 주말도 방학도 구분이 없었다. 그냥 오랜만에 하는 공부와 책읽기가 마냥 즐거웠다.

그러다 우연히 마주쳤던 책이 '폰더씨의 위대한 하루'였다. 나중에 어디선가 앤디 앤드루스의 인터뷰에서 이 책을 수없이 출판 거절당했다는 소리를 듣고 기절할 만큼 놀랐다. 이런 책을 왜 출판사에서는 거절했을까. 말도 안 된다고 생각했다. 그만큼 마음에 드는 책이었고, 그 안에 수많은 명언들이 있었지만 단 하나의 글귀에 가슴이 내려

았았다.

“공은 여기서 멈춘다.”(The buck stops here.)

그 한마디로 끝이었다.

내 삶을 총체적으로 책임진다는 말이 아프게 다가왔다. 여느 복학생들처럼, 공부를 해야겠다는 생각이 불처럼 일어났다.

읽고 또 읽었다. 혼자만 이 책을 읽는 것은 죄라고 생각했다. 그래서 과외 아르바이트를 통해 받은 돈 중에서 기초 생활비를 빼고 절반 정도를 털어서 책을 10~15권을 샀다. 정확한 권수는 기억이 나질 않는다. 그러고는 책 안쪽에 글을 썼다.

“정말 좋은 책이라서 꼭 읽게 해주고 싶었다. 복기 형이.”

그렇게 도서관에서 눈에 띄는 후배들에게 그냥 막 나누어주었다.

다들 고마워했다. 잘 읽었다면서 인사하는 후배도 있었다. 그러던 중 멋진 녀석이 하나 있었다. 같은 책을 한 권 사서 안쪽에 답장을 적어서 내게 선물했다.

“형, 정말 고마워요. 정말 좋았어요. 특히 공은 여기서 멈춘다는 말이 와 닿네요. 태경이가.”

태경이라는 후배였다.

우리는 그렇게 같은 글귀에 반응했다. 마음이 통했다.

그 이후로 태경이는 무조건 나를 따랐다. 내가 듣는 수업을 최대한 같이 듣고, 같이 공부하고, 같이 자주 밥 먹고, 고민을 상담했다. 나도 그 후배를 친동생처럼 아꼈다. 나를 왜 이렇게 이유 없이 잘 따르느냐고 물으면, '형같이 좋은 사람 세상에 없어요.' 하면서 싱긋 웃었다. 나도 따라 웃었다.

우리는 술도 많이 마셨다. 원래는 간이 약해서 술을 못 마신다던 태경이는 공익근무요원으로 병역의 의무를 치렀다. 그때 너무 술 못 마시는 게 싫어서 잘 마실 때까지 악착같이 참았다고 했다. 그래서 잘 마시게 되었다면서 사람이 의지를 가지면 못 할 게 없다고 느꼈다고 했다.

나는 술까지 잘 마시는 태경이가 너무 편하고 좋았다.

가끔 술을 너무 많이 마시고 '어우, 형. 이러다 죽겠어요.' 하고 해롱대면 , '사람 목숨 질겨. 그렇게 쉽게 죽지 않아. 엄살 그만 부리고 한 잔 더해.' 그러고 술잔을 기울였다.

둘이 연신 뭐가 좋은지 마냥 웃었다.

하루는 뭔가를 말하려는 듯 태경이가 머뭇거렸다. 왜 그러냐고 묻자, 무슨 선문답을 하듯 '세상이 살 만한 곳이라고 믿고 싶을 뿐이에요.' 하고는 더는 말하지 않았다.

무슨 일이 있는 것처럼 느꼈다. 그날 밤, 편지를 써서 태경이에게 보냈다.

글씨를 워낙 못 쓰는 탓에 워드로 적어서 인쇄해서 건네주었다.

태경이에게

왜 말을 풀려다 접구 가는 게냐, 이 녀석아. 그렇게 풀기 시작하려는 말은 다 해야 사람이 홀가분해지는 거야. 혼자서 삭여내고 싶다는 게냐.

세상이 살 만한 곳이라고 믿고 싶을 뿐인지도 모른다니, 무슨 일이 있었는지 정확히 알지도 못하고 이런 얘기를 하는 게 쉽지는 않지만 이야기할게.

세상은 그다지 호락호락하지 않아. 그리고 그다지 살 만하지도 않아. 살 만하다고 믿고 싶을 뿐? 그것도 아니라고 생각해. 내 경우에는 세상은 참 살기 힘든 곳이야. 더 이상 로맨틱한 세상은 없다고 생각해.

하지만 그건 세상이 틀린 거라고 믿어. 내가 믿는 건 그거야. 'Don't let the world win.' 세상이 틀렸다면 세상을 바꿔야겠지. 어떤 사람들이? 세상이 살기 좋은 곳이어야 한다는 것을 믿는 사람들이 하나씩 바꿔가야지.

네 현실, 환경, 유전자가 너를 지배하게 두지 말아 주렴. 그 모든 것에 대해서 총체적인 책임을 인정하렴. 그러고 나서 세상을 다시 보렴. 절대로 그렇게 완전히 구겨버려야 할 세상은 아니란다. 충분히 고쳐쓸만한 대상으로 변하게 되는 거지.

책임전가도, 순간의 감상적인 감정전이도 세상을 대상으로 해서는 안 돼. 그건 처음부터 꼬여있는 실타래거든. 네 감정에 충실하되 얽매이지 말았으면 해.

내가 잘하는 짓을 한 가지 해볼까?

세상은 살 만한 곳일까? 그럼 당연하지. 이렇게 태경이처럼 나를 믿어주는 후배가 있고 같이 밝은 곳을 향해 가자고 말해주는 나 같은 선배도 있잖아. 아직도 우리는 꿈을 가지고 살고 그 이상을 현실화하기 위해 노력하고 있잖아. 그러한 사람들이 점점 늘어나고 있다면 세상은 너무나도 살 만한 곳이 아니겠니?

어느 관점에서건 세상은 적어도 한 번쯤 살아가볼 만하다는 느낌이 들지 않니? 세상이 좋은 곳이라고 믿건, 좋지 않은 곳이라고 믿건 말이야.

우리가 아직 가야 할 길은 너무나도 많이 있으니까, 그리고 같이 가야 할 길이니까.

p.s. 어떤 힘든 일이 있는지 모르지만 훌쩍 잘 털어내고 금세 여전한 그 귀엽고 밝은 미소 보여주길 바랄게.

편지를 받은 태경이는 픽 웃었다. 남자에게 편지를 받아보기는 처음이라고 했다. 생각보다 기분이 나쁘지 않다면서 결국 마음속의 이야기를 했다. 그리고 '폰더씨의 위대한 하루'가 편지에 들어 있는걸 느꼈다고 했다. 역시 눈치가 빠른 녀석이었다.

태경이는 대학원에 가고 싶다고 했다. 형도 갔으니 나도 가고 싶다고. 좀 더 공부해 보고 싶다고. 하지만 집을 부양해야만 하는 현실을 벗어날 수 없다고 했다. 알코올 중독이신 아버지 이야기까지 하면서 속을 털어냈다.

많이 후련해했다. 어디에든 말하고 싶었는데 결국 형한테 할 수 있어서 다행이라고 했다. 큰 힘이 되어준다면서 고마워했다.

대신 대학원을 졸업하면 자신이 근무하는 회사에 와달라고 했다. 그리고 졸업하는 마당에 형한테 꼭 여자 친구를 만들어 주고 싶다고 했다.

갑자기 사진을 한 6~7장 죽 늘어놓더니 한 명만 고르라고 했다.

그냥 웃었다.

이 녀석이 왜 이러나. 소개팅 같은 건 하고 싶지 않으니 되었다고 했다. 하지만 막무가내였다. 그래서 '그냥 네가 보기에 제일 좋은 사람 한 명만 만나보자.'는 합의를 봤다.

그러자 자기 동아리인 사격부 후배라며 한 사람을 소개해주었다. 참 좋은 사람이었다. 그녀는 지금 우리 집 두 아이의 엄마가 되었다.

대학원을 졸업하고 회사에 들어가게 되었다.

태경이가 다니는 회사에는 원서를 넣었지만 아쉽게도 떨어졌다.

'폰더씨의 위대한 하루'를 한 권 더 샀다. 이번에는 이렇게 적었다.

"태경아, 너희 회사에 못 간 건 아쉽구나. 그래도 형이 나중에 네가 소개해준 분과 결혼할 거야. 사귄 지 1,000일이 되면 정말 결혼할 거다. 그때 네가 사회 봐주면 된다. 양복 한 벌 좋은 놈으로다가 뽑아주마. 이 책 기억나지? 우리 각자의 위치에서 행복해질 것을 선택하자. 복기형이."

태경이는 방긋 웃었다. 그녀와 결혼하면 다른 회사 간 거는 봐주겠다며 즐거워했다.

그렇게 지금의 회사에 입사하고 5개월이 지났다. 신입사원 OJT On the job training로 싱가포르에서 근무하고 있었다. 갑자기 친구에게서 문자가 왔다.

"[문태경 본인상] 고려대학교 안암병원. 발인 XXX."

친구가 문자를 잘못 보냈다는 생각이 들었다. 알코올 중독이던 아버지가 돌아가셨다고 생각하면서 친구에게 답장을 보냈다.

"태경이 아버지가 돌아가셨겠지. 깜짝 놀랐다. 확인하고 잘 보냈어야지."

그 친구에게 아무런 답이 없었다. 그리고 다른 친구에게 문자가 왔다.

[문태경 본인상]…….

두 번째 문자를 받자 정신이 아뜩했다. 친구에게 전화를 걸었다.

"이런 미친. 태경이가 왜 죽어. 너 이 새끼, 똑바로 문자 안 보내?"

소리를 질렀다. 내가 욕하는 것을 들어본 적이 없었던 그 친구는 차분히 말했다.

"복기야, 네 마음은 알겠는데……."

숨을 쉴 수가 없었다. 문을 열고 사무실 밖으로 나왔지만 5월의 싱가포르의 날씨는 엄청난 습기로 인해 숨쉬기도 힘들었다.

하지만 숨이 막히는 것은 문제가 아니었다. 정말 '기가 막힌다.'는 말이 무엇인지 정확히 알게 되었다.

계속 걸었다. 답답함을 참을 수가 없었다. 수백 수천 번을 되뇌었다. 태경이가 죽었다. 태경이가 죽었다. 태경이가 죽었다.

온 밤을 하얗게 지새우며 계속 중얼거렸다.

태경이가 죽었다.

다음 날 저녁 장례식장에 있던 한 후배에게서 전화가 왔다.

"형, 어디야. 애들이 다 형 찾아. 태경이 죽었는데 복기형 괜찮느냐고. 어디 갔냐고."

"어, 나 싱가포르야."

"거긴 왜 갔어?"

"신입사원들 의무 교육받아야 해서 왔어."

"형, 형이 죽었다고 하면, 태경이는 세상 어디에 있었건 회사를 때려치웠건 무조건 와서 형 옆에 있었을 거야. 지금 너무 하는 거 아냐?"

심장이 도려내졌다. 죽고 싶다는 생각이 들었다. 내 머릿속에서 생각하던 말이었다. 내가 죽었다면 태경이는 어디서건 왔을 텐데. 그래도 갈 수 없었다.

이제 비행기표를 구해서 한국에 들어가 봐야 시간상으로 발인도 보지 못할 것이었다.

신입사원 OJT가 끝나고, 한국에 돌아와서 상황을 수소문했다.

3월부터 두 달 정도 병원에 입원했었다고 했다. 면역력이 너무 약해져서 약을 버티지도 못할 만큼인 상황이었다고 했다. 왜 그렇게 면역력이 약해졌느냐고 묻자, 간이 선천적으로 약했는데 너무 무리를 했다고 했다.

갑자기 예전 일이 생각났다.

'사람 목숨 질겨. 그렇게 쉽게 안 죽어. 엄살 부리지 말고 한잔 더 해.'라고 말하던 내가 그려졌다. 태경이를 죽인 것은 나이기도 했다는 생각이 들었다.

'형, 이러다 죽겠어요.' 소리를 웃어넘긴 게 가슴에 사무쳤다.

그렇게 좌절했다.

너무나도 소중한 한 사람을 잃었다. 그리고 그 안에 내 책임도 있다는 것이 믿기지 않았다.

그날 이후로 나는 다시는 누구에게도 술을 권하지 않는다. 언제나 물어본다.

'더 드시겠어요? 괜찮으세요?'

그 이후로 태경이와 한 약속은 꼭 지키려고 했다.

예전부터 여자 친구에게도 항상 말했다. 당신 나와 연애하면, 만난 지 1,000일째 되는 날 결혼할 거라고. 두 사람에게 한 약속이었으니 꼭 지키고 싶었다. 그 덕분이었는지 우리는 사귄 지 1,010일째 되는 날 결혼했다.

그리고 태경이의 삶까지 내가 살아내야 한다고 생각했다. 욕심 많았던 태경이 몫까지 다 이루어야 한다고 생각했다. 그래서 우직하게 노력해왔다. 두 사람 몫을 하려고 더 열심히 했다.

그렇게 10년간 태경이의 삶을 어깨에 짊어지고 있으니 더 잘해야만 한다고 나를 다그쳤다.

11년차가 되던 어느 날 팀장님이 그런 이야기를 했다.

"야, 민 과장. 너 이제 잘한다. 정말 잘해. 내가 더 가르칠 게 없어."

집으로 돌아오는 길, 조용한 술집에 들어가서 혼자서 소주를 한잔 기울였다. 잔은 두 개. 태경이 잔을 채우고 내 잔도 따라 채웠다.

'태경아. 이제 네게 해주고 싶었던 것은 어느 정도 이룬 것 같아, 다행이다. 만나서 함께 술 한잔 나누지 못하는 것은 안타깝지만 이렇게

라도 기억하고 싶구나. 아무리 아팠어도 나중에 형 만나면 소주 딱 한 잔은 같이 해줄 수 있지?'

혼자 앉아서 참 많이 울었다. 묘한 기분이었다. 오랜 기간에 걸쳐 숙제를 해낸 기분이 들어서 후련했다. 하지만 동시에 서운했다. 태경이가 원하던 삶을 충분히 살아낸 것인지 걱정스러웠다. 하지만 그날부터 이제는 코치로서의 삶을 위해 더 많이 노력해야겠다는 결심을 했다. 그리고 집으로 돌아와서 보낼 곳 없는 마지막 편지를 적었다.

태경아.

이제 형은 라이프 코치가 될 거야. 강연도 하고 싶고 작가도 되고 싶어. 네가 그랬었지. 나중에 형이 책을 써도 참 잘 쓰겠다고. 진짜 이루어질 거야. 완전 멋지지 않냐?

그리고 형은 그녀와 결혼해서 딸을 낳았어. 이름은 민슬아라고 지었어. 슬기롭고 아름다우라는 한글 이름이야. 어때, 형 딸 이름 예쁘지? 제 엄마를 닮아서 영리하고 예쁘단다. 그리고 둘째도 있어. 아들이야. 민경재라고 이름 지었어. 나를 많이 닮아서 볼 때마다 흐뭇해. 두 아이 모두 밝고 착하게 크고 있어. 네가 봤으면 참 좋아했을 거야.

네가 누렸어야 할 행복까지 내가 누리고 있는 것 같아서 마음 한구석이 아프긴 하지만, 아마도 너는 그 모든 것을 형이 누려달라고 바랄 거라고 생각이 드는구나.

네 삶을 내 어깨에 얹고 가겠다는 다짐을 한 지 어느덧 10년이 흘렀구나. 내가 이루어 온 것들이 네 마음에 드는지 모르겠다. 워낙 욕심이 많은 녀석이었으니까. 하지만 적어도 네 앞에 부끄럽지 않을 만큼은 노력했어. 그리고 그 과정에 내가 바라는 것들도 하나씩 이루었고. 이제는 새로운 걸음을 내딛어보려고 해. 아마 너도 나를 응원해주겠지. 형은 정말 잘할 수 있을 거라고 이야기하면서 말이야.

시간이 많이 흘렀어도 참 많이 보고 싶구나. 같이 늙어가면서 삶을 나누고 싶다는 욕심이, 이룰 수 없다는 것을 알면서도 왜 이리 많이 드는지 모르겠어. 이렇게 말하면 안 되는 거 알지만, 나중에 우리 만나면 더도 말고 딱 소주 한 잔만 같이 하자.

어디에 있건, 우리가 읽었던 책의 한 구절을 같이 기억했으면 좋겠구나. 우리 꼭 행복을 선택하는 삶을 살자.'

그렇게 태경이에게 마지막 편지를 쓰고, 어깨에 얹었던 책임을 하나 덜어냈다.

멋진 엔지니어가 되겠다는 태경이의 바람을 조금이나마 이루어 주었으니, 이제 내가 원하는 삶을 향해 나아갈 수 있다는 마음이 들었다. 그렇다고 내 어깨에 있는 태경이를 내려놓을 생각은 없다.

어디서 무슨 일을 하던, 태경이가 나를 지켜보고 있다는 마음으로 살아갈 생각이니까.

제
3
장

삶을 바꾸어 준 질문들

제 삶은 분명히 전보다 나아졌습니다.
나아졌다는 기준은 사람마다 다르겠지만, 저는 제가 그토록 원했던 삶의 목표도 가지게 되었고 그 길을 가는 삶을 살고 있다는 것만으로도 충분히 나아졌다고 생각합니다. 그리고 제가 전하는 이야기들로 삶을 바꿔가고 있는 사람들도 생겨나고 있어서 큰 만족감도 느끼고 있습니다.
여러 가지가 복합적으로 작용해서 그런 것을 가능하게 해주었겠지만, 가장 결정적이었던 것은 코칭에서 만났던 질문 덕분이었습니다.
좋은 질문에는 분명히 힘이 있습니다. 그리고 그 질문의 의미를 깊이 있게 고민해야 그 힘을 온전히 느낄 수 있습니다. 또한 그런 사유의 끝에서 얻은 답이 더욱 의미 있어집니다.
이제부터는 그런 사유의 시간을 가져볼 수 있도록 삶의 각 분야를 대표하는 좋은 질문과 그에 대한 의미를 전달해드리고자 합니다.

—1—
나는 지금 진실한 내 모습으로 살아가고 있는가

원하는 삶을 향해 살아간다는 것은 정말 어려운 일입니다. 그리고 그러한 삶을 살기 위해서는 일단 현재의 삶의 모습을 돌아보는 것에서 시작해야 합니다. 그러한 상황에서 자신에게 던져볼 수 있는 가장 좋은 질문은 이것입니다.

"나는 지금 진실한 내 모습으로 살아가고 있는가?"

참 어려운 질문입니다. 일 대 일 또는 그룹 코칭을 할 때 이 질문을 드리면 거의 모든 사람들이 답을 하지 못합니다. 그래서 가끔은 점수로 평가를 해보기도 합니다.

진실한 자신을 전혀 드러내지 못한 채로 살고 있다면 1점입니다. 반대로 세상에 나를 온전히 잘 드러내고 살고 있다면 10점이 됩니다.

그렇게 평가를 해보는 것도 좋은 방법임에는 틀림이 없습니다. 지금 이 질문에 답이 잘 안 나오는 사람은 점수를 한번 매겨보기 바랍니다. 그 다음 그 점수가 나온 이유가 무엇일지 혼자서 잠시라도 생각해보고 아래 내용을 읽어보면 더욱 도움이 될 것입니다.

앞서 알려드린 대로 깊은 사유를 동반한 답이 얻어진다면 그 질문의 힘은 더욱 커집니다. 그래서 이 질문을 온전히 이해하기 위한 방법을 설명하고자 합니다.

한 가지 질문을 온전히 이해하기 위해서 얼마나 많은 추가 고민들이 있어야 하는지도 주의 깊게 보면 좋겠습니다.

첫 번째 평가 기준 : 자유로움

자신이 진실한 모습으로 살아가고 있는지에 대한 첫 번째 평가 기준은 자유로움입니다. 하지만 이렇게 말씀드리면 금방 다음과 같은 이야기를 듣게 됩니다.

"이봐요, 민 코치님. 누구는 자유롭고 싶지 않아서 이렇게 살고 있나요? 먹고 살려고 하다 보니 회사에 매어 사는 것 아닙니까? 내가 원하는 모습이 아닌데도 말이지요. 내가 하고 싶은 일을 실컷 하지 못하는 나는 자유롭지 못한 것 아닙니까?"

그렇습니다. 분명히 맞는 이야기입니다. 하지만 자유라는 단어를 통해 표현해야 할 것들은 참 많습니다. 원하는 일을 한다는 것 내지는 금전적인 측면에서도 자유로울 수 있다면 좋겠지요. 하지만 그 많은 것들 중에서 제가 지금 이야기하려는 것은 현실에서 한 단계 더 나아가고자 할 때 필요한 자유입니다. 어떤 것들을 내려놓아야 하고, 어떤 것들로부터는 더 이상 영향을 받지 않아야 하는지를 언급하고자 합니다.

1) 과거

첫 번째는 과거입니다. 과거의 일은 이미 일어난 일이라서 바꿀 수 없습니다. 하지만 정말 많은 사람들이 과거에 있었던 일들로 인해서 새로운 무언가를 시작하지 못합니다. 그러나 바꿀 수 없는 대상을 두고 주저하면서 앞으로 나아갈 수 없다면 삶은 너무나도 혼란스러울 수밖에 없습니다. 혼란 속에서 진실한 내 모습을 찾기란 너무나도 어려운 일이겠지요.

그 과거로부터 자유로워지기 위해서는 그 시간들을 객관적인 시각으로 바라볼 수 있어야 합니다. 그러한 과거의 일들을 얼마나 여유로운 관점에서 바라볼 수 있는지 생각해 보면 좋겠습니다. 그것이 내 삶이 얼마나 과거로부터 자유로운지, 나아가서는 진실한 모습인지를 평가하는 한 가지 기준이 되어줍니다.

물론 어떤 과거의 사건으로 인해 현재가 망가져서 앞으로 나아가는 것이 너무나도 어려우실 수도 있습니다. 그런 경우에는 그 분야의 전문가들을 찾아가셔서 그 트라우마에 대한 치료를 받으셔야 할 것입니다. 그것은 코치의 일이 아니라 전문의들께서 해주셔야 할 일이겠지요.

저와 같은 생산성 향상 코치 또는 라이프 코치들은 그런 과거가 있었음을 있는 그대로 받아들이고 나서, 그 현실에 기초해서 한 발자국씩 더 나아가려고 애쓰는 분늘에게 도움을 드릴 수 있습니다. 그 상처를 치유하는 것은 해드릴 수 있는 일이 아닙니다. 현재와 과거를 나누는 선을 긋고 과거에서 현재로 넘어오셔야 함께 다음을 향해 갈 수 있는 셈이죠.

물론 과거의 일들이 이어져서 현재의 나를 만든 것은 엄연한 사실입니다. 그리고 현재의 내가 살아가는 모습이 이어져서 내 미래가 될 것도 당연합니다. 하지만 반드시 과거의 일들이 이어져서 미래가 되어야 할 필요는 없습니다.

다시 한번 강조하겠습니다. 미래의 내 모습을 만들어 내는 것은 지금 나의 선택과 행동이지 과거의 사건이 아닙니다. 내가 이 순간 결심해서 과거에서부터 이어진 것들을 과감히 끊어내고 새로운 나로 시작할 수 있다면 미래는 달라질 수 있습니다.

그렇게 과거에 얽매이지 않겠다는 의식을 가지고 새로운 도전을 시작하기 바랍니다. 거창하거나 어려운 대상일 필요는 없습니다. 나에게 긍정적인 감정을 일으켜주는 작은 도전들도 충분히 좋습니다.

하나하나 이루어가면서 성취감도 느껴보기 바랍니다. 그렇게 홀가분한 마음으로 도전을 이어가면서 삶을 새롭게 대한다면 더 진실한 나를 만나는 데 분명히 도움이 될 것입니다. 그리고 시간이 지나서 자신에 대한 긍정적인 의식이 강해지면 그때 더욱 큰 도전을 이어가기 바랍니다.

2) 시선

두 번째는 시선입니다. 어쩌면 비현실적으로 들릴 것 같습니다.

한국 사회에서 타인의 시선으로부터 자유로운 삶을 산다는 것이 불가능하다고 여길 가능성이 높겠지요.

저도 마찬가지입니다. 10년이 넘게 직장생활을 하면서 언제나 누군가의 눈치를 보면서 살았습니다. 외부의 시선으로부터 자유로워진다는 것이 가능한가에 대한 의문은 당연히 가지고 있었습니다.

하지만 사막의 끝에서 눈물을 흘리면서도 다른 사람이 나를 혹시나 쳐다볼까 봐 흠칫 놀라는 경험을 해보고 알았습니다. 너무 심하게 다른 사람들의 눈치를 보고 살아왔다는 현실을 자각했습니다. 그리고 그 이후에 내가 원하는 삶을 찾기 위한 치열한 고민이 시작되고 보니 다른 사람의 이야기는 일단 중요해지지 않았습니다.

내 안의 진실한 나는 과연 지금의 나를 어떻게 보고 있을지가 더 궁금했지요. 더 성장하고 성숙해진 나는 과연 지금의 나에게 어떤 이야기를 해주고, 어떤 시선으로 바라보고 있을지가 더 중요해졌다는 이야기입니다. 다른 사람의 시선을 신경 쓸 겨를도 없었습니다. 그리고 그 시간들이 정말 많은 성장을 이루게 해주었습니다.

코칭과 강연을 하면서 많은 사람들을 만나게 됩니다. 그분들에게 "어떨 때 행복하세요?"라는 질문을 드리면 거의 대부분이 다른 사람으로부터 인정을 받을 때 행복하다고 합니다. 그러면 저는 이렇게 되묻습니다.

"다른 사람의 인정을 받지 못하면 행복하지 못한가요?"

그 질문을 다시 받을 때, 상대방의 표정은 참 많은 것을 생각하게 해줍니다. 다른 사람을 너무 많이 의식하는 것은 행복해지는 데 큰 도움이 안 된다는 것을 알 수 있지요. 그리고 다른 사람으로부터 인정을 받지 못하는 날이 언젠가는 찾아옵니다. 평생 사람들을 만족시키는 것은 불가능할 테니까요. 그러면 그 순간 나는 행복할 수 없는 걸까요?

그렇지 않습니다. 다른 사람으로부터 좋은 평가를 받지 못해도 내가 원하는 방향으로 삶이 향하고 있다면 꿋꿋이 나아갈 수 있는 원동력이 됩니다. 그렇게 한 발 더 자유로워질 수 있습니다. 그러니 다른 사람의 시선보다 내 안에서 나를 바라보는 시선에 대해서 더 많은 관심을 써보길 바라겠습니다.

3) 유전자

세 번째는 유전자입니다. 수많은 사람들이 자신이 타고난 유전자에 따라 삶의 방향이 결정된다는 이야기를 합니다. 그에 대한 연구는 다양하게 이루어지고 있습니다. 따라서 코치의 입장에서는 가장 객관적인 사실들을 먼저 알려드리는 것이 우선일 듯합니다.

우리는 타고난 차이를 재능이라고 부릅니다. 그리고 재능이라는 것이 있다는 것을 인정해야 할 것 같습니다. 유전적인 차이가 없지는 않습니다. 흔히 말하는 '절대 음감'이라는 것도 어린 시절의 훈련을 통해서 얻을 수 있는 능력이라고는 하지만, 정말 10만 명 중 한 명은 그런 능력을 가지고 태어나는 것도 사실이기 때문입니다. 그렇게 각 분야에서 타고난 차이는 분명히 있다는 것까지는 확인할 수 있습니다.

하지만 중요한 것은 그 유전적인 차이, 즉 재능이라는 것을 과대평가하는 경향이 있다는 것입니다. 간단히 요약하자면 한 분야에서 최고가 되는 것을 100점이라고 했을 때, 재능이라는 것은 60점 정도를 조금 빨리 도달하게 하는 역할을 할 뿐입니다. 그 이후의 성취는 철저하게 연습과 노력에 달려 있습니다. 따라서 우리는 그런 유전자적인 한계로 인해 지금 시도하는 것을 달성할 수 없다는 인식을 깨야만 합니다.

그리고 그 이면에 있는 거친 진실에 대해서 이해해야 합니다. 흔히 사람들이 재능이 없다는 핑계를 대는 이유에 대해서 생각해봐야 합니다. 만약 나 자신이 재능이 모자라서 무언가를 하지 못한다는 이야기를 하는 사람들은 지금부터 드리는 이야기에 많이 아프실 수도 있을 것 같습니다.

자신에게 재능이 없다고 말하는 이유는 상처받고 싶지 않기 때문입니다. 물론 이해가 잘 가지 않을 수도 있습니다. 다른 사람은 재능이 있고, 나는 재능이 없다는 것을 아는 것이 상처가 되는 것이라고 이야기할 수 있습니다.

하지만 그보다 더 큰 상처가 되는 것이 있습니다. 저 사람도 나도 할 수 있는데, 내 노력이 부족해서 이루지 못했다는 생각이 들면 더욱 심하게 아픕니다. 재능을 핑계로 댈 때에는 그 뒤에 숨을 수 있습니다. 나는 할 만큼 했고 잘못한 것은 없다는 마음이지요. 하지만 그 사람과 나의 차이가 재능이 아니라 각자의 노력이라고 하면 숨을 곳이 없습니다. 그 현실을 받아들이기 싫은 것입니다. 그래서 재능이 없다는 핑계를 대는 경우가 많습니다.

여러분도 재능이라는 핑계 뒤에 숨어서 노력하지 않은 자신을 합리화한 적이 없었는지에 대해서 한번 돌아보기 바랍니다.

반대로 내가 재능이 있어서 잘한다는 허상에서도 깨어나야 합니다. 남들보다 자신의 성취가 빠르게 이루어졌다고 자만을 했다가는 70점의 수준에서 만난 경쟁자들에게 처절하게 무너질 것입니다. 운 좋게 그 선을 넘어선다고 해도 결국 더 높은 수준에서 무너집니다. 그렇게 되면 이 일은 더 이상 재미가 없다고 하면서 다른 일을 시작합니다. 역시나 현실에 대한 회피가 이루어진 것입니다. 흥미라는 핑계 뒤에 숨게 되는 것이지요.

이 관점에서 자신의 삶을 꼭 한 번은 돌아봐야 합니다. 나는 재능이라는 단어 뒤에 숨어 있는지, 아니면 흥미라는 단어 뒤에 숨어 있는지에 대해서요. 만약 저 두 가지 단어의 뒤에 숨어 있다면 삶의 목적을 찾아가는 길은 너무나 멀 것입니다.

꼭 부탁드리겠습니다. 유전자 또는 재능이라는 허상으로부터 자유로워지세요. 얼마나 그런 것들로부터 자유로워진 상태에서 자신의 목적을 찾아가는지가 결국은 진실한 내 모습을 찾아가는 데에도 도움이 될 것입니다.

4) 환경

마지막은 환경입니다. 아마 많은 사람들이 의아해할 것 같습니다. 누구나 좋은 환경에 있어야 성장할 가능성이 높고, 그래야만 원하는 성공도 이룰 가능성이 높은 것이 당연하니까요. 저도 그에 대해서는 전적으로 동의하는 바입니다.

제가 이야기하고 싶은 것은 누구나 자기가 원하지 않는 환경에서 나올 자유가 있다는 것입니다. 물론 그것이 쉬운 일은 아닙니다. 자기가 바꿀 수 없는 환경이 자신에게 호의적이지 않을 가능성도 있기 때문입니다. 예를 들자면 진심으로 원하는 일을 하고자 하는데 가족이 반대하는 경우가 있겠습니다. 그런 경우에는 환경을 바꾸는 데 긴 시간이 걸립니다. 하지만 본인이 꾸준하게 변해가는 모습을 보여주면 결국 이겨낼 수 있습니다.

앞서서 말씀드렸던 것처럼, 거의 대부분의 문제는 명확하지Articulate 않거나 지속성consistency이 없었기 때문에 발생합니다. 이런 경우에도 꾸준하게 자기가 원하는 것을 이야기하고 노력하는 모습을 보여주면 결국 가족들의 지원도 받을 수 있게 될 것입니다.

추가로, 내 의지로 바꿀 수 있는 환경의 문제라면 바꾸기를 바랍니다. 이러한 대상에는 직장, 사는 지역 등이 있을 수 있습니다. 단, 그 환경을 이겨내 보려는 노력은 하지 않은 채 성급하게 바꾸려고만 들지는 말기 바랍니다. 후회가 남지 않을 만큼 개선 시도를 해본 이후에도 잘되지 않을 때 바꾸셔야 합니다. 그 이유는, 이겨내야 할 역경인지 또는 회피해야 할 대상인지는 후회가 없을 때까지 시도해보지 않고는 구별할 수 없기 때문입니다.

그리고 이러한 것들보다 더욱 중요한 것이 있습니다. 바로 내 주변에 함께 하는 사람들입니다. 최선을 다해서 탁월한 사람들이 있는 환경으로 자신의 위치를 옮기세요. 멋진 사람들이 내 주변에 오도록 만드는 사람이 되셔야 합니다. 그렇게 자신에게 도움이 되는 환경으로 옮겨갈 수 있는 자유가 있어야 합니다. 그래야만 자신의 잠재력을 모두 발현해 낼 수 있을 테니까요.

지금까지 말씀드린 네 가지, 과거, 시선, 유전자, 환경에 대해서 자유로워야 합니다. 그리고 이 네 가지로부터 자유로워지기 위해 필요한 것이 있습니다. 바로 과거에 대한 말씀을 드릴 때 잠깐 언급했던 '받아들임'입니다.

현재 내 삶에서 갖추어진 과거, 시선, 유전자, 환경에 대해서 있는 그대로 받아들이지 못하면 한 발자국도 나아가기 어렵습니다. 한 걸음을 더 내딛기 위해서는 지금 뒷발이 딛고 있는 땅이 탄탄해야 하는 것처럼, 내 삶이 나아가기 위해서는 현실을 단단하게 다져놓고 가야 하기 때문입니다.

그렇게 현실을 다지기 위한 좋은 방법을 한 가지 알려드리겠습니다. 지금 나의 현실이지만 받아들이고 있지 못한 것들을 종이 위에 적어보기 바랍니다. 그리고 그 모든 일들이 이미 일어난 일이기 때문에 바꿀 수 없다는 것을 인정할 수 있을 때까지 반복해서 읽어보세요. 쓰인 글을 읽고, '이것은 이미 일어나서 바꿀 수 있는 것이 아니니 있는 그대로 받아들이자.'고 자신에게 이야기하면 됩니다.

단기간에 이루어지지 못하더라도 꾸준히 자신에게 이런 이야기를 전하다 보면 언젠가 그 사건들을 객관적인 시선으로 바라볼 수 있게 될 것입니다. 어떤 대상은 받아들이는 데 많이 아프고 오래 걸리겠지만, 결국 사람은 더 나아지려는 의지가 있기 때문에 있는 그대로를 받아들이는 날이 오게 되어 있음을 믿기 바랍니다.

그리고 여기서 한 가지 더 도전적인 제안을 드리려고 합니다. 만약 받아들이는 것을 넘어서 그 모든 일들에 감사를 할 수 있는 관점의 변화를 만들어 내실 수 있다면 훌쩍 성장할 수 있습니다. 이와 관련해서는 제가 코칭 교육 중에 만났던 다른 코치 분의 말씀을 전해드리겠습니다.

싱가포르에서 온 여성분이셨고, 체구가 아담하고 말을 차분하게 하시는 분이었습니다. 저보다 한 10년쯤 연배가 높아보였고 평생을 간호사로 살아오신 분이었습니다. 그분이 이런 말씀을 해주셨습니다.

"저는 10년 전에 어머니가 돌아가셨어요. 그것도 제 팔 안에서요. 저는 제가 의료계에 종사하고 있으면서도 어머니를 살리지 못하고 제 품에서 돌아가신 것을 바라봐야만 했지요. 너무 힘들었습니다. 나를 낳아주신 어머니의 삶의 불이 꺼지는데도 할 수 있는 것이 없다는 것이 너무나도 무기력했지요. 그래서 돌아가신 이후에도 몇 년에 걸쳐서 많이 힘들었습니다. 어머니라는 단어만 들어도 눈물이 날 정도였습니다. 죄책감을 이겨내지 못했어요. 그리고 그 감정이 무디어져서 현실을 받아들이는 데 참 오랜 시간이 걸렸습니다. 그런데 최근에 알게 된 것이 있어요. 그 현실을 감사하게 받아들일 수도 있다는 것이었습니다."

"그게 무슨 말씀이시죠?"

"생각해보세요. 세상에 수많은 사람들이 자기 부모님의 임종을 보지 못해서 안타까워해요. 저는 임종을 보는 것을 넘어서 제 품에서 어머니를 보내드렸죠. 어머니도 모르는 사람들 사이에서 돌아가시기보다 제 품에서 돌아가셔서 훨씬 좋아하셨을 거예요. 그렇다면 그 일은 정말 소수의 사람들만이 겪어볼 수 있는 행복 중에 하나였던 겁니다. 제가 죄책감을 가질 일이 아니었던 것이었습니다. 결국 언젠가 돌아가실 어머니가 편안히 제 품에서 돌아가실 수 있었던 것은, 지금 생각해보면 오히려 다행이었던 것 같아요."

그 이야기를 들었을 때, 저는 과거를 받아들이는 것을 넘어서 내 삶의 일부로 껴안고 감사한다는 말의 의미를 알게 되었습니다. 그리고 제 삶에서 가장 힘들었던 순간을 돌아보았습니다. 둘째아이가 태어났을 때 현장에서 겪었던 수모는 지금도 마음이 저릿할 만큼 아픈 기억이지만, 그 덕분에 지금의 제가 있었다는 것을 감사하기로 했습니다.

그 일이 없었다면 코치 인증을 받기 위해 미국에 가겠다는 결심을 하지 못했을 테니까요. 아직 그 사건을 온전히 감사한 일로 바라보기에는 시간이 더 걸리겠지만, 적어도 떠올리기조차 싫은 순간은 아닌 것으로 인식한 것만으로도 마음에 큰 위안이 되었습니다.

이렇게 과거의 힘든 일에 대한 관점을 바꾸어 감사할 수 있는 것들이 있는지 삶을 돌아보기 바랍니다. 그러한 변화를 만들어 낼 수 있다면 그 과거는 미래를 향한 최고의 자양분이 되어줄 수 있을 것입니다.

두 번째 평가 기준 : 일관성

자신이 진실한 모습으로 살고 있는지에 대한 두 번째 평가 기준은 일관성입니다. 어쩌면 앞선 이야기에서 많은 사람들이 질문하는, '내가 하고 싶은 일과 현재 하고 있는 일이 다르다.'는 것에 대한 이야기가 여기에 해당합니다. 그리고 그 일관성은 두 가지 측면에서 고려를 하게 됩니다. 그 항목들은 차례대로 확인해보기 바랍니다.

1) 이성과 감정

첫 번째는 이성과 감정에 대한 것입니다.

알고 있으면서도 그에 맞게 행동하지 않으면 우리에게는 죄책감이 생깁니다. 죄책감이라는 단어가 너무 무겁다면 찝찝함이라는 단어로 표현할 수도 있을 것 같습니다. 간단한 사례를 들자면 머리로는 담배를 피우지 말아야 한다고 생각하지만 어느덧 담배를 피우고 있는 자신을 발견한다든지 하는 사례들이 있습니다.

그렇게 담배를 피워 물게 되는 순간에, 그 사람의 머릿속에서는 담배가 스트레스를 풀어준다고 인식하고 싶어 합니다. 생각과 감정을 일치시키려는 현상입니다. 흔히 말하는 '인지부조화'를 해결하고자 하는 상황입니다.

횡단보도를 옆에 두고도 무단횡단을 할 때도 마찬가지입니다. 잘못되었다는 것을 떠올리면 약간 불편한 감정이 듭니다. 하지만 이내 별일 아니라고 자신의 생각을 수정하려고 하죠. 이 현상이 반복되면 무단횡단은 아무 문제가 아니라고 판단하고 감정도 그 판단에 일치시키는 단계에 이릅니다. 더 이상 무단횡단은 잘못된 행동이 아닌 것이 되는 거죠.

옳지 않은 결과이지만 이성과 감정이 일치된 사례로 볼 수 있을 것 같습니다. 이만큼 사람은 이성과 감정을 일치시키고자 하는 욕구를 가지고 있습니다.

하지만 분명히 이렇게 잘못된 방향으로 이성과 감정이 일치되는 것은 피해야 합니다. 그래서 자신의 행동을 차분히 돌아보고, 왜 그런 생각을 하고 감정을 가지게 되었는지를 고민할 필요가 있습니다. 머리로는 알고 있지만 아무렇지 않게 지나쳤던 것들이 없는지 생각해 보기 바랍니다.

2) 현재와 미래

앞서 과거에 대한 언급을 할 때, '과거의 일들이 이어져서 미래를 만들 필요는 없다.'고 말씀드렸습니다. 그리고 내 결심으로 미래를 바꿀 수 있다고 했습니다. 그 이야기를 좀 더 명확하게 짚어드리겠습니다.

미래는 지금 이 순간과 연결되어 있습니다. 즉, 현재의 생각과 행동들이 미래를 만듭니다. 그래서 자신의 현재 모습과 미래의 모습을 일직선상에 두고 삶을 이어가고 있는지를 고민해야 합니다.

내가 원하는 삶이 어떤 모습인지를 떠올리고 꿈꾸는 것은 중요합니다. 진실한 내 모습이라는 것은 거기서 출발해서 알아가야 하니까요. 하지만 현실에 대한 인식이 단단하게 갖춰져 있지 않으면 내가 원하는 삶을 향해 출발조차 할 수 없습니다. 디딤판을 딛고 있는 바닥이 단단하지 못하면 한 걸음도 내딛을 수 없을 테니까요.

그리고 이 시점에서 중요한 한 가지 고민거리를 더해드리겠습니다. 지금 나의 삶이 향하는 방향과 내가 원하는 삶이 일치하는지를 생각해보셔야 합니다. 한 가지 예를 들어 드리겠습니다.

지금 길을 걷고 있습니다. 시선은 정면의 한 점을 향하고 있습니다. 그런데 내 몸이 걸어가는 방향은 시선과 90도 틀어진 방향으로 걷고 있습니다. 그렇게 걷기 시작한다면 결국 언젠가는 몸이 뒤틀려서 제자리에 서야 합니다. 결정을 해야 하죠.

시선을 돌려서 몸이 걸어가던 방향으로 계속 걸어가는 것이 한 가지 방법입니다.

또 다른 방법은 시선이 향하는 방향으로 몸을 돌리는 방법입니다.

이 사례를 가지고 여러분의 삶의 목적과 지금의 삶을 비교해 보면 좋겠습니다. 내가 꿈꾸는 삶을 향해서 걸어가고 계신가요? 만약 아니라면, 언제까지 이대로 걸어갈 건가요?

대부분의 사람들은 견딜 수 없을 때까지 그대로 걸어갑니다. 그리고 그 끝에서 시선을 돌립니다. 자기가 원하는 방향이 아니라 살아온 방향으로 나아가기로 결정한 겁니다. 그리고 최종적으로는 고개를 숙입니다. 그리고 자신에게 한마디 위로를 건넵니다.

"이만 하면 잘 살았잖아. 남들에게 나쁜 짓 안 하고 열심히 살았고, 많은 돈을 벌지는 못했지만 집도 한 채 장만했으니까. 그리고 아이들도 잘 컸는데 딱히 무엇을 더 바라겠어."

이 순간 아주 오랫동안 이어져 온 '인지부조화'가 해결됩니다. 더 이상 목이나 허리가 아플 일이 없죠. 그렇게 마음이 편안해집니다. 그 때부터는 삶이 매우 조용하고 평탄하게 이어집니다.

하지만 분명히 언젠가는 후회하기 마련입니다. 그렇다면 언제쯤 후회를 하게 될까요? 그 답은 벤저민 프랭클린의 한마디로 대신하겠습니다.

"어떤 사람은 25세에 이미 죽었는데 장례식은 75세에 치른다."

정말 정곡을 찌르는 표현입니다. 만약 지금 제 이야기와 벤저민 프랭클린의 한 마디에 아픈 사람들이 있다면 이제 어떻게 해야 할까요? 정답은 없겠지만 오랜 기간 고민해서 얻은 저의 답을 알려드리겠습니다.

더 이상 걸어갈 수 없는 시점까지 가서 자신의 몸을 틀 수 있는 사람은 거의 없습니다. 너무나 많은 것을 걸어야 하기 때문입니다. 그 시점에서 자기의 두 어깨에 얹힌 삶의 무게와 책임을 훌훌 털어버리고 원하는 삶을 향해 걷기 시작한다는 것은 너무나 이기적인 생각입니다. 가족과 사회 구성원으로서의 위치가 있기 때문이지요. 그렇다면 우리는 어떻게 해야 할까요?

내가 원하는 삶과 지금 내 삶의 모습이 일치하지 못한다면 이 글을 읽는 이 순간부터 하루에 0.1도씩 삶의 방향을 틀어보기 바랍니다. 그리고 아주 작은 한 걸음씩만 내딛으세요. 힘겹겠지만 그렇게 하루에 조금씩 방향을 틀면서 한 발씩 나아가는 방법밖에 없습니다. 그렇게 멀리 돌아서라도 내가 원하는 방향으로 향해 가야 합니다.

그렇다면 현실 속에서는 이 이야기가 어떻게 해야 적용이 가능할까요? 너무 바빠서 다른 일은 도저히 할 수 없다는 사람들이 많은 세상에서 말이지요.

아무리 바빠도 하루에 20~30분의 시간을 낼 수 없을까요? 그렇지는 않을 것 같습니다. 그렇다면 그 시간이라도 자기가 원하는 삶의 방향으로 이끌어줄 무언가를 해야 합니다. 그리고 그것을 일주일 단위로 보면, 평균적으로 누구나 4시간 정도는 만들 수 있다고 합니다. 그렇다면 그 4시간을 활용해서 내 삶을 0.1도라도 틀어야 합니다. 힘겹지만 그렇게 한 발씩 내딛는 것이 결국에는 내 삶의 방향과 원하는 삶을 일치시킬 수 있는 유일한 방법이기 때문입니다.

그리고 이러한 이성과 감정, 현재와 미래에 대한 것은 결국 시간 싸움입니다. 최대한 빨리 시작하지 않으면 점점 더 어려워집니다. 그러니 가능하다면 내 삶의 일관성에 대해 평가를 해보고 그 기준으로 자신이 얼마나 진실한 삶을 살아가고 있는지를 이어서 고민하기 바랍니다. 그리고 일관성이 확보되지 않는다면, 어떻게 개선해 나갈지를 찾아보기 바랍니다.

세 번째 평가 기준 : 애착

진실한 삶을 살고 있다는 것을 평가할 수 있는 마지막 기준은 지금 내가 살고 있는 현실에 대한 애착입니다. 자기가 원하지 않는 삶을 살면서, 또는 거짓으로 포장한 삶을 살면서 그 삶에 대한 애착을 가질 수는 없습니다. 그러한 애착에 대한 것은 다음의 세 가지 측면으로 다시 생각해 볼 수 있습니다.

1) 지금 이 순간, 여기에 함께 하는 사람들

한 가지 질문을 추가로 드리겠습니다. '나는 진실한 내 모습인가.'라는 질문이 워낙 크고 추상적인 질문이다 보니 이렇게 작은 질문들이 함께 더해져야 그 의미를 진지하게 고민해 볼 수 있기 때문입니다. 지금 생각해볼 질문은 바로 이것입니다.

"내 삶에 가장 중요한 사람들 다섯 명은 누구입니까?"

물론 어머니와 아버지를 묶어서 부모님으로 표현할 수 있습니다. 적당한 규모의 사람들을 묶어서 한 단위로 쓸 수 있겠지요. 하지만 가족, 친구, 동료, 연인 이렇게 너무 큰 규모로만 묶으면 그 안에 들어오지 않는 사람이 별로 없을 것입니다. 따라서 그 단위를 조금 작게 나누어서 기록해보길 바라겠습니다. 꼭 다 적으신 다음에 다음의 글을 읽어주기 바랍니다.

대부분의 경우 부모님이 들어 있을 것입니다. 그리고 형제나 자매가 있다면 그분들도 들어 있겠지요. 자녀의 이름은 말할 필요도 없을 겁니다. 이분들은 나의 가장 가까운 인간관계이기 때문이지요. 그렇다면 이제 진정으로 고민해 볼 질문을 던져드리고자 합니다.

"나는 지금 내 앞에 놓여 있는 목록 안의 사람들을 얼마나 소중하게 대하고 있나요?"

분명히 자기 손으로 중요한 사람이라고 썼다면 그만큼 중요하게 그 사람을 대해야 할 것입니다. 그것이 생각과 행동을 일치시키는 방법이고, 자기가 믿고 있는 진실한 자기 모습에 맞춰 사는 것이겠지요. 그런데 과연 우리는 얼마나 그 사람들을 진심으로 소중히 대하고 있나요?

질문의 힘은 바로 그런 것입니다. 알고 있는 것 같았지만 제대로 알지 못했던 것들에 대해서 다시 한번 바라보게 해주는 것입니다. 아마 이 질문을 통해서 많은 생각을 하셨을 것입니다. 그 생각들이 흩어지지 않게 잘 남겨두세요. 그리고 다시 한번 자신의 답을 읽어보면서 어떻게 해야 할지를 곰곰이 고민해보기 바랍니다.

한 가지가 더 있습니다. 우리는 필요할 때, 온전히 그 상황에 집중할 수 있어야 합니다. 물론 살면서 모든 순간에 집중할 수는 없을 것입니다. 에너지는 분명히 리듬이 있고, 좋을 때와 나쁠 때가 있기 마련이기 때문입니다. 하지만 그렇다고 해도 정말 중요한 순간이라면 어떻게든 의식적으로 에너지를 끌어올려서 그 순간에 집중할 수 있어야 할 것입니다.

그것이 나 자신이 중요하다고 선택한, 애착을 가진 일에 대한 예의이겠지요. 그렇다면 한번 자신을 돌아보세요. 중요한 순간들에 정말 제대로 집중하고 있었는가에 대해서요. 그리고 그 대답을 기준으로 앞으로 어떻게 해나가야 할지를 생각하는 것, 이것이 제가 여러분에게 강조하고 싶은 것입니다.

2) 성장 의지

"너는 왜 그렇게 열심히 살아. 피곤하게?"

강연을 하다 보면, 자기를 두고 주변에서 이렇게 질문하는 사람들이 있다고 하는 사람들이 있습니다. 그런데 그 질문에 뾰족한 답이 안 나온다고 합니다. 그러면 저는 속으로 웃습니다. 저도 그런 생각을 많이 했으니까요.

제가 이수한 CHPC는 최소 2년에 한 번은 재교육을 가야 합니다.

제 경우에도 2015년, 2017년, 2019년에 코치 인증을 위해서 미국 캘리포니아를 갔습니다. 거기에다가 또 다른 것들을 배우기 위해서 2016년과 2020년에도 갔었지요.

제가 세상에 강연과 코칭을 시작한 이후에는 왜 거기에 가느냐는 질문은 없어졌지만, 그전에는 수도 없는 사람들이 그런 이야기를 했습니다. 굳이 왜 그렇게 힘들게 애를 쓰냐는 것이었지요.

그때마다 저도 같은 생각을 했습니다. 왜 내가 이렇게 열심히 애를 쓰는 건지 고민을 했지요. 하지만 명쾌한 답을 얻지는 못했습니다. 그 이유에 대해 많은 고민을 하고, 관련된 공부를 해본 끝에 제가 얻은 결론은 이런 것이었습니다.

인류가 발전을 하면서 지금의 모습을 이루게 된 데에는 호기심이 정말 중요한 역할을 했습니다. 시야 밖에 펼쳐질 세상을 기대하면서 새로운 여행을 거듭하다 보니 인류가 전 세계를 지배하게 된 셈입니다.

엄청난 고난과 역경이 있었음에도 그 시간들을 이겨낸 것은 새로운 것에 대한 호기심이었죠. 호기심으로 인해 새로운 무언가를 배우고, 그것이 익숙해지면 다시 새로운 것에 대한 도전을 이어가면서 오랜 기간에 걸쳐 지금까지 이르게 된 것입니다. 그리고 그 과정에서 인류는 호기심을 계속 이어가는 것이 정말 중요하다는 것을 유전자에 새겨 넣었습니다.

그리고 호기심과 동전의 양면처럼 존재하는 것이 바로 성장의지입니다. 새로운 것을 알게 되고 그것을 익숙하게 만드는 데에는 반드시 성장의지가 있어야 합니다. 정체를 잘 모르겠지만 일단 잘 알고 싶다는 욕심이 생긴 셈입니다.

그리고 그 역시도 우리의 유전자에 박혀 있다고 생각합니다. 호기심과 마찬가지로 더 나아지겠다는 욕망은 자연스럽게 우리 안에 존재하고 있는 것이지요. 그래서 더 열심히 살려는 욕심이 생기는 것이 아닐까 싶습니다. 물론 그러면 한 가지 질문이 자연스럽게 생겨납니다.

"그럼 그 질문을 나에게 한 사람은 성장의지가 없는 건가요?"

그렇지 않습니다. 무언가 다른 측면에서 그 호기심과 성장의지가 발현되고 있을 것입니다. 예를 들자면 누군가는 저처럼 자기 계발 분야에 관심이 있겠지만 다른 누군가는 돈을 많이 번다는 것에 모든 관심이 쏠려 있을 수도 있겠지요. 어느 것이 맞고 틀리는 문제는 아닙니다. 그저 서로가 다를 뿐이지요. 있는 그대로 그 차이를 인정해주어야 합니다.

따라서 굳이 저 질문에 뭔가 명쾌한 답을 줄 이유도 없고 상대를 나와 비슷한 생각을 하도록 설득할 필요도 없습니다. 다만, 상대방이 나를 지속적으로 힘들게 하거나 부정적인 에너지를 나에게 미친다면, 그런 경우에는 나와 비슷한 관심사를 가진 사람들이 모인 곳으로 환경을 바꾸는 것이 가장 좋은 방법입니다. 그곳에 가면 안정감과 소속감을 많이 느끼실 수 있을 겁니다. 그리고 더욱 자극을 받아서 많은 성취를 이룰 수도 있을 겁니다.

자신이 원하는 분야에서 성장의지가 이어지고 있는지를 생각해보서야 합니다. 만약 삶의 어떤 분야에서도 성장의지를 가지지 못한 상태라면 삶은 너무나도 무료하고 답답할 것입니다. 의미를 부여하기 힘들겠지요.

물론 요즘에 그런 말들을 많이 합니다. 아무것도 안 하고 싶다는 말입니다. 하지만 이것은 성장의지가 없어진 것이 아니라 삶이 너무 피곤하다는 이야기입니다. 에너지가 고갈되어 다른 어떤 것도 떠올리기 싫은 상태가 된 것입니다.

성장의지는 결코 사라지지 않습니다. 그러니 자신의 성장의지가 어디로 향해 있고, 내 에너지가 그 성장의지를 잘 받쳐주고 있는지에 대해서도 생각해보기 바랍니다.

지금까지 언급한 세 가지, 즉, 자유로움, 일관성, 애착에 대한 각각의 평가를 내려 보기 바랍니다. 그리고 그 평가를 내릴 때 함께 제시한 것들도 검토해보기 바랍니다.

과거와 시선, 유전자 및 환경에서 내가 얼마나 자유로운 상태인가를 확인하고, 그 이후에 내 현재의 삶과 미래의 삶이 과연 얼마나 같은 일직선상에 놓여 있는지에 대해서도 생각해보기 바랍니다.

그리고 마지막으로 내가 삶에 얼마만큼의 애착을 가지고 있으며, 나아가서 내 성장의지가 계속 열심히 나를 이끌어주고 있는지도 돌아보세요.

진실한 나로 살고 있는가에 대한 평가는 이만큼 어렵습니다. 대신 처음에 말씀드린 대로 그 답을 하나하나 만들어가는 과정에서 많은 것들을 알게 되실 겁니다. 그렇게 한 발자국씩, 진정 내가 원하는 삶으로 다가갈 수 있을 테니까요.

마지막으로 한 번 더, 이 모든 고민을 하게 만드는 처음의 질문을 던져드리겠습니다. 아마 처음에 보셨을 때와 지금 느껴지는 질문의 무게감이나 전해주는 느낌이 다를 겁니다. 직접 느껴보세요.

"나는 지금 진실한 내 모습으로 살아가고 있는가?"

— 2 —

지금 나의 에너지를 의식적으로 관리하고 있는가

우리 앞에 놓여 있는 세상은 이제 지속적이고 장기적인 관점에서 성공을 이야기하고 있습니다. 또한 일을 열심히 하는 것에만 목매는 사람들도 사라지고 있는 추세입니다.

자기 분야에서의 성취와 성공도 중요하지만, 내 주변의 소중한 사람들과의 관계를 잘 이끌어가는 것에 대한 바람은 점점 더 커져가고 있습니다.

주변을 둘러보고 자기 자신의 삶을 살펴보기 바랍니다.

과연 치열하게 일에만 목숨을 걸 듯 살아가고 싶은가요? 아마도 아닐 것입니다. 가족과 함께 하는 시간, 그리고 친한 친구나 지인들과 함께 보내는 즐거운 시간들도 삶에서 엄청나게 중요한 요소가 되어 있을 것입니다.

하지만 여전히 자기 분야에서의 전문가가 되고 싶다는 욕구, 그리고 전문가로 세상에 인정받고 싶은 욕구는 사라지지 않았습니다. 오히려 더 높아지고 있다고 봐도 무방합니다. 실제로 제가 만나는 많은 코칭 고객들이 공통적으로 자기 커리어에서 전문가로서 인정받고 싶다고 이야기하는 것을 많이 볼 수 있습니다. 자기 분야의 전문가로서 세상에 인정받아야 자기 시간도 더 확보할 수 있다는 인식이 많아졌기 때문입니다. 그 이야기는 일 이외의 삶에서도 원하는 성공을 거두기 위해서, 오히려 일을 더 잘해야 하는 상황에 놓였다고 보면 될 것 같습니다.

그러한 현실에 점점 더 중요해지는 것이 건강관리입니다.

저는 사람들에게 단호하게 말할 수 있습니다. 모든 자기 계발의 시작은 이제 건강관리입니다.

예전에는 근무시간에 온 힘을 쏟아서 하루를 살고 집에 가서는 녹초가 되어 버리는 것이 가능했을지 모릅니다. 하지만 이제는 삶의 모든 분야에서 에너지를 써야만 하는 시대입니다. 삶의 조화라는 것은 삶의 전방위에서 필요한 에너지를 뿜어내야 가능한 것일 테니까요.

그런 측면에서 위의 질문을 다시 한번 곱씹어 보기 바랍니다. 그 후 이어지는 질문들에 대해서 본인의 답을 찾아보세요.

지금 나의 에너지는 어떤가요? 현재의 에너지 수준은 10점 만점에 몇 점 정도를 줄 수 있나요? 그 점수가 나온 이유는 무엇인가요? 그리고 여기서 한 단계 더 나아지려면 무엇을 해야 할까요?

각각의 상황을 나누어 그에 대한 답을 알려드리겠습니다. 적어도 건강관리 분야에서만큼은 수많은 연구와 조사를 통해 얻어진 객관적인 가이드라인을 제시해 드릴 수 있기 때문입니다.

1) 번아웃에 대한 대처

현재의 에너지 수준에 대해서 1점 내지는 2점으로 표현하셨다면 소위 말하는 번아웃 현상을 겪고 있을 가능성이 높습니다. 뜻하지 않게 삶이 무기력해졌다고 호소하시면서 저를 찾아온 사람들의 경우에도 그런 점수를 매기는 사람들이 종종 있습니다.

그렇다면 이러한 번아웃이 생기는 이유는 무엇일까요? 저는 두 가지 이유를 가지고 설명이 가능하다고 생각합니다.

첫 번째는 삶의 명료성에 대한 부분입니다.

삶의 비전이라는 측면에서 나름의 답을 가지고 있는 사람들은 쉽게 번아웃이 찾아오지 않습니다. 일이 힘들고 어려워도 내가 지금 이 일을 해야만 하는 이유와 절실함이 있다면, 그것들이 삶을 이끌고 가기 때문입니다. 그리고 그런 이유나 절실함은 여러 가지 측면에서 나타날 수 있습니다. 예를 들면, 개인의 삶에서 이루고자 하는 뚜렷한 목표, 가족을 부양해야 한다는 현실적인 목표 등이 해당합니다.

이에 대해서는 '죽음의 수용소에서'라는 책을 쓴 빅터 프랭클 박사의 견해에서도 확인할 수 있습니다. 그는 '의미 없는 고통이 사람을 절망으로 이끈다. Suffering-Meaning=Desperation'고 주장했습니다. 결국 의미를 부여할 수 있는지의 여부가 고통을 견디게 해주는 가장 중요한 요소라고 한 셈인데, 이 의미를 두고 저는 삶의 명료성이라고 생각합니다.

두 번째는 평소의 건강관리입니다.

수면시간, 음식, 휴식시간, 운동 등의 요소가 내가 가진 신체 에너지를 결정합니다. 그런데 이러한 것을 소홀히 관리해서 내가 가진 에너지가 바닥에 떨어지면 번아웃 증상이 찾아올 가능성이 높습니다.

그리고 위의 두 가지 측면, 즉 삶에 대한 명료성과 평소의 나쁜 건강관리 습관이 함께 발생하면 분명히 번아웃을 겪게 됩니다.

무엇을 해야 하는지, 왜 해야 하는지에 대한 명확성이 부족한 상태에서 건강관리까지 잘되지 않으면 사람은 무너질 수밖에 없습니다. 또한 삶에 대한 비전이 명확한 사람의 경우에도 너무 오랜 기간 건강관리에 소홀하면 결국 번아웃을 겪게 됩니다. 결국 정신적인 측면과 육체적인 측면을 모두 고려한 총체적인 에너지가 관리되어야 하는 셈입니다.

그리고 일단 번아웃을 겪은 사람들의 경우에, 그 현실을 이겨내기 위해서는 건강관리부터 시작해야 합니다. 삶의 명료성이라는 측면에서의 개선도 필요하지만, 단기간에 개선되기는 쉽지 않기 때문입니다. 하지만 건강관리의 경우는 비교적 빠르게 개선될 수 있습니다. 그중에서 가장 먼저 확인해야 하는 대상은 수면시간과 시각적인 자극에 대한 관리 부분입니다.

수면에 대한 연구는 정말 오랜 기간 많은 사람들에 의해서 수행되었습니다. 그러한 조사에서 얻어지고 있는 결과는 사람은 하루에 8시간 정도는 자야 한다는 것입니다. 이러한 결과에 대해서 한국에서는 많은 사람들이 받아들이지 못합니다. 자신은 5시간이나 6시간만 자도 충분하다고 이야기합니다. 심지어는 잠자는 시간이 아까워서 하루에 3~4시간씩만 잠을 잔다는 사람들이 있습니다. 그분들은 특수 부대의 군인들이 필요할 때 일주일씩 잠을 안 자는 극한의 훈련을 하면서도 자신이 해야 할 일을 해낸다는 사례를 이야기합니다. 하지만 그것은 절대 일반화될 수 없는 사례입니다. 그런 훈련은 일 년에 며칠 되지 않을 뿐더러, 그 기간이 끝나고 나면 그분들도 충분한 회복기간을 가집니다.

전 세계에서 가장 잠을 죄악시 여기는 나라는 동아시아의 한국, 일본, 중국 이렇게 세 개의 국가입니다. 잠을 자지 않아야 성공한다는 것이 불문율처럼 여겨지고 있습니다. 마치 노력의 빛나는 결정체인 것처럼 다뤄집니다.

하지만 전 세계에서 이 세 개의 나라에만 존재하는 단어도 있습니다. 바로 '과로사'입니다. 번아웃이라는 단어까지는 존재하지만, 과로로 인해서 죽는다는 단어가 있는 나라는 한국, 일본, 중국뿐이라는 이야기입니다. 이것이 시사하는 바는 뭘까요? 물론 과도한 스트레스 등 여러 가지 이유가 과로사의 원인으로 작용하겠지만, 저는 결국 심각한 수면부족이 가장 큰 원인이라고 생각합니다.

실제로 코칭을 하는 고객들에게 수면시간을 늘리는 것을 적극 권장하고 있고, 그러한 코칭 조언을 받아들인 사람들의 에너지가 개선되는 것을 많이 볼 수 있습니다. 그렇다면 우리는 어느 정도의 수면시간이 필요한 걸까요?

사람마다의 차이가 있지만 8시간을 기준으로 1시간 정도의 차이가 있는 것이 일반적입니다. 즉, 7~9시간 사이의 수면시간이 적당하다는 것입니다.

세계 최고 수준의 운동선수들은 그 이상의 수면시간을 가지는 경우도 많습니다. 테니스 선수 라파엘 나달, NBA 농구선수 르브론 제임스, 육상선수 우사인 볼트 등의 경우 하루 11시간에서 12시간까지 잠을 잡니다. 충분한 수면시간이 그들을 세계 최고의 선수로 만들어 주는 데 큰 역할을 하고 있는 것입니다.

물론 그런 운동선수들과 우리는 다르다고 생각할 수도 있습니다. 하지만 아마존이나 골드만삭스와 같은 세계적인 기업에서도 직원들에게 8시간의 수면을 취할 것을 권장하고 있으며, 허핑턴 포스트를 설립한 아리아나 허핑턴, 구글의 전 회장 에릭 슈미트 같은 사람들도 8~9시간의 수면시간을 유지하고 있습니다.

특히 아리아나 허핑턴 같은 사람은 수면시간을 늘리고 얻어진 에너지의 개선을 통해 삶이 바뀌었다고 강하게 이야기하면서 본인의 회사에도 낮잠을 잘 수 있는 시설을 마련해 두고 직원들에게 쉴 수 있도록 합니다.

그러한 근거를 받쳐주는 과학적인 조사 결과들도 수없이 쏟아지고 있습니다.

예를 들어 수면시간이 6시간이 안 되는 남성들의 남성호르몬(테스토스테론)의 수치는 같은 나이대의 남성들보다 현저히 떨어집니다. 약 10년 이상의 나이가 많은 남성들의 평균치와 비슷하게 나타나죠. 쉽게 말씀드리자면 약 10년 정도 기간에 나타날 정력 감퇴가 발생한다는 것입니다.

에너지를 되찾고 싶으세요? 희귀한 음식을 통해서 그런 효과가 일어나기를 기대하지 마세요. 그러한 속설은 모두 먹을 것이 귀하던 시절에나 나올 법한 이야기입니다. 이제는 절대 그런 시대가 아닙니다.

그 외에도 휴식과 회복의 관계에 대한 사례들도 알려드리겠습니다.

살면서 한 번쯤은 헬스장에 가서 과하게 운동을 하고 근육이 아파본 경험이 있을 것입니다. 그리고 근육은 그러한 자극과 휴식의 과정을 통해서만 성장합니다. 그렇다면 그중에서 근육이 실제로 증가하는 시점은 언제일까요?

당연히 운동이 마무리되고 쉬는 시간입니다. 휴식 시간에 양질의 영양소를 함께 공급해주어야 근육이 빠르고 강하게 회복이 됩니다.

정신력이라는 것도 마찬가지입니다. 힘든 일을 당한 그 순간에 마음이 단단해지지는 않습니다. 근육과 마찬가지로 한동안 차분히 쉬게 해주어야만 회복이 됩니다. 그리고 그 쉬는 동안 좋은 책, 나를 진정으로 생각해주는 이들의 조언, 부족한 경우에는 전문가의 상담 같은 것이 있어야 제대로 회복이 됩니다. 그만큼 휴식이 중요한 것입니다.

그리고 그 휴식 중에서 가장 중요한 것이 수면입니다.

우리에게 생기는 스트레스의 약 60~70%는 시각 자극에 의해 발생합니다.

사람의 뇌는 시각 정보가 들어왔을 때 그 정보에 대해서 선택하지 않기 때문입니다. 판단하고 결정하는 주체인 뇌가 정보를 선택하지 않는다는 이야기가 의아할 것입니다. 그에 대한 간략한 설명을 드리겠습니다.

뇌의 역할은 당연히 정보를 판단하고 분석해서 행동하도록 하는 것입니다. 그러나 그것은 의미 있는 정보가 들어 왔을 때만 진행되는 과정입니다. 즉, 지금 내 눈을 통해 들어온 정보가 나에게 중요한 것인지 아닌지를 생각해보고 중요하다면 그 다음 과정을 진행하는 것이지요. 하지만 그렇다고 해서 눈으로 들어온 정보에 대해서 처리 작업 자체를 하지 않는 경우는 없습니다. 즉, 우리의 뇌는 눈으로 들어오는 정보에 대해서는 무조건 일단 반응합니다. 의미 없는 정보에 대해서도 추가적인 대응은 하지 않기로 하는 결정이 계속해서 일어나는 것이지요. 그리고 그 과정에서 당연히 에너지를 소모하게 됩니다.

대신 눈을 감으면 뇌는 다른 판단을 합니다. 왜 지금 아무런 정보가 주어지지 않고 있는지에 대한 반응이 일어나게 됩니다. 만약 그 상태에 청각 및 촉각 자극도 함께 줄어든다면, 뇌는 지금 회복을 해야 하는 타이밍이라고 판단합니다. 그래서 시각, 청각, 촉각의 자극이 최소화되면 몸도 마음도 그 시간 동안 회복을 하게 되는 셈입니다.

따라서 수면시간은 그런 조건이 모두 갖추어진 최적의 시간입니다. 앞으로는 절대 수면이라는 대상을 가볍게 생각하지 말기 바랍니다. 또한, 낮 시간에도 자극을 줄이는 시간을 갖기를 적극 권장합니다. 그 방법이 바로 명상입니다.

명상에 대해서는 많은 방법들이 제시되어 있습니다. 저는 어떤 방법이 좋은 것인가에 대해서는 별도로 제시하거나 하지 않습니다. 사람마다 자신에게 맞는 명상의 방법이 있을 것이기 때문입니다. 따라서 주요 사항에 대해서만 간략하게 언급해 드리겠습니다.

첫째, 되도록 청각 자극도 최소화된 장소에서 명상을 하기 바랍니다.

결국 명상이라는 것의 주된 목표는 자극을 줄이고 회복을 하는 것이기 때문입니다. 만약 그런 장소를 찾기 힘들다면 이어폰을 통해서 조용하고 차분한 음악을 들으면서 하는 것도 좋습니다. 특정 음악이 익숙해지면 자극이 줄어드는 효과도 있고, 무엇보다도 지금이 명상을 하는 시간이라는 것을 뇌에게도 알릴 수 있기 때문입니다.

둘째, 지속 시간은 약 15~20분 정도를 하면 좋을 것 같습니다. 길게 할 수 있다면 좋겠지만 현실적으로 한 번에 그 이상의 시간을 투자하기도 쉽지 않기 때문입니다. 그리고 그보다 짧게 되면 회복시간 자체가 워낙 짧아지기 때문에 효과를 보기도 어렵습니다. 물론 아주 잠깐이라도 그런 시간을 가지는 것이 아예 하지 않는 것보다는 좋습니다. 그래도 제대로 된 명상의 힘을 느껴보려면 그 정도의 시간을 확보하는 것이 좋겠습니다.

셋째, 명상을 할 때 심호흡을 하기 바랍니다. 심호흡을 통해 폐에 산소가 많이 배달되면 그 산소가 전신에 골고루 전해집니다. 회복을 해야 하는 순간에 그렇게 산소가 공급되는 것은 명상의 효과를 더욱 크게 해줄 수 있습니다.

이러한 심호흡을 할 때 주의할 사항이 한 가지 있습니다.

많은 사람들이 심호흡을 할 때 어깨가 위로 올라옵니다. 이러한 동작은 폐에 산소를 공급하는데 도움이 되지 않습니다. 즉, 산소가 생각보다 많이 들어오지 못하게 되는 것입니다.

어깨에 힘을 빼고 배가 나오도록 호흡을 하세요. 횡격막이 늘어나야 호흡이 깊어집니다. 심호흡이라는 단어의 의미가 깊이 호흡하는 것이라면, 당연히 어깨가 올라오는 호흡보다는 배가 나오는 호흡이 더 깊은 호흡이 되어준다는 것을 기억하기 바랍니다.

그리고 호흡을 할 때는 코로 들이마시고 입으로 내쉬기 바랍니다. 입을 통해 직접적으로 공기를 들이 마시는 것보다는 코를 통해서 한 번 걸러진 공기를 들이마시는 것이 좋습니다. 우리의 몸이 의도적으로 숨을 들이 마시는 기관으로 발달시킨 것이 코라는 것을 기억해두기 바랍니다.

2) 약간 낮은 에너지 상태

자신의 에너지를 평가한 점수가 약 4~5점에 해당하는 사람들이 해당합니다.

체력적으로 큰 문제는 없다고 여기지만, 동시에 원하는 만큼의 에너지가 충분하지도 않은 경우라고 할 수 있습니다.

일단 이 경우에도 수면시간의 확보는 중요합니다. 하지만 이 점수대에 분포한 사람들은 본인의 수면시간이 충분하다고 여기는 경우가 많습니다. 그런 사람들은 아무리 말씀을 드려도 수면시간을 늘리는 것에 큰 관심이 없습니다. 당장의 필요를 크게 느끼지 못하기 때문입니다. 그런 사람들에게는 같은 수면시간을 유지하더라도 수면의 질을 향상시키는 방안을 제시하는 것이 더 나을 것 같습니다.

수면의 질을 향상시키는 대전제가 한 가지 있습니다.

원시시대의 환경을 갖추면 좋다는 것입니다. 인류는 수십~수백 만 년의 시간에 걸쳐 진화를 거듭했습니다. 그리고 그 과정에서 우리의 유전자에는 숙면을 위한 가장 좋은 조건들이 이미 습득되어 있습니다. 그 환경을 갖추는 것이 우리가 수면을 통해서 에너지를 회복하는 가장 좋은 방법입니다.

— 가능하다면 완전히 어둡고 조용한 방을 만들 것

맹수의 습격을 피하기 위해서 시작된 습관일 수도 있지만, 인류는 의식적으로 동굴같이 어둡게 보호되는 곳을 수면장소로 선택하고 진화해 왔습니다. 따라서 지금의 인류에게도 동굴과 같이 완벽하게 깜깜한 조건을 만들어 주는 것이 숙면에 도움이 됩니다. 따라서 현재의 침실 환경을 살펴보세요.

외부에서 들어오는 불빛을 최소화하는 방법을 찾으셔야 합니다. 많은 사람들이 그 방법으로 암막 커튼이나 암막 시트지를 활용해서 외부의 빛을 차단하고 있습니다. 그리고 내부에서의 빛을 막기 위해서 전자 장비에 절연 테이프 등을 통해서 빛이 나오는 것을 막는 경우도 있습니다. 이렇게 방을 어둡게 유지하면 멜라토닌이 다량 분비되어 잠을 유도하는 데 큰 도움이 됩니다. 수면의 질을 높여주는 데 가장 우선 적용해야 할 방법에 해당합니다.

— 방의 온도는 19~21도로 맞출 것

이 역시 위에서 언급한 것과 마찬가지입니다. 너무 춥거나 너무 더

운 날씨를 피해서 인류는 동굴에서 잠을 청했고, 그 환경을 가장 유사하게 구현하는 것이 약 19~21도로 방안의 온도를 맞추는 것입니다. 실제로 그 온도로 잠들려면 쌀쌀하다는 느낌을 받기 십상입니다. 공기 중의 온도는 그 정도에 맞추고 이불을 덮고 잠이 들면 춥지 않은 정도의 수면 환경을 만들기 바랍니다.

— 잠들기 3~4시간 전까지 음식 섭취를 마칠 것

위에 음식이 많이 남은 채로 잠을 청하게 되면 혈액의 많은 부분이 소화기관에 머물러 있을 수밖에 없습니다.

혈액은 몰려 있지만 위는 활발하게 운동하지 않습니다. 그런 이유로 배가 부른 상태에서 잠이 들면 다음 날 아침에도 속이 더부룩하게 됩니다. 즉, 소화도 되지 않고 혈액의 이동도 잘 이루어지지 않은 상태가 되는 것을 의미합니다.

수면이라는 것은 몸이 자신을 회복하는 시간입니다. 그렇다면 혈액이 열심히 이동해서 몸의 구석구석의 피로를 풀기 위해 돌아다녀야 원하는 회복이 이루어집니다. 하지만 방금 말씀드린 대로 위에 음식물이 있을 경우에는 원활한 혈액순환이 이루어지지 못합니다. 따라서 숙면에 큰 방해가 됩니다. 물론 너무 배가 고픈 상태로 잠이 들어서 중간에 깨는 것도 숙면에 도움이 안 될 수도 있지만, 대부분의 경우 차라리 빈속으로 잠을 청하는 것이 다음 날 아침에 더 상쾌한 기분으로 일어날 수 있습니다. 따라서 늦어도 잠들기 3시간 전까지는 음식섭취를 마치기 바랍니다.

— 오후 3시 이후 커피 마시지 않기(최대 오후 4시까지)

한국 사람들이 가장 애용하는 음료는 커피입니다. 그만큼 많은 카페인을 섭취하고 있다는 이야기입니다.

우리는 왜 그렇게 많은 카페인을 필요로 할까요? 여러 가지 복합적인 이유들이 있겠지만 가장 큰 핵심요소는 잠이 모자라서 피곤하다는 것입니다. 카페인은 각성효과를 주기 때문에 많은 사람들이 애용하고 있는 것이지요.

하지만 한 가지 주의해야 할 점이 있습니다. 카페인은 피로를 회복해준다기보다 피로하다는 신호를 몸이 알아채지 못하게 하는 역할을 합니다. 피곤하다는 것을 느끼지 못하게 하는 물질인 것이지 피곤한 자체를 해결해주는 물질이 아닌 것입니다.

피곤한 몸은 적절한 휴식을 취해야 정상 상태로 돌아옵니다. 따라서 제대로 피로를 해결하지 않고 카페인에 의지하기 시작하면 점점 많은 카페인을 필요로 하는 악순환이 이루어집니다. 피곤하니까 카페인을 섭취하고, 그 카페인의 효과로 숙면을 취하지 못하니 다음 날 다시 커피를 찾게 되는 셈입니다.

그렇지만 하루를 시작하는 시점에 각성효과를 위해서 카페인을 마시는 것은 쉽게 거부하기 힘든 유혹이기도 합니다. 그렇다면 가장 효과적으로 카페인을 섭취하는 방법은 어떤 것일까요?

물론 이에 대해서도 개인의 건강상태나 카페인에 대한 예민함에 따라 다릅니다. 그렇지만 일반적으로는 오후 3시까지만 커피를 드시는 것을 권하겠습니다.

카페인의 반감기, 즉 카페인이 몸에 흡수된 후 절반 이하로 그 수치가 떨어지는데 대략 6시간이 걸리기 때문입니다. 따라서 3시까지만 카페인을 마시면 대략 6시간 후인 9시 이후에는 카페인의 수치가 절반 이하로 떨이집니다. 그렇다면 일반적으로 수면에 들 시간인 10~11시 정도에는 카페인으로 인한 영향이 많이 줄어들 가능성이 높습니다.

물론 요즘 세상에 누가 10시에 잠을 청하느냐고 할 수도 있습니다. 하지만 생각보다 많은 사람들이 미라클 모닝을 위해 새벽 일찍 일어납니다. 그 경우 수면시간도 7시간 확보하면서 새벽 5시에 일어나려면 그 시간에 잠이 들어야 합니다.

진정한 미라클 모닝의 힘을 느껴보려면 충분한 수면시간을 동반해서 새벽을 맞이해보기 바랍니다. 자신의 집중력이 한 단계 높아짐을 분명히 느끼실 수 있을 것입니다.

추가로, 만약 오후 3시 이후에도 커피를 마실 일이 있다면 되도록 디카페인 커피를 드시기 바랍니다. 또한 커피를 녹차로 바꾸는 것도 권해볼 수 있습니다. 녹차에는 카테킨이라는 성분이 있어서 카페인의 흡수를 일부 억제해주는 역할을 합니다. 하지만 녹차 역시도 너무 늦은 오후시간에는 드시지 않는 것이 수면의 질을 확보하는 데 도움이 된다는 것을 기억하기 바랍니다.

— 산책하기

운동을 한 날과 그렇지 않은 날 중에 당연히 운동을 한 날의 수면의 질이 더 좋습니다.

많은 사람들이 경험적으로도 알고 있겠지요. 그렇다면 그 이유는 무엇일까요? 바로 운동을 통해서 세로토닌이 분비되기 때문입니다.

세로토닌은 쉽게 표현하자면 행복 호르몬입니다. 감정과 수면 행동을 조절하며 그 양이 부족하게 되면 우울증을 일으키기도 하지요.

낮 시간에 얼마나 많은 세로토닌을 분비시켰는지에 따라서 저녁에 숙면을 취할 가능성이 높아집니다. 쉽게 생각하면 즐거운 하루를 보내면 잠자리에 들 때도 행복하고 숙면을 할 가능성이 높다고 보면 되겠습니다. 그렇다면 그 세로토닌이 어떨 때 분비되는지 조금 더 살펴보겠습니다.

첫 번째는 앞서 말한 대로 적당한 운동을 했을 때입니다.

너무 과격한 운동은 오히려 세로토닌을 감소시키지만, 신체를 활성화시키는 정도의 운동은 세로토닌을 만들어내는 데 큰 도움이 됩니다.

두 번째는 햇빛을 쐬는 것입니다.

햇빛을 쐬면 우리 몸에서 비타민 D를 만들어내게 되며 이후 세로토닌 합성도 활발해집니다. 일반적으로 비 오는 날보다 햇볕이 내리쬐는 날에 더 많은 행복감을 느끼는 이유도 여기에 있다고 보면 됩니다.

세 번째는 정서적으로 안정될 때입니다.

스트레스가 많지 않은 상태에서 당연히 세로토닌이 증가하게 됩니다. 따라서 싱그러운 자연을 함께 하거나 스트레스가 적은 환경에 머무는 것이 도움이 됩니다.

말씀드린 세 가지 조건을 하나로 조합해보면, 산책이 얼마나 좋은 운동인지 느끼실 수 있을 것입니다. 적당한 신체자극, 햇빛, 자연 바람, 스트레스가 적은 환경이 함께 하기 때문입니다. 그리고 낮 시간의 산책은 명상과 더불어 적극적인 스트레스 감소 및 긴장 완화 수단입니다. 그러니 가능하면 매일 산책을 하세요. 보통 30분~40분 정도를 수행하는 것이 좋습니다. 그리고 산책을 할 때 좋은 사람과 함께 이야기를 나누는 시간으로 동시에 활용한다면 금상첨화일 것입니다. 숙면을 위해 정말 커다란 도움이 될 수 있습니다.

그 이외에도 많은 요소들이 있겠지만 일단 가장 중요한 것들을 언급해 드렸습니다. 이 내용들만 잘 지키면서 생활을 이어가셔도 충분히 숙면을 취하는 데 도움을 받으실 수 있을 것입니다. 꼭 실천해보길 바랍니다.

3) 중상의 에너지 레벨 상태

자기 평가의 결과가 6~7점으로 나타나는 사람들입니다.

자신의 체력이 뛰어나지는 않지만 평균 이상은 된다는 생각을 하는 사람들입니다. 이 정도면 딱히 아픈 곳은 없으니 큰 문제는 없다고 생각하는 사람들이 해당될 것 같습니다.

이런 사람들에게 건강관리에 대한 조언을 드리는 것은 쉽지 않습니다. 당장 건강이 문제가 있지 않다 보니 크게 관심이 없기 때문입니다. 오히려 에너지 점수가 더 높은 사람들이 새로운 건강 관련된 정보들에 더 민감하게 반응합니다. 더 높은 에너지 수준을 가지고 싶다는 욕심이 있기 때문인 것 같습니다.

하지만 실제적으로 에너지 관리를 통해 가장 도움을 많이 받을 사람들은 이 점수대(6~7점)에 분포하고 있는 사람들입니다. 몇 가지의 좋은 습관들이 더해지면서 에너지가 올라가면 삶의 전체 분야에서 큰 향상이 일어나기 때문입니다.

이제부터는 음식섭취, 운동 등의 다양한 내용을 알려드리겠습니다. 하지만 한 가지 꼭 기억해주셔야 하는 것이 있습니다.

저는 개인의 생산성을 높이는 것에 관심이 있는 생산성 향상 코치입니다.

음식과 운동 등의 분야에 대해서는 전문적인 연구를 한 의사나 그에 준하는 자격을 가진 사람은 아닙니다. 따라서 아래에 알려드리는 내용들에 대해서 실제로 자신에게 적용할 경우에 대해서는 관련 전문가의 상담을 받는 것을 권합니다. 통계의 결과 또는 권장 사항이라는 것은 많은 사람들에게 적용되기 좋은 기준이기는 하나 각 개인에게 완벽히 맞춰진 것은 아닐 수 있기 때문입니다. 그리고 무엇보다도 의학적으로 특별한 건강관리가 필요한 사람들께는 그에 맞는 계획을 따르는 것이 우선이라는 것을 먼저 강조하고 싶습니다.

그러면 이제 본 내용을 알려드리겠습니다.

— 수분 섭취

가장 먼저 알려드리고 싶은 것은 수분 섭취에 대한 것입니다.

말 그대로 물을 마시는 것을 의미합니다. 커피나 음료수 같은 것을 제외한 순수한 물에 대한 것입니다. 물론 앞서 말씀드린 것처럼 각 개인의 특성을 모두 고려할 수는 없습니다. 어떤 사람은 많이 움직이면서 땀을 흘리고, 어떤 사람들은 하루에 땀 한 방울 흘리지 않는 체질인 사람들도 있습니다. 또한 지역별 기후차이와 계절적 차이도 다릅니다. 직업에 따른 특성도 있습니다. 그러니 완벽한 물 마시기 적정량을 개인에 맞추어 제시한다는 것은 어려운 일입니다.

하지만 그런 모든 요소에도 불구하고 세계보건기구WHO에서는 성인 기준으로 하루에 1.5~2L의 물을 마실 것을 권장합니다.

그 외에도 여러 가지 기준들이 있습니다.

예를 들자면 [키(cm) + 몸무게(kg)]/100이라는 공식을 적용하기도 합니다.

계산해보면 키가 175cm에 몸무게가 70kg이라면 2.45L의 물을 마시라는 것이지요. 또는 [몸무게 × 0.3~0.33]이라는 공식도 제안한 곳도 있습니다. 이 경우에는 몸무게 70kg의 경우 2.1~2.3L 정도의 물을 마시라는 제안이기도 합니다.

제 경우에는 브랜든 버처드의 연구 기관인 HPIHigh Performance Institute에서 이야기하는 수분 섭취량을 따르고 있으며, 그 양은 3~5L입니다.

HPI에서는 소변을 자주 보는 것이 몸 안의 독소를 외부로 내보내는 것이기 때문에 물을 많이 마셔서 소변을 자주 보는 것이 도움이 된다고 이야기하지요. 이런 기준에 따라서 저는 하루에 보통 3~4L 사이의 물을 마십니다.

이러한 기준을 종합해보면 남성분들의 경우에는 하루에 약 2L,

여성분들의 경우에는 1.5L의 물을 드시는 정도를 권해드리고 싶습니다. 회사에 근무하는 사람들은 출근길에 커다란 물통을 사서 근무하면서 다 드시면 되는 정도의 양입니다.

처음에는 쉽지 않을 것입니다. 하지만 물을 잘 마시는 습관이 들면 훨씬 활력이 생기는 것을 알 수 있게 될 것입니다. 결국 인체를 구성하는 대부분은 물이고, 그 물이 새롭게 자주 공급되어야 몸이 에너지를 낼 수 있기 때문입니다.

사람의 신체 중 주요 부위, 뇌와 심장 등의 주요 장기에서 물이 부족하면 몸의 다른 부분에서 물을 가져다 씁니다. 그리고 그 부위는 주로 목입니다. 따라서 흔히 말하는 '목이 마르다.'는 증상은 이미 인체에서 수분이 부족한 지 꽤 오랜 시간이 흘렀다는 것을 의미합니다. 그러니 평소에 목이 마르다는 생각이 거의 들지 않도록 물을 마시는 습관이 꼭 필요합니다.

또한 물을 마실 때에도 주의할 사항이 있습니다.

한꺼번에 너무 많은 양의 물을 마시는 것은 그만큼 빠르게 소변을 통해 수분을 잃을 가능성이 높기 때문에 권장하지 않습니다. 최대한 자주 드시는 것이 건강에는 더 큰 도움이 됩니다. 그리고 드시는 물의 온도가 너무 차갑지 않게 하기 바랍니다.

찬물은 소화기관에 자극을 많이 주기 때문에 권해드리지 않습니다. 만약 따뜻한 물을 챙겨서 드신다면 여러 가지 측면에서 더 도움이 될 수 있습니다. 하지만 일상생활에서 그렇게 챙겨서 마시기는 쉽지 않습니다. 그보다는 물 자체를 많이 마시는 습관이 드는 것이 우선입니다. 물을 마시는 습관을 먼저 만드신 후에, 보온병을 하나 챙겨서 하루 중 일부의 물은 따뜻한 물을 드시는 방향으로 천천히 습관을 만들어 가기를 바랍니다.

— 건강 보조제 섭취 관련

비타민과 무기질을 별도 제품으로 먹는 것이 건강에 도움이 되는지에 대한 논란이 많습니다. 음식을 잘 챙겨먹으면 별도로 챙겨먹을 필요가 없다는 의견과 꼭 필요하다는 의견도 많지요. 또한 비타민을 약으로써 활용하는 것에 대한 논란도 엄청나게 많습니다. 고함량 비타민 C, 비타민 D에 대한 논란은 몇십 년째 이어지고 있는 중입니다.

저는 그런 논란에 대해서는 의견을 낼 수 있는 위치에 있지 않습니다. 그 분야의 전문가들이 더 나은 방향을 제시해줄 거라 생각합니다.

다만 저는 우리가 처한 현실에 대한 언급을 드리고 싶습니다.

과학의 발달로 인구는 폭발적으로 증가했지만 지구는 전혀 커지지 않았습니다. 결국 비타민과 무기질이라는 것은 땅 속에 있는 물질들을 가지고 식물과 동물들이 만들어 냅니다. 우리의 음식 속에 포함된 비타민과 무기질은 그런 과정을 통해서 만들어지게 됩니다.

그런데 이제 땅 속에 비타민과 무기질을 만들어 낼 원료 자체가 부족해졌습니다. 예를 들어 1970년대의 사과 한 개만큼의 영양소를 섭취하려면 이제는 약 7개 정도의 사과를 먹어야 한다고 합니다. 그렇다면 현실적으로 사과를 7개를 먹기는 어려울 테니 그 부족한 영양소는 다르게 섭취해야 하는 상황입니다.

사과의 예를 들었지만 이러한 현상은 우리 주변의 모든 먹을거리에서 발생하고 있다고 보면 되겠습니다. 그런 이유로 그저 음식을 잘 먹는 것만으로 과연 우리 몸에 필요한 비타민과 무기질이 모두 섭취되는가에 대해서는 의문을 품어봐야 하는 상황인 셈입니다.

그런 이유로 저는 종합 비타민을 챙겨 먹는 것을 권합니다. 그리고 되도록 유기농 기반의 제품을 선택하길 바랍니다. 사실 유기농 비타민이라는 것도 결국 화학적인 처리를 통해서 만들어지는 것이다 보니, 어떤 비타민이든 다 똑같다고 하는 사람들도 있습니다. 하지만 세상에는 아직 인간이 다 밝혀내지 못한 음식과 식재료들의 세계가 있을 테니, 그런 측면에서 기본적인 원 재료가 좋은 제품이 더 좋을 것이라는 추론은 타당성이 있습니다. 그러니 이왕 비타민을 챙겨 드신다면 유기농 기반의 제품을 권해드리겠습니다.

그 다음으로는 비타민 D에 대해 언급해드리고 싶습니다.

사실 우리는 비타민 D를 따로 섭취할 필요는 없습니다. 충분한 햇빛을 보면 자연적으로 얻어지기 때문입니다. 하지만 현재 한국인들의 생활 방식에는 햇빛을 마주할 시간이 너무 부족합니다. 그런 이유로 현재 한국인들의 80% 이상이 비타민 D가 모자란 상황입니다.

만약 햇빛을 쐬는 것으로 하루에 충분한 비타민 D를 만들어 내고 싶다면 더욱 환영할 일입니다. 인위적인 것보다는 자연적으로 얻어지는 것이 더 좋을 것이 자명하기 때문입니다. 그런 계획을 세운 사람들을 위해서 제안을 드리자면, 상반신 전체 표면적에 해당하는 부분이 햇빛을 약 20~30분 내외로 쐬는 정도가 필요합니다. 그런데 과연 우리의 생활 패턴에 그만한 노출 면적에 20분간 햇빛을 쐴 일이 있을까요?

특히 여성분들의 경우에는 미용의 측면에서 햇빛을 정말 많이 피해 다닙니다. 외출할 때 자외선 차단제와 선글라스, 그리고 모자까지 쓰고 나가지요. 그러면 실제로 햇빛을 쬐는 면적이 거의 없다 보니 비타민 D는 여전히 모자라기 십상입니다.

현재 한국 여성분들의 경우에는 90% 이상이 비타민 D가 모자라다는 것을 보면, 결국 별도로 비타민 D를 챙겨먹는 방안을 고려해야 할 것 같습니다.

이 글을 읽고 비타민 D를 챙겨먹기로 결심을 했다면, 주변에 약국에만 가도 다양한 제품들이 있습니다. 일반적으로는 2000IU의 비타민 D가 포함된 제품을 챙겨 드시면 되겠습니다. 만약 야간 근무를 하느라 완전히 태양을 보지 못하는 사람이라면 4000~5000IU 제품까지도 고려해 보면 좋겠습니다.

그 이외에도 언급하고 싶은 비타민과 무기질 종류가 많이 있습니다. 만성 피로감을 느끼신다면 비타민 B 복합군, 뇌활동 및 콜레스테롤 관리가 필요한 사람들은 오메가 3 지방산, 그리고 전체적으로 칼슘에 대한 섭취가 필요할 수 있습니다. 하지만 이러한 상세한 것들은 각 개인의 생활 패턴과 유전적인 특성, 그리고 환경적인 영향을 많이 받습니다. 따라서 제가 별도의 제안은 드리기 어렵습니다만, 가능하면 자신에게 필요한 제품들을 확인하셔서 추가적인 보조제로 활용하면 좋겠습니다.

정리해서 말씀드리자면, 유기농 기반의 종합 비타민 제제와 비타민

D는 꼭 섭취하고, 그 이외의 영양소는 개인에게 필요한 것들을 확인하셔서 섭취하는 것을 권해드리겠습니다.

4) 높은 에너지 상태인 경우

많지 않은 숫자이지만 이미 건강관리를 잘하는 사람들도 만나게 됩니다.

점수가 7~10점에 해당하는 사람들입니다. 이런 사람들에게는 한 가지 공통적인 특징이 있습니다. 건강관리에 도움이 되는 정보에 민감하고 적극적으로 자기 삶에 받아들이려는 경향이 강합니다. 아마 그런 적극적인 건강관리 습관 덕분에 그만큼의 성취를 이루셨을 것으로 추측됩니다.

아마 제가 위에서 이미 언급한 사항들 중에서 자신의 삶에 적용되지 않았던 것이 있다면 곧바로 받아들이려고 하셨을 것입니다. 그런 사람들을 위해서는 다음과 같은 제안을 드리고 싶습니다.

— 건강에 대한 전체적인 관점을 재고하기

이미 충분히 건강한 생활을 하고 있지만 분명히 지금보다 한 단계 더 높아질 수 있습니다. 그렇다면 자신에 대한 평가 기준을 바꾸는 것으로 관점을 변경하기를 권합니다. 즉 현재 자신의 점수가 10점이라면, 그 점수를 7점으로 삼고 그 상황에서 더 나아지는 것을 10점으로 재정의해보기 바랍니다. 그 후에 현재에서 10점으로 올라가려면 과연 어떤 건강 습관들이 필요할지를 고민해보면 좋습니다.

— 복압(IAP) 호흡법 적용해 보기

이미 '스탠포드식 최고의 피로회복법'이라는 책을 읽은 사람들이라면 알고 있겠지만, 복압Interal Abdominal Pressure 호흡 방법이라는 것이 있습니다. 이 호흡번이 피로 개선에 큰 효과가 있다 보니 별도로 소개해드리고자 합니다.

앞에서 언급한 심호흡을 자주 하는 것이 익숙한 사람들이라면 그 다음 단계로 도전해 볼 만한 건강관리 방법이기도 합니다. 어깨가 올라오는 것이 아니라 배가 나오도록 호흡을 해야 한다고 알려드렸습니다.

복압 호흡법은 거기서 한 가지만 더 하면 됩니다.

숨을 내쉴 때에도 의식적으로 힘을 줘서 배가 나와 있는 상태를 유지하도록 노력하세요. 실제로 해보면 절대 쉽지 않습니다. 처음 이 호흡법을 시도할 때 제 경우에는 몸이 부들부들 떨리는 경험도 했습니다. 익숙해지기 위해서 시도 때도 없이 연습을 했는데, 전철을 기다리면서 복압호흡을 하다가 부들부들 떨었더니 옆에 있던 분이 깜짝 놀라서 별일 없는지 물어보는 일도 있었습니다.

이 호흡법을 추천해드리는 이유가 있습니다.

사람의 내부 장기는 각 기관별로 무게가 일정하지 않고 특히 좌우가 대칭으로 이루어져 있지 않습니다. 그 이유로 신경 쓰지 않으면 몸의 전체 균형이 흐트러지기 쉽습니다. 서 있을 때 자주 한 쪽 다리에만 하중을 싣는, 소위 말하는 짝다리를 하게 되는 이유도 바로 그런데 있습니다. 거기에 추가적으로 대부분의 사람들이 앉아서 일하는 시간이 워낙 길다 보니, 허리에 무리가 가는 경우가 많습니다. 특히 갈

비뼈를 지나고 나면 별도로 지지하는 뼈가 없이 등뼈가 허리까지 하중을 지고 내려가야 하지요.

복압 호흡은 이 구간에 의식적으로 힘을 주어 허리에 가해지는 하중을 분산시켜주는 역할을 합니다. 그런 이유로 스탠포드 대학의 많은 운동선수들이 허리 통증에 도움을 받았다고 합니다. 같은 이유로 운동선수가 아닌 우리 같은 일반인들에게도 분명히 도움이 됩니다. 평소에 허리 통증이 있으신 분이라면 복압 호흡을 꼭 해보길 추천해 드립니다.

그리고 이 복압 호흡은 아침에 자고 일어날 때나 아니면 잠자리에 들기 전에 하면 에너지 관리에 도움이 됩니다. 특히 잠들기 전에 복압 호흡을 하면 몸의 근육을 전체적으로 긴장시켰다가 이완시키는 순간에 하루의 긴장을 함께 풀어주는 역할을 합니다. 힘이 드는 동작이라 오래 하기는 어렵지만, 가능하다면 단 2분만이라도 복압호흡을 하고 나서 잠을 청하고 아침에 일어나실 때도 복압호흡을 수행한 후에 하루를 시작하면 훨씬 더 에너지 잘 관리된다는 것을 경험할 수 있을 것입니다.

5) 공통적으로 적용해야 할 것들

앞서 말씀드린 각 점수대별 제안사항들 이외에도, 어떤 상황에 처하든지 꼭 적용하셨으면 하는 사항들도 있습니다. 그 내용은 다음과 같습니다.

— 알레르기 검사하기

일단 가까운 이비인후과나 피부과를 찾아서 알레르기 검사를 받으시기 바랍니다. 본인에게 어떤 알레르기가 있는지에 대한 파악을 하고, 그 대상을 되도록 피하는 것이 일단 중요합니다. 한 가지 사례를 알려드리자면 평생을 아침식사로 계란 프라이를 드시는 분이 있었는데 검사 결과 약한 계란 알레르기를 가지고 있었습니다. 그분은 아침을 먹는 것이 에너지를 더해준 것이 아니라 본인의 에너지를 깎아먹은 셈이 되는 것이었지요. 적어도 이렇게 음식을 통해서 에너지를 잃는 경우는 없도록 하기 위해 꼭 알레르기 검사를 받으시기 바랍니다. 해당 검사는 건강검진 시에도 추가해서 받을 수 있는 항목이기도 합니다. 자기의 에너지를 관리하는 출발점이기도 하니 꼭 한 번씩 해보길 권해드립니다.

— 스트레칭하기

사람의 몸에는 혈액이 순환을 하다가 일부 멈춰야 하는 구간과 빠르게 지나가는 구간들이 존재합니다. 그렇다 보니 흔히 말하는 병목현상이 일어나는 구간이 생기기 마련이며, 그 구간들이 쉽게 피로해지기 마련입니다. 따라서 의식적으로 그런 구간을 자주 자극하면서 혈액순환이 원활하도록 해주는 것이 자기 에너지 관리의 시작점이 됩니다. 따라서 자주 스트레칭을 하면 할수록 건강관리에는 큰 도움이 된다는 것을 기억해주기 바랍니다.

추가로 앉아서 일이나 공부를 시작하면 50~70분 사이에 한 번은 자리에서 일어나셔야 합니다.

앉은 자세는 신체의 무게로 인해 혈액순환이 잘 일어나지 않는 구간이 발생합니다. 즉, 엉덩이와 허벅지 아래쪽이 눌리는 문제가 생긴다는 이야기입니다. 이렇게 되면 자기도 모르는 사이에 집중력이 떨어집니다. 따라서 그러한 집중력 감소를 막기 위해서 자리에서 일어나서 심호흡과 스트레칭을 해주어야만 다시 온전한 집중을 할 수 있게 되는 것입니다.

이런 말씀을 드리면 많은 사람들이 한번 집중하게 되면 시간 가는 줄 몰라서 지키기 어렵다고 합니다. 그게 어떤 상황인지에 대해서는 저도 충분히 이해합니다. 한번 몰입했을 때 그 시간을 길게 가져가고 싶은 마음이 드는 것이 당연합니다.

하지만 단 1분간만 일어나서 물 한 잔 마시면서 스트레칭을 하고, 심호흡을 하면서 지난 1시간 동안 어떤 결과물을 만들었는지 떠올려보고 다시 앉으면서 다음 한 시간 동안 어떤 결과물을 또 만들 것인지를 떠올려보면 집중력은 충분히 지속적으로 유지됩니다.

그리고 그렇게 집중하는 시간을 관리하기 위해서는 흔히 말하는 '구글 타이머' 같은 것을 활용해서 원하는 시간 간격마다 알람이 울리도록 하는 것도 좋은 방법입니다. 그리고 그런 별도로 장비를 사용하기보다는 스마트 폰을 활용할 수도 있습니다.

집중해서 무언가를 해야 할 때에는 스마트폰을 비행기 모드로 두고 한 시간짜리 알람을 울리도록 합니다. 그리고 나서 알람이 울리면 스트레칭과 심호흡, 물 마시기를 하고 다시 한번 더 비행기 모드로 한 시간 동안 집중합니다.

물론 그렇게 하루 종일 스마트폰을 비행기 모드로 둘 수는 없겠지만 정말 중요해서 아무런 방해도 받지 않고 자기의 에너지를 집중해야 할 때에는 분명히 큰 도움이 되는 방법입니다.

실제로 어떤 스트레칭을 하는 것이 도움이 되느냐에 대해 알려드리자면, 방금 말씀드린 병목현상이 발생하는 모든 구간에 대해서 스트레칭을 하길 권합니다.

목, 어깨, 팔목, 허리, 무릎, 발목이 모두 해당합니다. 팔을 교차하는 운동, 팔을 돌리는 운동, 다리를 높이 들어 올리는 운동을 모두 하기 바랍니다.

그리고 중요한 것은 이런 스트레칭을 할 때 꼭 심호흡을 함께 해주셔야 합니다. 그래야 산소가 빠르게 온몸으로 보내지면서 에너지 관리에 도움이 되기 때문입니다. 또한 허리 뒤쪽의 낮은 등 부분을 자주 두드려 주길 권합니다. 해당 위치는 신장이 있는 곳이고, 그 위치를 자극하는 것이 몸에 많은 에너지를 생겨나게 해줍니다.

— 쉬는 일정을 일정표에 반영하기

최근 들어 미국의 NBA(미국 농구 리그)를 보면 나이가 40에 가깝거나 그 이상인 선수들이 여전히 왕성하게 활동을 이어가는 것을 볼 수 있습니다. 그리고 그런 선수들이 점점 더 늘어나고 있습니다. 전 세계에서 가장 농구를 잘한다는 사람들이 모인 그 리그에서 그렇게 오랜 기간 선수 생활을 한다는 것은 정말 대단한 일입니다. 그래서 그 원인에 대해서 파악해보면, 예전과는 달리 각 구단에서 의도적으로 선수들의 일정표에 휴식 시간을 반영한다는 것을 확인할 수 있습니다. 자유 시간을 주는 것이 아니라 적극적으로 휴식을 취하는 시간입니다. 그리고 그 시간 동안 충분히 몸이 회복을 하기 때문에 최상의 신체 조건을 더 많은 나이까지도 이어갈 수 있게 된 것입니다.

그런데 과연 그런 휴식 시간이 운동선수에게만 필요할까요? 절대 그렇지 않습니다. 지속적이고 장기적으로 한 분야에서 성공을 거두기 위해서는 모든 사람에게 반드시 필요한 것입니다. 온전히 양질의 휴식을 취하는 시간이 내 삶에 얼마나 있는지를 곰곰이 생각해보기 바랍니다.

그렇게 온전히 휴식을 취하기 위해서 한 가지 중요한 조언을 드리려고 합니다.

진정한 휴식을 취하기 위해서는 우선 디지털 장비로부터 멀어져야 합니다. 그 장비로부터 생기는 전자파도 무시할 수 없지만, 일단 디지털 장비(컴퓨터, 핸드폰, 태블릿)를 보면 그 화면의 빛에 의해서 뇌는 자동적으로 도파민을 생성합니다. 이 도파민은 쉽게 말해서 흥미를 발생시키는 호르몬입니다. 따라서 쉬어야 하는 시간에 또 다른 자극이 뇌를 움직이게 하는 것이지요. 그렇다면 진정한 휴식은 이루어지지 못할 것입니다.

쉰다는 표현의 한자인 쉴 휴休 자는 사람이 나무에 기댄 모습이라는 것을 기억해주세요. 제대로 된 쉼이 제대로 된 에너지를 채워줄 것입니다.

— -설탕이 포함된 음료 줄이기

인류가 진화하는 과정을 한번 머릿속으로 떠올려보기 바랍니다. 어느 날 숲을 돌아다니다가 눈앞에 달콤한 음식이 나타났습니다. 아마도 꿀일 가능성이 높을 것입니다. 그러면 인류의 조상들은 어떤 행동을 했을까요?

일단 앞뒤 가리지 않고 그 자리에 앉아서 실컷 그 단 음식을 먹었습니다. 그 자리에 두고 다른 곳에 가서 동료를 데려 오려고 했다가는 후각이 뛰어난 다른 동물들에게 빼길 가능성이 높았기 때문입니다. 그리고 집으로 가져가려고 하다가는 자신이 다른 동물들의 공격 대상이 될 가능성도 있었지요. 그런 이유로 일단 그 자리에서 충분히 그 음식을 섭취하는 것이 최선의 행동이었습니다.

우리는 그렇게 수백만 년을 살아왔고, 따라서 단 음식이 있으면 일단 먹는 것이 유전자가 시키는 일입니다. 그런 이유로 카페에서는 계산대 옆에 달콤한 음식을 배치하고 주문을 하기 전에 일단 그 달콤한 음식의 유혹을 겪게 합니다. 괜히 그곳에 그 음식들이 배치되어 있는 것이 아닙니다. 다 이런 치밀한 분석을 하고 나서 결정된 것입니다.

그렇게 진화해 온 인류에게 1900년대 중반에 엄청난 음식이 대중화됩니다. 바로 옥수수 시럽입니다. 꿀과 달리 인공적으로 만들어진 액체형 설탕인 셈이지요. 그리고 화학 기술의 발달로 우리가 마시는 음료수에 설탕을 첨가해서 달콤하게 만들기 시작했습니다. 물에 녹인 형태의 설탕을 흡수하는 기회가 찾아온 거지요.

설탕만 몸에 들어가도 힘이 납니다. 말 그대로 혈당 수치가 급격히 상승하기 때문에 몸은 에너지를 얻었다고 생각하고 기분도 좋아지지요. 하지만 급격하게 끌어올려진 에너지는 급격하게 떨어집니다. 그렇게 다시 에너지가 하강하면 기분이 나빠지지요. 그러면 다시 달콤한 음식을 찾게 되는 현상이 이어질 수밖에 없습니다.

이러한 신체 대사에 역할을 하는 호르몬이 바로 인슐린입니다. 말 그대로 혈당 조절을 하는 호르몬입니다. 그런데 이렇게 너무 과한 단 음식의 섭취로 인해 인슐린이 과잉 분비되어야 하고, 그 과정에서 췌장이 제 역할을 못 하게 되면 그것이 바로 당뇨병의 시작입니다.

1900년대의 영국과 미국에서 당뇨병이 발생하거나 혹은 죽은 사람들의 숫자 증가 추세는 그 나라 국민의 일인당 설탕 소비량의 증가와 밀접한 상관성을 보입니다. 또한 전 세계의 비만도의 증가추세 역시도 설탕의 증가량과 유사하게 증가합니다. 각 개인의 측면에서 편차가 있긴 하겠지만, 통계를 보면 분명히 설탕의 섭취와 인류의 당뇨병의 증가는 명백한 상관관계를 보이고 있는 것입니다.

따라서 설탕의 섭취를 줄일 수 있는 방법을 심각하게 고민해야 합니다. 극단적으로 비유하자면 총보다도 설탕이 훨씬 무섭습니다. 살면서 총은 실제로 마주하게 되는 경우는 거의 없지만 설탕은 세상 어디든 있기 때문입니다. 실제로 매년 강도, 전쟁 등의 이유로 죽는 사람보다 당뇨병으로 인한 합병증으로 죽는 사람의 숫자가 어마어마하게 많다는 것을 기억해주기 바랍니다.

하지만 그렇다고 해서 설탕을 섭취하지 않기는 어렵습니다. 앞서 말씀드린 대로 몸에서도 달콤한 음식을 먹기를 바라니까요. 너무 극단적으로 제한하고자 하면 결국 무너지기 쉽습니다. 그래서 제가 제안하고 싶은 것은 '물에 녹인 설탕'을 최소화하자는 것입니다. 많은 청

량음료들, 그리고 설탕을 녹인 형태의 주스 형태의 음료라도 멀리하기를 권해드립니다. 그런 음료들에 생각보다 많은 양의 설탕이 들어 있기 때문입니다. 또한 추가적으로 설탕을 줄일 곳을 찾으신다면 빵을 드실 때 설탕이 거의 없는 바게트 빵을 드시길 권해드립니다. 일반적인 빵의 경우 제조 과정에 역시나 많은 양의 설탕이 들어가기 때문입니다.

지금까지 많은 말씀을 드렸지만 사실 실제 코칭에서는 훨씬 더 많은 이야기들을 전해드립니다. 여기서는 그런 것들을 하나하나 제시하기보다는 그런 생활 방식을 선택하겠다는 의지를 높여드리는 것이 더 나을 것으로 여겨집니다. 따라서 이 전체를 아우를 수 있는 하나의 문장을 제시해드리고자 합니다. 결국 건강관리는 어떻게 그 생활 방식들을 이어갈 수 있는 자극을 줄 것인지도 중요한 사항이기 때문입니다. 자꾸만 멈추고 싶을 때 이 문장으로 다시 힘을 내실 수 있기를 바랍니다.

"지금부터 일 년간을 내 평생 가장 건강한 한 해로 만들어보자."

지금 내 나이가 얼마이건, 예전에 비해 너무 약해져 있건, 그런 것을 신경 쓰지 말고 본인에게 그런 다짐을 해보길 바랍니다. 의식적으로 애를 써서 내 건강을 앞으로 딱 일 년만 평생의 최고 상태로 만들어보겠다는 마음가짐이 필요합니다.

여기까지 말씀드리고, 다시 맨 처음의 질문을 드리겠습니다. 깊이 생각하고 다음 단계를 고민해 보기 바랍니다.

"지금 나의 에너지를 의식적으로 관리하고 있나요?"

— 3 —

중요한 일을 중요하게 다루고 있는가

이번에는 생산성에 대한 말씀을 드리려고 합니다. 아마도 많은 사람들이 제가 드리는 이야기 중에서 가장 궁금해하는 부분일 것 같습니다.

CHPC가 생산성 향상High Performance 코칭 과정이다 보니 이 부분이 핵심이기도 합니다. 그리고 요즘 세상이 워낙 바쁘다 보니 조금이라도 내 시간을 벌어줄 수 있다면 일단 무엇이든 배우고 싶은 마음이 드는 것은 당연합니다. 그래서 저도 강연 때마다 생산성 부분을 이렇게 시작합니다.

"여러분, 많이 바쁘시죠? 어떻게 아냐고요? 초등학생인 제 딸도 엄청 바쁘거든요."

많은 사람들이 쓴웃음을 짓습니다. 초등학생마저도 바쁜 것은 정말 웃기고도 슬픈 일이 아닐 수 없습니다. 하지만 아마 대한민국에 바쁘지 않은 사람은 거의 없을 겁니다. 더구나 이 책을 읽을 만큼 자기 계발에 관심이 있는 분들이라면 정말 바쁜 시간을 쪼개서 책을 읽고 계실 겁니다. 그런데 우리는 왜 항상 바쁜데도 원하는 생산성을 내지 못할까요? 생산성에 대한 획기적인 운영 기법이나 도구를 알지 못해서일까요?

생산성을 높여주기 위한 도구들과 관련된 배움은 언제나 인기를 끕니다. 새로운 일정 관리 프로그램이 나오면 여기저기 스터디 모임과 사용법 강연이 생겨납니다. 그리고 새로운 시간 관리 기법이 제시되면 또한 많은 사람들이 그 방법에 관심을 가집니다. 어떻게든 더 많은 시간을 확보하고자 하는 치열한 노력들이 가득합니다. 하지만 그런 방법들을 시도하다가도 잘되지 않습니다. 그러면 그 끝에서 잠을 줄이는 유혹을 이겨내기 어렵습니다. 그래서 잠을 줄이고 노력해 보지만 결국 얼마 가지 못해서 몸이 받아들이지 못합니다. 결국 모든 것을 원점으로 되돌리고 자책을 하게 됩니다. '나는 안 되는 건가?' 하는 자괴감이 들기 마련이지요.

그리고 그 과정에 주변에서 모든 것을 다 잘해내는 사람을 만납니다. 특히 함께 나아지자고 모였던 모임에서도 누군가는 훨훨 날아갑니다. 그러면 자괴감 위에 박탈감이 더해집니다. 원래 사람은 타고난 재주가 다른 것이라는 생각이 머릿속을 채웁니다. 그리고 그간 힘들게 해온 것이 의미 없다고 느껴지면서 보상심리로 인해 방만한 생활을 하는 경우도 있습니다. 그 정도는 아니라고 해도 얼마간 나태해지고 싶어 하는 자신과의 타협이 이루어집니다. 그렇게 한동안 느슨

해져 있는 자기 모습을 바라보다가 시간이 흐른 후에 다시 정신을 차리고 무언가를 해보려고 움직이기 시작합니다.

그리고 앞선 악순환을 반복합니다.

많은 사람들에게 일어나고 있는 일입니다. 그리고 이런 과정이 반복될 때마다 전체적인 자존감은 점점 더 낮아집니다.

본 질문에 대한 이야기를 시작하기 전에 한 가지 다른 질문을 먼저 드리고 싶습니다. 모든 사람이 관심이 있는 '생산성'에 대한 이야기를 저는 왜 이렇게 뒤쪽에 넣었을까요? 책을 시작하자마자 이 이야기로 시작해서 사람들을 자극해야 더 많은 사람들의 관심을 받을 수 있을 텐데 말이지요.

꼭 기억해야 할 말씀을 하나 해드리겠습니다. 지금 하고 있는 일, 그 일을 해야 하는 이유를 알지 못하면 세상 그 어떤 사람도 제대로 된 성과를 만들어내지 못합니다. 하루가 엄청나게 바쁘지만 정작 그 바쁜 일들이 중요하지 않은 일들이라면 시간 관리를 할 필요가 없는 셈입니다. 시간 관리를 한다는 시도 자체가 생활의 방해물이 될 따름입니다.

그렇다면 생산성 관리는 어디에서 시작해야 할까요? 결국 생산성의 근간은 앞서 말씀드렸던 큰 주제들에서부터 이어져 와야 합니다. 어떻게 마음관리를 하고, 어떻게 건강관리를 하는가에 대한 것들이 갖추어져야 제대로 시작할 수 있습니다.

같은 모임의 누군가가 어떻게 훨훨 날아갔는지 알려드리겠습니다.

아마도 그분은 나보다 훨씬 절박했을 겁니다. 더 나아져야 하는 이유가 명확했을 것이고, 지금의 배움을 삶에 적용해서 변화를 만들어야 할 이유가 뚜렷했을 것입니다. 아니면 똑같이 절실했다고 하더라도 현재의 에너지 수준에 따라 차이가 났을 가능성도 있습니다.

어느 지점에서 차이가 있었을지 잘 생각해 보기 바랍니다. 절대로 타고난 능력 차이가 아닙니다. 유전자로부터 자유로워져야 한다는 이야기를 꼭 기억하세요.

나이 서른에 피겨 스케이팅을 시작해서 김연아 선수처럼 올림픽 금메달을 따겠다는 것은 불가능하겠지만, 내 삶이 좀 더 활기차고 즐거워지는 것은 누구나 할 수 있습니다. 지금보다 더 나은 수입을 올리면서 더 행복한 삶을 사는 것은 유전자의 차이와는 무관한 일입니다.

그렇다면 이제 우리는 무엇을 해야 할까요? 바로 내 현재의 상황에 대한 명확한 분석이 필요할 겁니다.

다음 질문으로 시작해보기 바랍니다.

1) 시간 관리를 하는 이유가 무엇인가

왜 우리는 시간 관리를 하려고 할까요? 가끔은 정말 철학적인 답을 만날 때도 있습니다.

삶에서 가장 중요한 자산은 시간이라는 표현입니다. 모든 사람이 똑같은 하루를 부여받고, 시간은 무엇으로도 살 수 없는 대상이기 때문에 가장 소중하다고 합니다. 그렇기 때문에 한 순간이라도 허투루 대하지 않고 최선을 다해야 한다고 하죠. 시간 낭비는 곧 삶을 낭비하는 것이 되니까요.

누구도 부정할 수 없는 이야기입니다. 이 마음을 항상 지키고 살아갈 수 있다면 더 바랄 것이 없겠습니다. 어쩌면 삶에 대한 태도를 돌아보게 해주는 가장 좋은 한마디인 것 같습니다.

하지만 아무리 멋지고 좋은 표현이라고 해도 코치로서 드릴 수 있는 제안은 아닌 것 같습니다. 저 표현은 사람들 마음에 영감을 주기 위해 인류의 큰 스승들이 해줄 만한 조언이고 삶의 지침입니다.

저는 그런 훌륭한 멘토가 아닙니다. 현실 속에서 좀 더 나아지기 위해서 무엇을 고민해야 하고, 어떻게 실제의 삶에서 그것을 적용할 것인가를 고객과 함께 찾아가는 코치입니다. 멘토와 코치의 차이는 바로 그런 것이지요.

그렇다면 시간 관리를 하는 이유에 대해 코치로서 드리는 제안은 무엇일까요?

바로 '좋아하는 일을 하기 위해서'입니다. 자기가 좋아하는 것을 더 많이 하거나 또는 곁에 두고 싶어서 시간 관리를 하는 것입니다. 시간 관리를 알차게 해서 얻어지는 것은 결국 추가 시간이니까요.

그 시간에 어떤 것을 하고 싶은 걸까요. 잠깐 글 읽는 것을 멈추고 생각해보기 바랍니다. 명쾌한 답이 나오지 않아도 상관없습니다. 일단 잠깐이라도 고민을 해보길 바랍니다.

그 시간에 하고 싶은 것이 무엇인지 명확하지 못하다면 당연히 시간 관리가 잘되지 않습니다. 우리의 뇌는 노력에 대한 보상을 원하는데, 결국 아무것도 얻는 것이 없으면 그 노력을 이어가지 않게 될 것입니다. 그렇다면 우리의 뇌가 원하는 보상은 무엇일까요? 과학적으로 이야기하자면 도파민을 분비하는 행동들을 하고 싶어 합니다. 재미있고 흥분되는 것을 하고 싶어 하지요.

그 대상은 당연히 사람마다 다릅니다. 누군가는 새로운 배움을 원하고, 누군가는 영화를 보고 싶어 합니다. 책을 읽고 싶은 사람도 있고 커리어를 바꾸기 위한 준비의 시간을 원하는 사람도 있습니다. 즐기는 운동을 하거나 여행을 가고 싶어서 일수도 있습니다. 그 모든 것을 아우르는 표현을 하자면, '좋아하는 일'을 하고 싶은 것이지요.

많은 사람들이 '좋아하는 일'이라는 표현을 들으면 일이나 직업을 떠올립니다. 특히 자기 계발 분야의 책에서 항상 강조하는 부분이기도 하죠.

'자기가 원하는 일을 찾아서 그 일을 하라.'는 것이 자기 계발이라는 분야의 최종 결론으로 제시됩니다. 맞는 말입니다. 자기가 하고 싶은 일을 찾아서 그 분야에서 성과를 만드는 삶이 더 좋겠지요. 하지만 이 이야기는 많은 사람들이 자기 계발 분야를 싫어하게 만들기도 합니다. 그 핵심인 '내가 좋아하는 일'을 찾는 방법은 명쾌하게 제시하지 못하면서 그런 삶을 살아야 한다고 이야기하고 있으니까요.

하지만 저는 반드시 자기가 원하는 일을 해야만 한다고 생각하지 않습니다.

삶을 사는 방식은 사람마다 다르고, 모두가 다 충분히 만족스러운 삶을 이어갈 수 있습니다. 개인의 커리어로서의 일은 그야말로 삶의 한 분야일 따름입니다. 내가 좋아하는 일을 자신의 직업으로 삼았다면 물론 더 좋겠지만 그렇지 않아도 삶을 풍요롭게 만들 수 있는 방법은 얼마든지 있습니다. 삶의 의미는 직업에만 달려 있는 것이 아니니까요.

제 경우에도 마찬가지입니다. 회사를 다니던 시절에 근무시간 내에 주어진 일을 마치기 위해서 무던히 애를 썼습니다. 치열하게 스케줄 관리를 하고, 안 되면 점심시간이라도 일을 하면서 정시에 일을 마치고 싶었습니다. 이유는 간단합니다. 야근을 피하고 싶었습니다. 야근을 하게 되면 제가 하고 싶은 것들을 할 수가 없었으니까요.

그때 제가 하고 싶은 일 중에는 다양한 것들이 있었습니다.

그중 제일 중요한 일은 사내 동아리 사람들과 2주일에 한 번 농구를 하는 것이었습니다. 같은 운동을 하며 좋아하는 사람들과 땀을 흘리고 나면 큰 삶의 활력을 얻었습니다. 직업 자체에 대한 만족도와는 별개로 제 삶을 행복하게 만들어 주었습니다. 또한 한 달에 두 번 정도는 퇴근 후 영화를 보러 갔습니다. 어려서부터 영웅담을 좋아했던 제게 마블의 영화들은 선물이었지요. 그렇게 즐거워했던 그 시간들이 제 삶을 풍요롭게 해주었습니다.

그런 모든 것들이 '내가 좋아하는 일'입니다. 그런 것들을 위해서 시간 관리를 하는 것이지요. 그렇게 내가 시간 관리를 해야 하는 이유를 다시 한번 생각해보기 바랍니다. 막연하게 더 많은 시간이 필요하다는 마음보다는 그 시간에 무엇을 하고 싶은지가 정해지면 훨씬 더 집중하는 데 도움이 될 것입니다.

세상은 분명히 많이 달라졌습니다. 하고 싶은 일이 없어도 충분히 잘살 수 있는 세상입니다. 그러니 자기가 하고 싶은 일을 찾지 못했다고 해서 낙담할 필요가 없습니다. 현재의 주어진 삶에서 내가 좋아하는 일들을 최대한 많이 하면서 살면 됩니다.

자신의 일정표 안에 시간 관리의 결과물로 '내가 좋아하는 것'을 하는 일정 들이 있는지 꼭 확인해보기 바랍니다.

2) 중요한 일은 무엇인가

많은 사람들의 사랑을 받았던 영화 '곡성'에서 사람들의 뇌리에 가장 깊이 각인된 장면은 주인공의 딸아이가 아빠에게 온 힘을 다해 소리치는 장면입니다. 그 대사 기억나시나요?

"뭣이 중헌디?"

영화가 끝나고도 그 장면이 계속 마음에 남아 있는 이유는 무엇일까요? 아마도 그 순간에 전체적인 영화의 방향을 생각하게 해주었기 때문일 것입니다. 이 영화가 무슨 이야기를 하는 것인지, 그리고 앞으로 어떤 방향으로 흘러갈 것인지에 대해서 잠시나마 생각하게 만들어 주었으니까요.

그렇다면 우리의 삶에도 같은 질문을 적용해 보겠습니다.

앞서 '좋아하는 일'을 하면서 사는 것에 대해서 이야기했습니다. 어떻게든 좋아하는 일을 찾아서 그 일을 직업으로 삼고 살아가는 것이 꼭 필요하지는 않다고도 언급했습니다. 하지만 좋아하는 일들을 하면서 살아가다가 보면 결국 더 큰 바람을 가지게 됩니다. 좀 더 '의미 있는 삶'을 살고 싶다는 바람이지요. 세상에 가치 있는 것들을 더하고 싶다는 마음이 생겨난 것입니다.

그러한 삶을 살기 위해서는 필요한 것이 있습니다. 세상을 논하기에 앞서 나 자신에게 가치 있고 의미 있는 것이 무엇인지 알아야 합니다. 따라서 필연적으로 자신이 하는 일에 대한 고민이 생겨날 수밖에 없습니다. 지금 하고 있는 일에 의미를 부여할 수 없다면 그 결과물에는 당연히 큰 의미를 부여할 수 없기 때문입니다.

직장에서의 성과물이든, 봉사활동을 통한 기여활동이든 그 일을 통해 의미 있고 가치 있는 삶을 살고 있다고 느끼려면 결국 그 일을 좋아해야 합니다. 좋아하지 않는 일을 하는 삶에서 자신의 라이프스타일을 유지하는 것 이외의 의미를 찾기는 너무나 어려운 일입니다. 즉, 현실의 삶을 윤택하고 즐겁게 살아가는 것을 넘어서서 세상에 가치를 더하는 일을 하고자 할 때에는 그 일 자체도 좋아해야 한다는 것입니다.

많은 자기 계발서에 '자기가 원하는 일을 하라.'고 하는 것도 이런 측면에서 바라봐야 합니다. 좋아하는 것들로 채워진 삶도 물론 좋겠지만, 그 다음 단계의 삶을 바란다면 결국 직업도 자기가 좋아하는 것을 해야만 할 테니까요.

지금부터는 좋아하는 것들로 채워진 삶을 넘어서 더 의미 있는 삶을 살고 싶은 사람들을 위한 말씀을 드리겠습니다. 그분들의 시간 관리는 어떻게 이루어져야 할까요?

앞서 말씀드린 '좋아하는 일'을 하기 위한 시간 관리 방법과 크게 다르지 않습니다. 다만 그 위에 어떤 것들을 더해서 적용해야 하는 가에 대한 고민을 함께 해보면 좋겠습니다.

내 삶에 중요한 것이 무엇인지 잘 알고 있으신가요?

제가 지금 카페에 마주 앉아서 '뭣이 중헌디?'라는 질문을 드리면 금방 대답할 수 있을까요?

가치 있는 삶이라는 것은 결국 자신이 중요하게 생각하는 것에서 더 많은 성과물을 만드는 것입니다. 내 삶의 방향을 올바르게 이끌어 주는 일들을 해야 하죠. 그럼 과연 어떤 성과물을 만드는 것에 집중해야 올바르게 나아갈 수 있을까요?

첫 번째는 내 꿈과 관련된 분야에서 성과를 내는 것입니다.

어떤 일을 통해서 세상에 가치를 더하고 싶은지가 명확한 사람들에게 해당되는 이야기입니다. 예를 들면, 제 경우에는 사람들이 삶의 다음 단계로 나아가고자 할 때 도움이 되고자 하는 꿈이 있습니다. 그리고 그것을 이루기 위한 수단으로 강연과 코칭, 그리고 책을 통해 그 가치를 이루어가고자 합니다. 그렇다면 더 많은 코칭과 강연, 그리고 저서를 써야 하겠지요. 그런 것들이 제 삶에서 가장 중요한 일들이 되어줄 것입니다.

결국 그렇다면 그 꿈과 관련된 것들을 할 수 있게 해주는 요소들을 더 많이 내 삶으로 가져와야 합니다.

발표 능력을 키우는 것, 많은 코칭 경험, 글쓰기 능력을 키우기 위한 일정들이 현재 나의 일정표에 반영되어 있어야 하겠지요. 그런 것들이 최대한 내 하루 안에 많이 들어와 있는 것, 그것이 내 삶을 더욱 가치 있는 방향으로 이끌어 줄 것입니다.

두 번째는 지금 하고 있는 일을 잘하게 만들어주는 주요 역량을 향상시키는 것입니다.

세상의 모든 사람들이 자기가 하고 싶은 일을 알거나 또는 하고 있지는 못합니다. 그렇다면 그런 사람들은 가치 있는 삶을 향해 나아갈 수 없나요? 절대 그렇지 않습니다. 자기가 하고 싶은 일을 차분하게 찾아나가면 됩니다. 그리고 그것을 위해서 반드시 필요한 것은 지금의 일을 탁월하게 해내는 것이 필요합니다.

지금 하는 일을 그다지 좋아하지 않아도 잘하기 위해 노력해야 할까요? 그렇습니다. 지금 하는 일이 그다지 마음에 들지 않더라도 잘해낼 수 있어야 합니다. 물론 짧은 시간 안에 다른 일을 시작하고자 한다면 그렇지 않을 수도 있습니다. 하지만 지금 하고 있는 일을 향후 일 년 이상 이어갈 것이라고 한다면 지금 하고 있는 일을 잘하기 위한 노력을 기울여야 합니다.

이유는 간단합니다. 지금 하고 있는 일에 탁월해져야 거기에 투입되는 시간이 줄어듭니다. 그리고 마음의 여유도 생깁니다. 그렇게 확보된 시간과 에너지가 있어야 자신이 하고 싶은 일을 찾거나 시도해 볼 여력이 생깁니다.

또한 좋아하지 않는 일에서도 잘해낸 경험이 있다면, 향후 자기가 원하는 일을 시작할 때 도움이 됩니다. 좋아하지도 않는 일인데도 잘한다면 좋아하는 일을 하면 얼마나 잘할 수 있다는 마음이 들까요?

물론 사람에 따라서는 지금 하는 일을 너무나 잘하고 있지만 아직 하고 싶은 일이 무엇인지 잘 모를 수도 있습니다. 그 경우에는 자기가 하고 있는 '좋아하는 것'들을 좀 더 눈여겨 살펴보면 좋겠습니다.

그 분야에서 더 깊이 있는 성취를 이루는 것을 도전해보세요.

예를 들어 기타 연주의 취미가 있다면 사람들과 밴드 동호회를 시작해볼 수 있습니다. 농구를 좋아한다면 아마추어 리그에 출전할 수 있는 단계로 훈련을 이어가세요. 독서를 좋아한다면 독서 모임을 시작해 볼 수도 있습니다. 그렇게 좋아하는 것들에서 깊이 있게 파고들다 보면 자신이 어떤 것을 좋아하는지 좀 더 명확해질 가능성이 높습니다.

그리고 가능하다면 봉사 활동을 시작해보기 바랍니다. 이익을 바라지 않고 순수하게 누군가에게 도움을 주는 행위를 통해서 자신에게 가치 있는 일을 찾게 될 가능성도 있습니다.

제가 바로 이 경우에 해당합니다. 코치가 되면서 배운 것들을 학생들에게 무료로 강연하고 코칭을 해주면서 이 일이 얼마나 나에게 의미 있는 일인가에 대해 깊이 생각해 볼 기회가 생겼습니다. 그리고 그 경험들을 바탕으로 세상에 코치로 나설 용기도 얻을 수 있었습니다. 즉, 평소 경험하지 않았던 세상과 연결되면서 새로운 가치를 발견한 것이지요.

그리고 다시 한번 강조하자면, 이러한 변화는 현재 내가 하고 있는 일에 더 익숙해지고 잘하게 되면서 이루어진 일들입니다. 내가 좋아하는 것과 가치 있다고 생각하는 일에 더 많은 에너지를 투입하게 되면서 이어진 것들이지요. 그런 경험들이 계속 이어져야지만 자신이 원하는 일을 알 수 있게 될 가능성이 높습니다.

누구나 좀 더 의미 있는 삶을 바라지만 모두가 그렇게 살지는 못합니다. 그리고 내가 하고 싶은 일이라는 것은 쉽게 알기 어렵습니다. 다양하게 자신을 탐험하고 새로운 세상과 자주 연결되어야 가능한 일입니다. 따라서 앞서 말씀 드린 것들을 기준으로 자신의 삶을 한 번 더 돌아보세요.

물론 앞서 강조한 대로 반드시 자기가 원하는 일을 찾아서 그 일을 해야만 하는 것은 아닙니다. 좋아하는 것들로 채워가고, 또다시 새로운 재미를 더해가는 것들만으로도 충분히 행복한 삶을 살 수 있습니다.

선택은 각자의 몫입니다. 옳고 그름은 없겠지요. 다만 다음 단계의 삶에 대한 고민이 찾아왔을 때, 그 순간을 놓치지 말고 자신이 성장할 수 있는 기회로 삼을 수 있다면 좋겠습니다.

더 나은 삶을 향해 가고자 하는 사람들이라면 결국 언젠가는 자기가 진심으로 하고 싶은 일이 무엇인지에 대한 고민을 마주하게 될 것입니다.

저는 서른넷의 나이에 사막에서 길을 잃고서야 그 고민을 시작했습니다. 그리고 만약 그 일이 일어나지 않았다면, 또는 그 경험에 대해 진지하게 받아들이지 않고 흘려버렸다면 지금의 삶을 살고 있지 않을 것입니다.

삶이 던져주는 중요한 기로에서 어떤 선택을 하고, 어떻게 그 선택의 결과들을 받아들일지는 사람마다 다르다는 것을 기억하기 바랍니다.

3) 대상을 중요하게 다룬다는 것은 어떤 의미일까

이번에는 중요하게 다룬다는 것에 대한 설명을 드리려고 합니다. 간단한 사례를 가지고 시작하겠습니다.

오프라인 그룹 코칭을 진행하는 중이었습니다. 해당 강연은 최대 다섯 분만 모시고 6~8시간에 걸쳐서 오신 분들과 질문과 답변, 그리고 피드백을 나눕니다.

많은 사람들이 어떻게 그렇게 긴 시간 동안 코칭을 하느냐고 하지만, 오신 분들은 항상 시간이 충분하지는 않다고 합니다. 자기 자신에게 던져진 질문에 대한 답을 고민하고 답을 만들어가는 과정이 정말 빠르게 지나가기 때문입니다.

한번은 자녀 출산 후에 새로운 일을 시작하고 싶어 하는 분이 오셨습니다. 자녀를 셋을 키웠고, 어느덧 일을 그만둔 지는 약 15년이 지난 상황이었습니다. 그래도 자신이 도전하고 싶은 분야가 명확했고 그에 대한 준비를 차근차근 하고 있으신 듯했습니다. 다만 좀 더 빠르게 성과를 낼 수 있을 것 같아 보였습니다. 그래서 제가 이렇게 물었습니다.

"현재 하고 싶어 하는 일도 명확하고, 그것을 위해 준비해야 할 것들도 충분히 잘 아시는데 왜 생각만큼 속도가 나지 않을까요?"

"코치님, 제 생각에는 아무래도 제 체력이 부족한 것 같습니다. 운동을 해서 체력을 키워야 하나 봐요."

"반드시 그렇지 않을 수도 있을 것 같습니다. 물론 운동을 통해서 에너지 레벨을 키우는 것도 필요하지만, 현재 에너지가 새고 있는 지점을 찾는 것도 중요하거든요. 혹시 하루 일과를 간략하게나마 이야기해주실 수 있을까요?"

"아침에 일어나서 아이들 학교 보내고 나면 집안 정리를 합니다. 다 끝내고 나면 오후 1시 근처가 됩니다. 그러고 나서 점심식사를 하면 피곤해서 오후 시간에 집중하기가 조금 힘듭니다. 하지만 그 시간을 놓치면 아이들이 돌아와서 집중하기가 더 힘들기 때문에 어떻게든 그 시간에 성과를 내려고 애를 씁니다. 그 시간 말고는 나중에 아이들이 각자 자기 방에 가는 9시 이후에 다시 제 시간이 생깁니다."

"잠시만요. 오전에 아이들이 등교한 이후에 집안 정리를 하신다고 하셨죠?"

"네, 코치님."

"집안일도 물론 중요한 일이겠지만, 현재 새로 준비하는 일들이 더 중요하게 다뤄져야 하지 않을까요? 그렇다면 집안일을 하기 전에 앞서 그 일을 하고 나서 집안일을 해야 하지 않을까요?"

시간이 지나서 그분과 다시 이야기를 나누어보니, 제 조언을 듣고 오전 시간에 좀 더 집중해서 새로운 일들에 성과를 만들고 있었습니다. 그러고 나면 오후에 집안 정리를 완벽히 하기는 힘들어서 추가 대안들을 마련했다고 했습니다.

큰 아이가 학교에서 돌아오면 집안 정리를 조금 도와주고, 매주 1회는 집안 정리를 돕는 도우미 분을 불러서 에너지를 집중하고 있었습니다. 전보다 훨씬 만족하고 있으셨지요.

이 이야기를 듣고 많은 분들이 당연하다고 합니다. 새롭게 시작하는 일을 우선 하고 나서 집안일을 해야 한다고 하죠. 저는 그러면 되묻습니다. 그러면 본인의 삶에서는 중요한 것들을 항상 우선적으로 하는 편인가요?

다른 사람의 사례를 듣고 판단하는 것은 어쩌면 쉬운 일입니다. 객관적으로 바라볼 수 있기 때문입니다. 하지만 그것이 내 삶의 대상이 되면 쉽게 찾아내지 못합니다. 각자의 생활 방식은 습관에 따라 결정되어 있기 때문입니다. 따라서 중요한 일을 그 비중에 맞게 내 일정에 배치해서 다루고 있는가에 대해서는 반드시 점검이 필요합니다.

우리가 일정표를 만드는 이유도 거기에 있습니다. 단순히 오늘 해야 하는 일들을 적어두고 잊어버리지 않는 것보다도 어떤 일정이 중요하게 다루어지고 있는가에 대한 검토를 위한 것이지요. 그리고 그 검토 과정에 꼭 해야 하는 것은 중요하지 않은 일정을 최대한 없애는 것입니다. 그리고 그렇게 정리된 일정 안에는 어떤 것들을 집어넣어야 할까요?

앞서 말씀드린 '좋아하는 일', '꿈과 연계된 성과물을 만드는 일' 또는 '지금 하는 일을 탁월하게 해주는 역량을 키우는 일'들이 들어와야 합니다. 그래야 중요한 일이 중요하게 다뤄지게 됩니다.

이것이 시간을 관리한다는 것의 기본 원칙이 되어야 할 것입니다.

4) 과연 지속적이고 장기적인 측면에서도 중요한가

중요한 일을 중요하게 다루고 있는 것에 대한 말씀은 대부분 드렸습니다. 하지만 그 '중요한 일'에 대해 추가적으로 참고할 만한 내용을 알려드리고자 합니다.

물론 내 삶에 중요한 것에 대해서는 각자가 다른 답을 내기 마련입니다. 그 차이에 대해서 언급하려는 것이 아닙니다. 다만 놓치고 지나가면 나중에 큰 후회가 될 수 있는 것들에 대해서 언급해드리고자 합니다. 과연 지금 중요하다고 생각하는 것이 지속적이고 장기적인 측면에서도 중요할 것인가에 대한 이야기입니다.

— **웰빙**(Well Being)

우리는 목표가 생기면 물불 가리지 않고 그 목표를 성취하기 위해 모든 노력을 기울이는 성향이 강합니다. 어쩌면 그런 기질이 우리나라가 이만큼 성공하게 만들어 준 원동력 중 하나이겠지요.

다만 장점이 있으면 단점도 있기 마련입니다.

그렇게 한 가지에 집중하다가 다른 소중한 것을 놓치는 일이 많이 일어납니다. 특히 자신의 웰빙을 놓치는 일이 가장 많이 일어납니다.

음식과 운동, 그리고 적당한 휴식이 우리를 만듭니다.

하지만 우리는 현재의 목표에 너무나도 깊이 집중하다가 그런 것들을 잘 챙기지 못합니다. 대충 아무 음식이나 먹으면서 식사를 해결한 다음 제대로 쉬지도 않은 채 또 다음 일을 향해 덤벼듭니다.

당장은 아무 문제없다고 느낄 수 있습니다. 하지만 장기적인 측면에서 보면 이 모든 것은 내 소중한 삶을 갉아먹는 행동입니다.

오래 산다는 것보다 더 중요한 것은 건강을 유지한 채로 얼마나 오래 사느냐입니다. 그런 측면에서 고려해보면 꾸준히 자신의 웰빙을 관리하는 습관의 중요성을 놓치면 안 됩니다.

특히 휴식에 대한 측면은 몇 번을 강조해도 모자람이 없습니다.

충분한 수면, 심호흡, 명상 그리고 산책을 통해서 하루 안에서 최대한 자주 휴식을 취해야 합니다. 그리고 되도록 자주 자연 속으로 들어가는 휴가를 계획해야 합니다.

연초에 한 해 계획을 세울 때 가장 먼저 해야 하는 것이 휴가 일정을 세우는 것이라고 생각해주기 바랍니다.

— 긍정적인 인간관계

일의 성공을 위해서 달려가다 보면 자신의 웰빙을 놓칠 뿐만 아니라 주변의 인간관계도 놓치기 쉽습니다. 특히 가장 가까운 사람들과의 관계가 망가지는 경우가 많이 있습니다. 바로 가족과의 관계입니다.

목표를 향해 달리다 보면 지치게 마련입니다. 그렇다 보면 집에 돌아와서는 정작 가장 소중한 사람들에게 쓸 에너지가 없습니다. 그렇게 서로가 멀어지다 보면 그 생활이 일상으로 굳어집니다. 가장 가깝지만 가장 멀리에 있는 사람들이 됩니다.

그 한가운데에서는 그것을 잘 느끼지 못합니다. 자신이 손 내밀면 언제든 가족들이 나를 받아줄 거라고 생각하기 쉽습니다. 하지만 은퇴 후에 가족들 안으로 들어가지 못해서 서성대는 가장들을 만나는 것이 그리 어렵지 않습니다. 그것은 무엇을 의미할까요?

아무리 일이 중요하더라도 가족을 대하기 위한 에너지까지 잡아먹어서는 안 된다는 것입니다. 소중한 사람들을 소중하게 다루어야 그 관계가 계속 소중하게 지속될 테니까요.

직장에서나 친구 관계도 마찬가지입니다. 특히 직장에서는 각자의 서열을 통해서 관계가 원활하게 이어질 것이라고 여기기 마련입니다. 하지만 내 명함 위에 더 이상 그 직장의 직책이 쓰여 있지 않아도 그 관계가 원활할까요? 이 문제는 정말 중요하게 생각해보셔야 합니다. 특히 임원으로 은퇴하신 분들은 더 크게 겪는 문제입니다. 나를 깍듯이 대하던 모든 사람들이 연기처럼 사라지고 나면 엄청난 허탈감을 느끼는 사람들이 많습니다. 지속적으로 긍정적인 관계를 만들기 위해서는 어떤 것들을 해야 할지에 대해서 당연히 지금부터 신경을 써야 합니다.

그렇다면 이런 것들을 놓치지 않기 위해서 우리가 할 수 있는 일은 무엇일까요? 바로 이러한 것들을 의식적으로 일정표에 반영하는 것입니다.

5) 일정표를 작성할 때 반영해야 하는 것들

지금까지 말씀드린 것들을 종합해보면 시간 관리를 위한 주요 요소들을 확인할 수 있습니다. 각각의 요소들이 매일 안에서 이루어질 수 있다면 좋겠지만 그것은 현실적으로 매우 어렵습니다. 매일 자신에게 중요한 일을 하면서 가족과 친구, 동료들과 함께 하는 시간을 만드는 것은 대부분의 사람들에게 꿈같은 일일 테니까요. 따라서 제가 생각하기에 적절한 방법은 일주일 단위로 그러한 요소들이 모두 이루어질 수 있게 하는 것입니다. 그리고 그때 적용해야 할 상세 항목은 다음과 같습니다.

— 계획을 수립하고 성과를 확인하는 일정

내 삶에 중요한 것을 이루기 위해서는 그 목표와 연관된 성과물을 만드는 시간이 반드시 필요하다고 하였습니다. 그렇다면 그 목표가 이루어지고 있는지를 평가하는 방법도 반드시 필요할 것입니다. 따라서 목표를 달성하기 위해 미래 목표와 현재의 달성도를 확인할 수 있어야 합니다.

그 일정은 각각 월간계획, 주간계획, 그리고 일간 계획으로 세분화될 수 있을 것입니다.

연간 계획이 정해진다면 그 대상을 6개 또는 12개의 중간 단계로 구분하는 것에서 시작합니다. 만약 6개로 구분한다면 해당 목표를 2개월마다 달성해야 할 것이고, 12개로 나눈다면 매달 이루어져야 할 것입니다. 그 이후에는 각 월간 목표를 다시 한번 세분화해서 주간의 목표로 수립해야 합니다.

이렇게 주간의 목표가 수립되면, 이번 주 안에 내가 해야 할 목표 성과물이 좀 더 명확해질 수 있을 것입니다. 그리고 되도록 하루 안에서 가장 집중력이 높은 시간에 해당 분야에 성과물을 만들 수 있도록 배치하면 좋겠습니다.

그렇게 일정을 계획하는 시간을 정해두기 바랍니다.

월간 목표는 매달 1일, 주간 계획은 가능하다면 일요일 저녁, 그리고 매일의 계획은 이른 오전에 정해두는 것이 가장 효과적입니다. 그리고 하루의 끝에서 오늘 하루를 간략하게나마 돌아보는 시간을 가지시길 권합니다.

각각에 대해서 정해진 소요 시간은 없습니다. 다만, 제 경험으로는 월간 계획과 주간 계획은 20~30분 내외, 매일의 계획 수립과 확인에는 각각 10~15분 내외면 충분했던 것 같습니다.

— 배움 및 성과를 만드는 일정

앞서 세운 계획표에서 최우선으로 다루어야 할 일정입니다. 하나는 그 분야에 대한 배움의 일정이며, 그 다음은 실제 성과를 만드는 일정입니다.

목표의 성격에 따라서 배움을 몰아서 하고 향후에 성과를 내야 하는 경우도 있습니다. 예를 들면 책 쓰기의 경우에는 초기에는 관련된 서적을 분석하거나 책을 쓰는 기술을 배우는 등의 배움 일정이 위주가 되고, 향후에는 책을 집필하는 데 많은 시간이 배정되어야 할 것입니다.

제 경험을 돌이켜보면 배움과 성과를 위해 하루 안에 배정되면 적당한 시간은 4시간 내외였던 것 같습니다. 물론 개인 시간이 그만큼 확보되는 것은 매우 어려운 일일 것입니다. 하지만 반드시 온전하게 책상 앞에 앉을 수 있도록 확보된 시간만을 대상으로 고민할 필요는 없습니다. 특히 배운다는 것은 책을 읽거나 온라인으로 강연을 듣는 것으로 가능합니다. 그 경우 출퇴근 시간이나 점심시간은 훌륭한 배움의 일정이 될 것입니다.

업무를 하는 중에도 배움과 성과의 시간을 만들 수 있습니다. 자기가 주요하게 향상시켜야 하는 역량과 연계된 일을 하는 시간은 모두 배움의 시간으로 정할 수 있을 것입니다. 또한 글쓰기를 배우려는 사람들은 회사에서 만드는 보고서 등의 결과물도 모두 일종의 성과물로 구분할 수 있습니다. 그렇게 중요한 일을 하는 순간을 배움의 순간이라고 생각할 수 있다면 힘든 회사 생활도 조금 더 즐겁게 바라볼 수 있지 않을까요?

— 가족을 위한 일정

우리에게 지속적이고 장기적으로 중요한 것은 함께 하는 사람들과의 관계입니다.

하버드 대학에서 약 75년간 조사한 결과에 따르면 결국 우리의 행복을 결정짓는 것은 가까운 사람들과의 관계의 질입니다. 그중에서 우리에게 가장 가까운 사람들은 바로 가족입니다. 따라서 의식적으로 그 관계를 좋게 유지하기 위한 노력이 필요합니다. 일주일의 일정을 계획할 때 반드시 소중한 사람들과 함께 하는 시간을 계획하기 바랍니다.

가족과의 관계를 위해서는 매일 30분 정도의 시간을 함께 하기를 권합니다. 그리고 그 시간이 그저 한 공간에 있는 것이 아니라, 온 에너지를 쏟아서 상대에게 관심을 가져주는 시간이어야 합니다. 함께 하는 시간이 즐겁고 행복한 것임을 상대와 내가 모두 느낄 수 있게 해주면 좋겠습니다. 만약 그만한 시간이 잘 확보되지 않는다면, 주 1회 약 2시간 정도 함께 무언가를 하기 바랍니다.

함께 저녁을 먹으면서 온 에너지를 쏟아주고 그 이후에도 같이 무언가를 하면서 즐거운 시간을 의식적으로 만들어내시기를 추천하겠습니다.

— 동료 또는 친구를 위한 일정

일주일에 한 번 정도는 동료 또는 친구와 함께 하는 시간을 만들어 보세요.

제 경우에는 한 주씩 번갈아서 동료나 친구를 만났습니다. 회사의 회식 일정이 있다면 그 시간을 동료와 보내는 시간으로 활용할 수도 있습니다. 또는 점심을 함께 먹을 수도 있겠지요. 여기서 중요한 것은 의식적으로 그 시간에 얼마만큼의 에너지를 쏟아서 그 관계에 집중하는가에 달려 있습니다. 그저 피상적으로 함께 밥 먹고 각자의 자리로 돌아가서 낮잠을 청하는 것은 큰 의미가 없습니다. 식사를 하면서 그 사람의 삶에 관심을 가져주고 이야기를 나누면서 긍정적인 관계를 만들기 위해서 노력하는 시간이 될 수 있게 해주기 바랍니다. 짧은 시간이라도 자신에게 온 관심을 기울여준 사람에게 더 마음이 가는 것은 당연한 일이기 때문입니다.

친구의 경우도 마찬가지입니다. 일이 바쁘고 가족을 챙길 시간도 모자라다 보니, 현실적으로 친구들과의 관계가 소원해지기 십상입니다. 하지만 가끔 만나더라도 함께 하는 시간에 집중해서 그들의 삶에 관심을 가지고 더 나은 관계를 만들기 위해 의식적으로 신경을 쓰셔야 합니다.

모든 인간관계는 절대로 항상 같은 곳에 있거나, 나를 위해 기다려주고 있지 않다는 것을 기억하면 좋겠습니다.

— 운동 및 휴식 시간

운동의 필요성에 대해서는 모두가 인지하고 있을 것입니다. 따라서 어느 정도의 운동을 하는 것이 적당할 것인가에 대한 간략한 제안만 하도록 하겠습니다.

제가 제안하는 운동량은 40분 내외의 유산소 운동 주 2회, 20분 내외의 근력 운동 주 2회, 그리고 매일의 산책을 약 30분 내외로 가지는 것입니다. 일주일에 총 4~5시간 정도이지요.

총 168시간 중에서 5시간을 운동에 할애할 시간이 없다고 하지 않기를 부탁드리겠습니다. 그리고 HPI High Performance Institute의 연구에 따르면 생산성이 높으면 높을수록 매일 운동하는 경향이 높다고 하였습니다. 운동을 통해서 에너지를 얻고 더 집중해서 짧은 시간에 성과를 내는 것이지요. 따라서 일주일에 최소한 5시간 정도를 운동에 할애하는 것을 아까워하지 말기 바랍니다.

휴식의 경우에는 오후 시간에 약 15분 정도의 명상을 하면 좋겠습니다. 제 생각에는 보통 점심식사에 20분가량을 소요할 테니, 그 앞뒤로 약 20~30분 정도 밖을 걷는다고 치면 남은 시간 동안 명상을 하기를 권해드립니다.

또한 일주일에 하루 정도는 자기가 좋아하는 스포츠 활동을 하면 좋겠습니다. 그리고 그 활동이 회사 동료나 가까운 친구와 함께라면 더욱 좋습니다. 앞서 말씀드린 친구 및 동료와의 일정에도 해당하고 운동을 하는 시간에도 반영될 수 있으니까요. 좀 더 나아가서, 친구 가족과 우리 가족이 만나서 테니스나 탁구 등의 스포츠를 함께 즐기면 가족, 친구, 운동의 일정이 한꺼번에 이루어질 수도 있습니다. 일정 관리에 꼭 활용해 보기 바랍니다.

— 자유 시간

앞서 언급하지는 않았지만 아무것도 정해지지 않은 채 그저 내 맘대로 사용할 수 있는 시간도 분명히 필요합니다. 일주일 동안 힘들게 노력해 온 자신에게 보상처럼 주어지는 시간인 셈입니다. 아무런 계획이 정해지지 않은 일정은 지친 마음에 위로가 되어줄 수 있습니다. 일주일 안에서 약 2시간 정도를 배정하면 적당할 것 같습니다.

제 경우에는 자유 시간을 원하는 만화책이나 영화를 볼 때, 또는 스포츠 경기를 보는 등의 시간으로 활용했습니다. 평소에 하고 싶지만 참아왔던 것들을 하는 시간이었습니다.

아마 많은 사람들이 웹툰 등의 만화를 보고 나서 자신의 의지력이 약해졌음을 탓하는 경우가 있을 것입니다. 그렇다면 이 자유 시간을 통해서 자신에게 당당하게 웹툰을 보는 시간으로 활용하면 좋겠습니다. 계획된 나태해지는 시간을 통해 작은 여유를 즐기는 셈이지요.

일정표와 관련되어 한 가지 추가 조언을 드리겠습니다.

주요하게 향상시켜야 할 역량과 연계된 성과물을 오전에 만들어낼 수 있도록 해보기 바랍니다. 결국 하루 안에서의 에너지는 오전에 더 높기 때문에, 그 시간에 집중해서 성과를 만드는 경험들이 해당 분야에 대한 역량의 향상에도 더 도움이 되기 때문입니다.

그리고 궁극적으로는 일정표가 내 삶의 방향을 설명할 수 있게 하면 더욱 좋겠습니다. 이 방법은 제가 1대1 코칭을 할 때 자주 쓰는 방법입니다.

본인이 어떤 목표를 가지고 있고, 그 길로 잘 나아가고 있는가에 대해 일정표만 보고도 코치가 파악할 수 있어야 합니다. 그 후에 제가 그 일정표를 뜯어보고 최대한 추가로 확보할 수 있는 시간을 함께 찾아봅니다. 그 결과로 일주일에 두세 시간만이라도 더 확보되면 거의 모든 사람들이 코칭을 통해 얻고자 한 효과를 보셨다고 느끼는 경우가 많습니다. 꼭 한 번은 그러한 관점에서 자신의 일정표를 검토해보기 바랍니다.

지금까지 언급된 일정들을 꼼꼼히 검토하고 일정에 반영하기 바랍니다. 익숙해지면 자기가 원하는 분야에서의 성과에 집중하면서도 소중한 것들을 잃지 않는 삶을 이어갈 수 있습니다. 그러한 관점에서 처음에 드렸던 질문을 다시 한번 마주해보기 바랍니다. 분명히 전과는 다른 측면에서 답을 만들어 갈 수 있을 것입니다.

"중요한 것을 중요하게 다루고 있나요?"

— 4 —
어느 날 마술처럼 내가 바라는 것이 다 이루어지면 나는 어떤 일을 하고 있을까

강연과 코칭을 통해서 어느덧 많은 사람들을 만나고 이야기를 나누었습니다. 그중에는 제가 드리는 질문지에 대한 답변을 하면서 저와 피드백을 주고받는 사람들이 있습니다. 그리고 그 질문 중에는 이런 내용이 포함되어 있습니다.

"어느 날 마술처럼 바라는 것이 다 이루어지면 나는 어떤 일을 하고 있을까요?"
"어떨 때 가장 즐겁고 행복한가요?"

두 질문이 약간 다르지만 그에 대한 답은 거의 비슷합니다. 특히 마술처럼 바라는 것이 이루어진다면 어떤 일을 하고 있을지에 대한 대답은 대부분 같습니다.

다른 사람을 돕고 싶다거나, 아니면 다른 사람에게 좋은 영향력을 주고 싶다는 답입니다. 거의 90%에 해당하는 사람들이 그 답을 주었지요.

두 번째 질문에 대한 답도 유사합니다. 다른 사람에게 도움을 주었을 때 가장 보람되고 즐겁다고 합니다. 또는 다른 사람들에게 인정받았을 때 비슷한 감정을 느낀다고 답을 하는 경우가 많습니다. 거의 80% 이상이 위와 같은 답을 합니다. 그렇다면 이런 이야기들에서 우리가 얻어야 할 통찰은 어떤 것일까요?

앞서서 진실한 내 모습에 대한 이야기를 할 때, 다른 사람들의 시선으로부터 되도록 자유로워져야 한다고 이야기하였습니다. 내가 하고 싶은 무언가를 도전하는 데 있어서 부정적인 시선과 평가에 휘둘리게 되면 시작도 못 하고 주저앉게 되기 때문입니다.

진실로 내가 원하는 삶을 살기 시작하기 위해서는 분명히 그러한 현실을 이겨낼 용기가 필요합니다.

하지만 내가 이루어낸 성과에 대한 평가를 위해서는 결국 다른 사람들이 필요합니다.

조금 아이러니한 일일 수도 있습니다. 다른 사람의 시선으로부터 자유로워야 하지만 결국은 다른 사람들로부터 인정을 받아야 하니까요. 예를 간단히 들어보겠습니다.

어느 날 작가가 되고 싶은 생각이 들었습니다. 그래서 작가가 되겠노라고 주변 사람들에게 이야기를 꺼냈습니다. 하지만 주변에서는 갑자기 무슨 수로 작가가 되겠느냐고 뜯어 말립니다. 비꼬는 사람, 비웃는 사람 그리고 심지어는 비난하는 사람들도 있을 수 있습니다. 세상에는 별별 사람들이 많으니까요.

그렇지만 그런 시선과 비난, 조롱 섞인 표현을 이겨내고 자기가 바라는 것을 향해 나아가야 합니다. 외부의 이야기에서 자유로워져야만 글을 쓸 수 있습니다.

그리고 단 한 번 용기를 내는 것으로는 충분하지 않습니다. 분명히 그 이후로도 쉽지 않은 길을 가게 됩니다. 이리 치이고 저리 치이면서 엄청난 마음고생을 하게 될 것입니다. 하지만 그런 것들을 다 이겨내서 결국 자신의 멋진 책이 세상에 나왔다고 생각해보세요. 큰 목표를 이루었고, 분명히 한동안 큰 만족감을 느낄 수 있을 것입니다.

하지만 안타깝게도 거기서 끝이 아닙니다. 그 책이 나를 비난했던 사람들까지도 포함한 많은 사람들에게 읽히고, 읽은 사람들에게 도움이 되어야 그 책이 의미를 가지게 됩니다. 읽은 사람의 마음을 위로하거나, 아니면 새로운 지식을 전해줄 수 있어야 합니다.

읽혀지지 않는 책이 과연 세상에 어떤 가치를 더할 수 있을까요?

성과를 평가받기 위해서는 다시 사람들 사이로 돌아와야 합니다. 그래서 세상에 가치를 더하는 일은 쉽지 않습니다. 나의 진실한 모습으로 살면서도 삶에서의 성과가 세상에 받아들여져야 하니까요. 그래서 자기가 원하는 삶을 살기 위해서는 다른 사람들에 대한 영향력도 필요하게 됩니다. 그리고 그런 영향력을 가지고 있는 사람을 우리는 롤모델이라고 부를 수 있을 것 같습니다. 그렇다면 그 롤모델이라는 것에 대해서 조금 더 깊이 있는 말씀을 드리겠습니다. 다음 질문에 대해서 생각해보기 바랍니다.

"머릿속에 나에게 좋은 영향력을 주신 분을 떠올려보기 바랍니다.

또는 정말 영향력이 큰 분이 있으시다면 그분을 떠올려보셔도 됩니다. 어떤 분이 떠오르시나요?"

많은 사람들이 이 질문의 답으로 '부모님'을 꼽습니다. 그 외에도 조부모님 등 가까운 가족들을 이야기하는 사람들도 있습니다. 즉, 가까운 곳에서 삶을 함께 했던 사람들이 답의 한 축을 차지하고 있는 셈입니다.

다른 한 축의 답이 있습니다. 예를 들면 '중학교 3학년 때 수학선생님'처럼 어떤 계기로 내가 그 분야의 일을 열심히 하거나 잘하도록 이끌어주신 분들입니다. 그분 덕에 수학을 포기하지 않고 계속 열심히 할 수 있게 되어서 나중에 대학에도 갈 수 있게 되었다는 형태의 영향을 주신 분들이지요.

그 두 가지가 바로 롤모델을 만드는 축입니다.

첫 번째는 '생각하는 방식을 만들어 준 사람'이고, 두 번째는 '더 나아질 수 있도록 도전을 하도록 해 준 사람'입니다.

그리고 이 두 가지가 모두 한 사람에게서 얻어진다면 그 사람이 바로 나의 롤모델이 됩니다. 만약에 삶의 롤모델로 삼고 있는 사람이 있다면 그분에게서 이 두 가지를 얻고 있는지 확인해보기 바랍니다.

롤모델이 꼭 누군가 한 사람일 필요는 없습니다.

제 경우에는 사람들과의 관계를 하는 방법은 부모님이 롤모델이 되어주십니다.

공부를 한다는 것에 대해서는 제 지도 교수님을 롤모델로 삼고 있지요. 그리고 코치이자 강연가로서의 삶은 브랜든 버처드가 롤모델입니다.

그분들에게 배우기 위해서 참 많은 애를 썼고 지금도 저를 돌아보는 기준이 되어줍니다. 그렇게 다양한 사람들로부터 더 나아지겠다는 자극을 받는 것은 개인의 발전에 큰 도움이 됩니다.

물론, 살면서 지금까지 롤모델이 없었다는 사람들도 있습니다. 누군가 내 삶을 이끌어 주었다고 말할 만큼 영향을 준 사람이 떠오르지 않는다고 합니다.

하지만 그런 사람들도 가깝게 지낸 친구 또는 아니면 즐겨 읽은 책과 같은 방법을 통해서 누군가로부터 영향을 받았기 마련입니다.

결국 내 사고 방식도 경험을 통해서 만들어진 것이고 그 경험을 해석하는 방식에 대해서는 누군가로부터는 영향을 받았기 마련이니까요.

이 정도면 롤모델에 대해서는 충분히 설명을 드린 것 같습니다. 그렇다면 이제부터는 롤모델이 된다는 것에 대한 말씀을 드리도록 하겠습니다.

1) 꼭 누군가의 롤모델이 되어야 하나

누군가의 롤모델이 되는 것이 싫다는 사람들도 있습니다. 나 하나 잘살기도 바쁜데 다른 사람에게 영향을 주는 사람이 되는 것은 생각할 여력이 없다고 합니다.

맞습니다. 세상 모든 사람이 반드시 누군가의 롤모델이 될 필요는 없습니다. 자기가 바라지 않는 것을 억지로 할 필요는 없습니다. 모든 것은 자신의 선택이니까요.

하지만 한 가지는 되묻고 싶습니다.

지금 내 옆에 있는 소중한 사람들을 한번 떠올려 보기 바랍니다.

부모님, 배우자나 연인, 자녀들 또는 친한 친구들이나 함께 일하는 동료들이 있을 겁니다. 그분들에게 어떤 사람으로 인식되고 싶은가요? 좋은 사람으로 인식되고 싶은 마음이 전혀 없는가요? 동료와의 관계에서 일을 잘하지만 별로 좋지는 않는 사람이 되고 싶은가요? 아니면 일도 잘할 뿐만 아니라 좋은 사람으로도 남고 싶은가요?

당연히 후자일 것입니다. 누군가에게 인정받고 싶은 욕구는 언제나 있기 때문입니다. 특히 나의 소중한 사람들에게는 더욱 그렇습니다. 그렇다면 누군가에게 좋은 사람으로 기억되기 위해서는 어떤 것이 필요할까요?

그들이 옳다고 믿는 것들을 공유하거나, 힘들어도 그들과 함께 해주거나, 또는 그들을 응원해줘야 할 것입니다. 긍정적인 방향으로 함께 도전해보자고 말하는 사람이 필요하다는 이야기입니다.

그리고 그 조건들은 앞에서 이야기한 대로 롤모델들이 갖춘 조건이기도 합니다.

다음 질문의 무게를 한번 느껴보면 좋겠습니다.

"나에게 좋은 영향력을 준 롤모델들로부터 배운 것이 있다면, 나는 지속적으로 그것을 나의 소중한 사람들에게 전하고 있나요?"

우리 모두는 마음을 나눌 수 있는 깊은 관계를 원합니다.

그런 사람이 있고 없는 것은 엄청난 차이입니다.

그 단 한 사람으로 인해서 정말 힘들 때 삶을 포기하지 않고 이어갈 수 있는 용기를 얻을 수도 있습니다. 나를 깊이 이해해주는 단 한 사람이 그만큼 큰 존재입니다.

그렇다면 그런 소중한 관계를 맺고 있는 사람에게는 정말 좋은 것을 주고 싶지 않을까요? 그들에게 내가 롤모델이 되고 있다는 마음가짐으로 그들을 대하는 것이 좋지 않을까요?

소중한 누군가를 대할 때 내 행동과 표현이 그들에게 온전히 영향을 미치고 있다고 생각하면 우리는 더욱 더 좋은 나를 전달하고 싶을 것입니다. 그렇다면 결국 우리는 누군가의 롤모델로서 살아가고 있다는 마음을 가지는 것이 필요합니다. 더 나은 나를 만들기 위한 자극으로 삼기에 더없이 좋은 수단입니다.

그러니 지금 바로 머릿속에 소중한 사람을 한 명 떠올려 보세요. 그리고 내가 그 사람의 롤모델로서 그 사람의 앞에 서 있다고 생각해 보기 바랍니다. 지금까지 그 사람을 대하던 나와 롤모델이 되겠다는 마음을 가진 나는 다른 사람일 것입니다. 함께 있는 시간에 더 좋은 영향을 주기 위해서 마음을 쓰게 됩니다. 그것만으로도 내가 그 사람의 롤모델로서 함께 하고 있다는 마음가짐이 있는 것이 훨씬 의미 있다는 것은 이해할 수 있을 것입니다.

2) 롤모델이 되려면 무엇을 해야 할까

누군가의 롤모델이 되겠다는 마음이 생겨났다면 이제는 차분하게 그 의미를 생각해봐야 합니다. 우선 영향력이라는 단어에 대해서 더 깊이 있는 말씀을 드리겠습니다.

영향력이라는 단어는 여러 가지 포괄적인 의미를 담을 수 있습니다. 사회적 지위나 권력에 의해 발생하는 것도 영향력의 일종이겠지요.

하지만 누군가의 롤모델이 된다는 측면에서의 영향력은 그러한 지위나 권력과는 무관해야 할 것입니다. 그렇다면 영향력이라는 표현도 다르게 받아들여져야 합니다.

제 생각에는 누군가를 변화하게 하는 힘을 영향력이라고 하는 것이 적합할 것 같습니다. 더 나은 사람이 되고 싶은 마음이 생기게 한다든지, 아니면 더 큰 꿈을 꾸게 하는 것과 같은 긍정적 변화를 일으키는 것이 영향력의 진정한 의미가 아닐까요? 따라서 더 많은 영향력을 세상에 미친다는 것은 다른 사람뿐 아니라 자기 자신에게도 긍정적인 변화를 만들어가야 가능할 것입니다. 그리고 이렇게 긍정적인 변화를 이어가기 위해 노력하는 것이야말로 행복한 삶을 살겠다는 의지의 표현이기도 합니다.

현재의 우리 모습에 대해서 일단 돌아보기 바랍니다.

왜 우리는 우리가 원하는 만큼의 영향력을 가지지 못하는 경우가 많을까요? 그것은 앞서 말씀드린 사회적 지위나 권력에 의해 발생하는 것이라고 생각하기 때문입니다. 즉, 관계에서의 상하관계에 따라서 자동적으로 주어진다고 생각하기 때문입니다. 아니면 영향력이라는 것이 간헐적으로 필요할 때만 갖추면 되는 것이라고 여기기 때문일 수도 있습니다.

예를 들자면, 많은 부모들이 자녀와의 관계 문제에서 무조건적인 영향력을 갖는다고 생각합니다. 하지만 아이들이 진심으로 부모를 따를 수 있어야 진정한 영향력을 가지게 될 것입니다. 자동적으로 가지는 것은 아니라는 것을 보여주는 셈입니다.

그리고 회사에서 일을 할 때 상사의 지시로 부하 직원이 일을 하는 것은 필요할 때만 일어나는 일입니다. 그 상사가 진정으로 영향력을 가졌다고 보기 어렵겠지요.

그렇다면 어떻게 해야 영향력을 가질 수 있을까요?

일단 영향력이라는 것이 지속적으로 이어지고 있다는 것을 이해해야 합니다. 영향력을 미치고자 하는 상대가 어떤 생각을 하는지 이해해야 하고, 그 상대의 니즈와 그에 대한 사색이 이어져야 비로소 영향력을 가질 수 있게 됩니다.

정말 쉽지 않은 것이지요.

내가 원한다고 해서 영향력이 발생하지 않습니다.

그렇다면 우리는 어떤 요소들을 갖춰야 원하는 영향력을 가지게 될까요?

— 상대에 대한 이해

영향력의 출발점은 결국 상대에 대한 이해입니다. 상대의 최근 관심사와 힘들게 하는 일 등에 대해서 현명하게 질문을 해서 더 많은 것을 이해해야 합니다. 그 사람이 중요하게 생각하는 것이 어떤 것인지, 그리고 그들의 삶이 지금 현재 어떻게 흘러가고 있는지에 대해서 알고 있어야 제대로 된 관계가 이루어질 수 있습니다.

피상적인 정보 또는 추측을 통해 관계를 만들지 말기를 바랍니다.

— 함께 하는 시간에 집중

사람은 앞에 앉아 있는 상대의 에너지를 가장 민감하게 느끼는 존재입니다.

이 순간 나에게 집중해주는 사람에게 마음이 가는 것은 당연한 일입니다. 자신을 소중하게 대해주는 사람에게 그에 맞는 피드백을 주고자 하지요.

인류의 진화 과정에서 유전자에 새겨진 것입니다. 그러니 아무리 할 일이 많고 수많은 생각들이 이어지고 있더라도 누군가와 함께 있을 때는 잠시 접어두기 바랍니다.

함께 있는 시간에 온전히 집중해야만 그 사람도 나에게 집중합니다. 그야말로 이 순간에 내 영혼이 있는 것처럼 집중해서 에너지를 전해주셔야 깊은 관계가 만들어질 수 있습니다.

— 믿을 수 있는 사람이 되기

이것은 상대와 관계없이 온전히 나에 대한 것입니다.

앞서 말씀드린 대로 함께 하는 자리에 집중해서 존재한다면 상대는 나를 고스란히 느끼게 됩니다. 그 순간에 내가 어떤 사람으로 느껴지게 하고 싶나요? 그것은 결국 평상시의 삶에서 투영되어 나타납니다. 그래서 우리는 믿을 수 있고, 정직하고, 좋은 사람이 되기 위해 항상 마음을 써야 합니다. 그런 내가 되어서 상대에게 보여주어야 나의 이야기가 상대에게 가서 닿을 수 있을 테니까요.

— 지속하기

건강을 유지하기 위해 꾸준한 운동과 좋은 음식을 섭취하는 것과 같이, 누군가에게 영향력을 가진다는 것은 위에서 이야기한 것들을 얼마나 열심히 지속적으로 해왔느냐에 달린 문제입니다.

꾸준히 이야기를 나누고, 그때마다 집중해서 그 시간을 함께 해 나가는 것이 결국 가장 중요한 요소가 됩니다.

위에 말씀드린 네 가지에 대해서 너무나 뻔한 이야기라고 여길 수 있습니다.

맞습니다. 너무나도 당연한 것이지요.

그렇다면 한 가지 질문을 다시 드리고 싶습니다.

"저 네 가지를 나의 소중한 사람들에게 꾸준히 적용하고 있나요?"

3) 반드시 파악해야 하는 것들

앞서 언급한 네 가지를 꾸준히 적용해 가고 있다면 그 다음 단계가 있습니다.

상대와 나의 관계에서 일어나는 이해관계를 알아야 합니다.

모든 사람들에게는 내적인 욕구와 외적인 욕구가 있습니다.

내적인 욕구는 나의 성장을 이루게 해주는 요소들로 각 개인의 정체성과 연관됩니다.

반대로 외적인 욕구는 세상에서 이루는 성취에 대한 것입니다. 돈이나 권력 또는 명예와 같은 것들이 해당합니다.

세상의 대부분의 관계에서 발생하는 문제는 나의 외적인 욕구와 상대의 외적인 욕구가 부딪쳤을 때 일어납니다. 그리고 이 문제가 내적인 측면으로 옮겨오게 되죠. 그래서 우리는 외적인 이유로 부딪쳤지만 최종적으로는 상대가 나를 무시한다고 느끼는 방향으로 생각하게 됩니다. 나의 정체성을 인정받지 못했다는 생각을 하게 되면서 감정이 상하게 되는 셈입니다.

따라서 누군가에게 영향력을 미치고 그 사람을 변화하도록 행동하기 위해서는 자기 자신의 욕구들과 상대방의 욕구가 만나는 지점을 이해해야 합니다.

즉, 각자의 정체성과 외적인 성취를 향한 바람들이 모두 존중받을 수 있는 상태가 만들어져야 누구도 상처받지 않고 각자가 원하는 것을 얻을 수 있는 셈입니다.

누군가에게 영향력을 가진다는 것이 결국 어떠한 행동을 하게 하는 것은 맞지만, 그 과정에서 절대 상대가 내적으로나 외적으로 상처받지 않도록 할 수 있어야 한다는 이야기입니다.

그렇다면 나에게 어느 정도의 희생이 필요할 것입니다. 모두가 윈-윈 할 수 있는 상황이면 더없이 좋겠지만, 세상살이에서 그런 결과를 얻는 것이 쉽지 않습니다. 그럴 때는 내가 어느 정도 양보해서 상대방은 좋고, 나도 나쁘지 않은 상황으로 만드는 것이 영향력을 더 넓혀가는 방법이 되겠지요.

그래서 누군가에게 영향력을 미치기 위해서는 내가 이 관계에서 바라는 것이 무엇인지부터 명확히 알아야 합니다.

나의 욕구와 상대의 욕구가 만나는 지점을 고민해보세요. 그래야 나와 상대 모두가 다치지 않는 지점을 파악할 수 있기 때문입니다.

4) 실제로 영향력을 넓혀가는 방법

이제는 위에서 말씀드린 것들을 종합하여 최종적인 설명을 드리겠습니다.

결국 나에게 가장 좋은 영향력을 준 사람들이란, '생각하는 방식을 만들어 준 사람'이거나 '더 나아질 수 있도록 도전을 하도록 해 준 사람'입니다. 그리고 그 다음에는 영향력을 넓혀가기 위한 기본 사항들을 이야기 했습니다. 그 위에 최종적으로 내가 롤모델이 되어가는 실제적인 방법에 대해서 설명하겠습니다.

기본 원칙은 같습니다.

내가 누군가의 롤모델이라는 관점을 갖기 바랍니다. 즉, 내가 생각하는 방식을 알려주는 사람이 되고, 더 나아지도록 도전하게 만드는 사람이 되어야 하는 것입니다.

— 생각하는 방식을 전달하기

생각하는 방식을 만들어 주기 위해서는 우선 상대가 어떻게 생각하고 어떤 믿음들을 가지고 있는지를 살펴야 합니다. 그리고 내가 그 사람의 생각하는 방식에 어떤 것을 더하고 싶은지가 명확해야 합니다. 그래야지만 생각의 어떤 지점에 변화를 주어야 하는지가 명확해질 테니까요. 그리고 상대에게 다음과 같은 형태의 문장들을 사용해서 질문을 던져야 합니다.

"이런 방식으로 생각해보는 건 어때요?"
"이렇게 하는 것에 대해 어떻게 생각하세요?"
"이렇게 바꿔보면 어떻게 될까요?"

예를 들어 설명을 드리겠습니다.

제게는 수영을 잘하는 10살 딸아이와 이제 수영을 배우기 시작한 7살 아들이 있습니다.

처음 배우기 시작했을 때 아들 녀석은 너무나도 싫어했습니다. 안 하던 운동을 하려니 귀찮고 힘들었나 봅니다. 그래서 달래고 설득하느라 적잖이 고생을 했습니다. 과자로 달래기도 하고 수영 다녀오면 맛있는 저녁 반찬을 준비한다고 하는 등의 방법을 동원했었죠.

하지만 하루는 너무나도 아이가 완강해서 도저히 움직일 수 없는 상황이었습니다. 고민 끝에 저는 영향력을 높이는 방법을 통해서 설득을 하기로 했습니다. 그러기 위해서 그 상황에 아이의 생각과 내 생각을 명쾌하게 이해해야 했습니다.

제가 바라는 것은 아이가 수영을 가는 것이었고, 아이는 몸이 피곤해지는 것이 싫었던 것이었죠.

하지만 한 가지 확실했던 것이 있었습니다. 수영을 잘하는 누나를 부러워했습니다. 누나는 잘하는데 자기는 금방 잘해지지 않으니 흥미가 급격하게 떨어졌던 셈이었습니다.

그렇다면 결국 누나처럼 수영하고 싶다는 마음이 들도록 해야 했습니다. 이렇게 상대에 대한 명확한 이해를 하고 보니, 그동안 먹는 것으로 설득하려 했던 것이 별 효과를 보지 못한 것을 이해하게 되었습니다. 그래서 저는 다른 방향으로 설득을 했고, 그날 이후로 아들 녀석은 신나서 수영장을 다녔습니다.

그때 제가 아들의 생각하는 방식을 바꿔주기 위해 이루어진 대화는 다음과 같습니다.

"경재야, 경재는 아빠 수영 못 하는 거 알지요?"

"네. 아빠. 그거 보세요. 아빠도 수영 못 하면서 나보고 하라고 하지 마세요."

"그런데 경재야, 만약 우리 가족이 어디 여행을 가다가 다리 위에서 갑자기 차가 바다로 떨어지거나 하면 아빠는 수영을 못 하는데 누가 구해주지요?"

"누나가 수영할 줄 아니까 누나가 구해야지요.

"그런데 아빠가 누나보다 훨씬 무거워서 누나 혼자서는 구하지 못할 텐데. 누가 한 명이 더 필요해요. 그 순간에 아빠를 구해주는 사람한테 아빠는 정말 고마울 것 같아요. 경재는 그 사람이 누구였으면 좋겠어요?"

— 더 나아지도록 도전하게 만들기

누구나 마음속에 더 나아지고 싶다는 바람이 있기 마련입니다. 그 바람과 연계된 변화와 성장을 이야기할 때는 그 사람의 마음속에 완성된 모습을 그려줄 수 있어야 합니다.

목표가 달성된 모습이 떠올라야 사람은 그 성과를 이루기 위해서 노력합니다. 그런 이유로 누군가를 도전하게 만드는 것은 전략적인 접근이 필요합니다.

첫 번째는 탁월한 능력을 가진 사람이 되는 것에 대한 자극을 해주는 것입니다.

기본적인 소양을 높이는 방향이나 또는 잠재력을 끌어올리도록 요구하는 형태의 자극입니다. 이럴 때는 지금보다 더 잘할 수 있다는 격려 내지는 이전에 잘했던 기억을 떠올리도록 자극하는 방법이 적절합니다.

두 번째는 인간관계에서 더 좋은 사람이 되는 것을 요구하는 것입니다.

더 따뜻하고 배려할 줄 아는 사람이 되도록 자극해준다면 어느 누가 그런 이야기를 전해주는 사람을 싫어할까요? 특히 그 사람이 평소에 나에게 큰 관심을 가지고 대해주는 사람이라면 말이지요.

세 번째는 세상에 더 좋은 것을 줄 수 있다고 자극하는 것입니다.

우리는 모두가 어떤 식으로건 세상에 기여하고 싶어 합니다. 그 욕심을 더 많이 가지도록 긍정적인 자극을 해주는 것은 언제나 깊은 인상을 남기게 됩니다.

이런 자극을 지속적으로 해주는 사람을 통해서 우리는 한 단계 더 발전한 삶을 향해서 나아가게 됩니다. 현실에서는 다음과 같은 질문을 통해서 그런 자극을 더해주는 것이 가능합니다.

"지난번에 엄청 잘했던 네 모습을 떠올려봐. 그때 어떻게 그렇게 잘했어?"

"지금보다 훨씬 더 잘할 수 있는 사람인 거 알지? 그 사람이 미리 되어봐. 분명히 잘할 수 있어."

5) 삶으로 보여주기

앞서 말한 것들이 상대의 마음에 닿기 위해서는, 그 이야기를 전달하는 메신저가 그런 삶을 살고 있어야 합니다.

더 믿음직하고 정직하고 성실한 사람이 되어가려는 노력이 느껴져야 그의 말을 귀담아 듣습니다. 또한 변화와 성장을 두려워하지 않고 계속해서 도전해 나가야만 상대도 그 사람을 본받습니다. 그렇게 존재 자체가 하나의 이야기로 묵직하게 전달되는 것이 궁극적인 롤모델이 되는 방법일 것입니다.

봉사활동을 통해 만났던 학생들 중에서 아주 가끔 연락이 다시 오는 친구들이 있습니다.

그 친구들에게는 공통점이 있습니다.

제가 전했던 이야기들이 좋기는 했지만 자신의 현재의 삶에 와 닿지 않았다고 합니다. 당장의 급한 일들에 빠져 있다 보면 잊어버리고 살게 된다고 하죠.

하지만 그 이후에 제가 지속적으로 노력하고 나아지려는 모습을 보면서 점차 생각이 바뀌고 있다고 합니다. 블로그를 통해서 제가 사는 모습을 보면서, 그리고 제가 강연하는 모습이 발전하는 것을 보면서 다시 한번 제 이야기들을 생각해보게 된다고 합니다. 그렇게 더 나아진 자신이 되기 위해 노력하는 모습이 자극을 준 것이지요.

지금까지의 이야기를 종합하겠습니다. 정말 누군가의 롤모델이 된다는 것은 참으로 어려운 일임에 틀림없습니다. 나도 끊임없이 성장하면서 도전을 이어가고 그 모습을 공유해야 하는 것이니까요.

아마 앞선 다른 어떤 질문들보다도 내용도 어렵고 실제 삶에 적용하는 것은 더 어려운 이야기입니다.

그래서 영향력에 대한 이야기를 제일 마지막에 하게 된 것입니다.

삶을 진실하게 살면서 에너지도 넘치는 사람, 그리고 그 두 가지를 바탕으로 개인의 생산성도 높은 사람이 되어야 비로소 남에게 영향력을 가지는 삶을 만들어갈 수 있기 때문입니다. 따라서 누군가에게 영향력을 미치는 삶을 살고 싶다면 단단히 준비하기 바랍니다.

너무나도 어렵고 힘든 길입니다. 다만, 어려운 만큼 보람됩니다.

누군가에게 좋은 영향력을 미쳐서 그 사람의 삶이 바뀌는 것을 바라보는 것은 아마도 세상에서 가장 뿌듯한 일 중에 하나일 것입니다.

제가 코치라는 일을 하고 있는 이유도 바로 그것입니다.

돈을 얼마나 버는가에 대한 것은 큰 고민이 아니었습니다.

누군가의 삶이 저의 코칭으로 인해 긍정적인 방향으로 나아가는 것, 한 단계 더 높은 수준으로 나아가는 것을 보면서 너무나도 큰 만족감을 얻었습니다. 그렇게 한 발씩 이 길에 접어들게 되었죠. 그리고 누군가에게 변화를 이야기하기 위해 저도 계속해서 멈추지 않고 변화해야 했습니다. 그런 선순환이 일어나는 것도 좋았습니다. 점점 더 나은 내가 되어간다는 느낌을 받을 수 있었으니까요.

처음에 드렸던 질문을 다시 드리겠습니다. 다시 한번 질문을 곱씹으면서 나는 누군가의 롤모델이 되어줄 것인가에 대해서 깊이 생각해보기 바랍니다.

"어느 날 마술처럼 내가 바라는 것이 다 이루어지면 나는 어떤 일을 하고 있을까?"

— 5 —

내 삶의 목표는 무엇인가

상담을 받거나 코칭을 받는 사람들 중에 많은 사람들이 명확한 삶의 목표가 없어서 힘들어합니다. 그리고 자기가 하고 싶은 일을 하면서 사는 사람들을 부러워합니다. 자기도 그런 목표가 생기면 정말 열심히 잘할 수 있는데 지금의 일은 그렇지 않아서 힘들다고도 합니다.

그 정반대의 경우도 있습니다.

자기는 이대로가 좋다고 합니다. 하고 싶은 일을 찾으라고 하는 것에 스트레스를 받습니다. 그런 사람들은 제가 생산성에 대한 설명을 할 때 드린 이야기를 기억해주기 바랍니다.

좋아하는 일이라는 것이 반드시 직업에만 국한된 것이 아닙니다. 먹고 사는 문제를 해결하기 위해서 직장을 다니고, 남는 시간을 자기가 좋아하는 것들로 채우는 것도 충분히 멋진 삶입니다. 억지로 삶의 목표를 찾기 위해 애쓸 필요가 없는 이유입니다.

하지만 그런 이야기도 분명히 드렸습니다. 일할 때를 제외한 시간을 좋아하는 일들로 채우다보면 결국 언젠가는 일하는 시간도 좋아하는 것으로 만들고 싶어집니다. 그것이 더 의미 있는 삶을 바라기 시작하는 단계에 일어나는 일입니다. 삶의 만족도를 한 단계 높게 끌어올리고 싶은 것이지요. 그래서 언젠가는 내 삶의 목표가 무엇인지에 대한 고민을 겪게 되는 것이 일반적입니다.

지금부터의 이야기는 삶의 목표에 대한 것입니다.

삶의 목표는 사람마다 다 다르지만 코칭을 많이 하다 보면 공통적인 것들에 대해서 생각해보게 됩니다. 과연 어떤 요소가 삶의 목표를 만들어주느냐 하는 것에 대한 고민입니다.

일단은 자기 자신에 대한 이해가 우선되어야 합니다. 그런 관점에서 아래에 알려드리는 요소들을 고려해 보면 좋겠습니다.

1) 자기 자신을 이해하기 위한 요소들

— 살아 있음을 느끼게 하는 것

우리는 잠자고 일어나고 먹고 만나고 헤어지는 모든 삶의 순간들을 살아가고 있습니다. 그 순간을 느끼고 감정을 나누면서 살고 있지요.

그렇다면 우리가 살아 있다는 그 자체에서 자기 자신에 대한 이해를 할 수 있지 않을까 싶습니다.

그런 생각을 해봅니다. 기왕 살아 있는 것, 그 순간에 충만함을 느끼는 삶을 살고 싶습니다.

이것이 저 혼자만 바라는 것일까요?

그렇지 않습니다. 자각하지 못했다고 해도 아마 살아 있는 모든 사람, 아니면 살아 있는 모든 생명체가 충만한 삶을 살기를 바라겠지요.

그렇다면 어떤 것들이 살아 있는 이 순간을 충만하게 느끼게 해줄까요? 그것에 대한 고민이 필요할 것 같습니다.

저는 코칭을 하면서 고객이 스스로 새로운 깨달음을 발견할 때, 강연장에서 제 이야기에 공감하면서 고개를 끄덕여주는 분들을 볼 때, 딸아이가 손 시리다면서 제 옷 속으로 차가운 손을 집어넣을 때 제 삶이 채워져 있다고 느낍니다.

글을 쓸 때도 그렇습니다.

조금 외롭고 힘든 시간이기도 하지만, 언젠가 이 글이 누군가에게 읽혀지고 그분들에게 조금이라도 도움이 되어 변화를 일으킬 수 있다면 받아들여야 할 고독이라고 생각합니다. 이 순간이 가득 찬 것 같은 느낌이 듭니다.

여러분들은 어떤가요? 어떤 것들이 나를 충만하게 살아 있다고 느끼게 해주나요?

그 대상은 모든 사람이 다를 것입니다. 어떤 사람은 그림을 그릴 때, 어떤 사람은 다른 사람의 아픔을 치료해줄 때, 어떤 사람은 노래를 부를 때 그런 것들을 느낄 것입니다. 그렇다면 삶 속에서 그런 일들이 더 자주 일어나도록 해야 삶이 더욱 충만해질 것입니다.

당연한 이치이지요. 그렇게 내 삶이 충만하게 채워진 것처럼 느끼게 해주는 것들을 찾아보기 바랍니다. 그 가운데서 나에게 소중한 것들을 좀 더 이해할 수 있을 테니까요.

— 나만의 색을 찾기

현재 지구상에는 약 80억 명의 사람들이 살고 있습니다. 정말 엄청난 숫자이지요.

A4용지(두께 0.1mm)를 두께 방향으로 세워서 연결했을 때 80억장이면 800km입니다. 사람들이 가장 많이 걷는 산티아고 순례길이 약 800km입니다.

그 거리를 종이로 빽빽이 가득 채울 만큼의 양인 셈입니다.

그리고 우리 모두는 그 종이 중 한 장인 셈입니다. 그리고 정말 대단한 것은 그 80억 장의 종이가 모두 다르다는 것이지요. 세상에 나와 똑같은 사람은 아무도 없으니까요.

과연 무엇이 다른 걸까요? 그것이 삶의 목표를 파악하는 데 또 하나의 힌트가 되어줄 것 같습니다.

내가 다른 사람들과 똑같지 않다면, 과연 무엇이 다른가요?

생김새는 똑같을 수 있습니다. 실제로 일란성 쌍둥이의 경우에는 생김새를 넘어 유전자도 같지요.

하지만 분명히 그 두 사람을 구분 짓는 요소가 있기 마련입니다. 어떤 사고방식을 가지고 있는지, 어떤 것들을 소중히 여기고 어떤 가치를 추구하는지는 각자가 다르기 마련입니다. 그렇게 나를 세상에서 유일하게 만드는 것들이 어떤 것인지를 이해해야 합니다.

저는 제 삶에서 마주하는 수많은 상황을 이해하는 통찰력을 키우고 싶어 하고, 다른 사람과 함께 있을 때는 열정적인 사람으로 그 사람 마음에 각인되고 싶어 합니다. 냉철하기도 하고 감상적이기도 하며 그런 것들을 드러내는데 부끄러움이 별로 없습니다. 긍정적이고 밝은 성격이어서 사람들과 만나는 것을 좋아하지만, 반대로 혼자 있는 시간도 좋아합니다. 그런 것들이 세상 속에서 나를 다른 사람들과 다르게 만들어준다고 생각합니다.

여러분은 어떤가요?

나를 다른 80억 명과 다르게 만들어주는 것이 무엇이라고 생각하나요? 그것에 대해 자신의 답을 찾아본다면, 분명히 자신을 이해하는 데 도움이 되지 않을까 생각합니다.

— 공통의 가치 배우기

앞서 이야기한 대로 이 세상에는 80억 명의 사람들이 함께 살고 있습니다. 그리고 분명히 서로 다르지만 함께 공유하는 것도 있습니다. 그런 것을 두고 도덕, 문화, 법과 같은 것들이 만들어졌을 테니까요.

그러므로 공동체로서 분명히 지켜야 할 것들이 있습니다. 신뢰할 수 있는 사람이 되어야 한다든지, 성실해야 한다든지 하는 것들이 해당합니다.

물론 공유한다고 해서 모든 사람이 똑같은 무게로 그 가치를 매기지는 않습니다. 사람마다 어떤 가치들은 더 중요하게 와 닿을 것입니다. 누군가는 자유를 중요한 가치로 여기지만, 또 어떤 누군가는 평등을 더 중요하게 여길 수도 있습니다.

따라서 그런 공통의 가치 중에서 어떤 것들이 나에게 중요하게 와 닿는지, 내지는 더 중요하게 인식해야 하는지에 대한 이해가 필요합니다. 그래야만 내가 세상의 구성원으로서 존재할 수 있을 테니까요.

그리고 그러한 주요 가치를 공유하는 사람들과 함께 해야 더 큰 소속감과 안정감도 느낄 수 있게 됩니다. 제 경우에는 신뢰할 수 있는 사람이어야 한다는 것, 자기 행동에 책임을 져야 한다는 것, 성실해야 한다는 것이 가장 중요한 가치들입니다.

여러분들은 어떤가요? 어떤 공통 가치가 나를 이끌어주나요? 쉬운 가정은 아니지만 그에 대한 답을 만들어 보기 바랍니다.

— 사람만이 가지는 특징 이해하기

지구 안에 인간만큼 독특한 종이 없습니다. 다른 동물들은 가지고 있지 못한 특징을 많이 가지고 있지요. 그중에서 지금 우리가 집중해야 할 것은 바로 인간은 미래를 꿈꾼다는 것입니다. 그리고 그 꿈을 위해 자신이 가지지 못한 것들도 가지려는 욕망도 가지고 있습니다. 다른 동물들에게서는 찾아보기 힘든 특징이지요.

간단히 설명을 드리겠습니다.

인간은 달을 탐사했습니다. 항상 바라보는 달나라에 직접 가보는 미래를 꿈꾸다가 결국 이룬 것입니다. 그리고 그 과정에 자기가 가지지 못한 것들을 하나하나 이루어나갔습니다.

날 수 없는 존재이지만 결국 날 수 있게 되었고, 나는 것을 넘어 대기권을 뚫고 나갈 수 있게 되었습니다.

그리고 공기가 없으면 숨을 쉴 수 없으면서도 공기가 없는 곳에서 살아남는 수단들을 만들었지요.

이런 것들이 바로 동물에게는 없는 특성입니다. 미래를 꿈꾸고 새로운 것을 이루려고 합니다.

물론 동물들도 미래를 준비하기도 합니다. 곰은 추운 겨울 동안 겨울잠을 자고, 다람쥐는 도토리를 모아둡니다.

거미는 다음 날 날씨를 예측해서 줄을 칩니다. 하지만 이런 것들은 살아남기 위한 방편일 뿐 인간처럼 완전히 새로운 미래를 꿈꾸기 때문에 하는 일들은 아닙니다.

인간과 동물은 그렇게 결정적인 차이를 가지고 있기 때문에 인류는 발전을 거듭해서 지구의 주인이 되었습니다. 물론 그런 욕심들이 미래에 어떤 결과를 가져올지는 아직 알 수 없지만, 미약한 생명체에서 지금의 모습에 도달하게 된 것은 모두가 미래를 꿈꾸고 이루어온 덕분입니다.

저도 한 인간으로서 꿈꾸는 미래가 있습니다.

더 많은 사람들이 자기가 원하는 삶을 충만하게 살기를 바랍니다.

그리고 그 과정에 제가 도움이 되었으면 좋겠습니다. 제가 하는 코칭과 강연을 통해서 그런 기여를 할 수 있기를 바라는 꿈을 꿉니다. 어디까지 이루어질지는 모르지만 그런 미래를 꿈꾸고 있습니다.

이렇듯 우리는 자기 자신을 이해하기 위해 필요한 몇 가지 고려사항을 가지고 있습니다.

각각에 대해서 고민하면서 내가 찾아낸 답을 가지고 시작해야 합니다. 그 결과들을 인지하고 삶을 이어가다 보면 분명히 내 삶의 목표라는 주제에 대해서도 더 깊은 깨달음이 있을 것입니다.

그리고 한 가지 조언을 더 드리자면, 그 삶의 목표라는 것이 어느 날 갑자기 내 앞에 나타나지는 않습니다. 나 자신에 대한 이해를 바탕으로 이런저런 경험들을 하면서 천천히 만들어 가는 것입니다.

한 분야에 대한 생각이 굳어지고 다른 곳에서 변화가 발생하면서 자신이 진정 바라는 것에 대한 사색이 이루어지면, 점차 그 답을 연결해가면서 결론으로 얻어지는 것이 삶의 목표일 테니까요.

2) 삶을 구성하는 것들 이해하기

지금까지 말씀드린 것들이 분명히 자기 자신을 이해하는 데 도움이 되기는 하겠지만 현실의 삶에서 쉽게 삶의 목표를 정하는 것은 여전히 어려운 일입니다.

그래서 이번에는 삶의 목표를 알기 위한 또 다른 요소인 삶의 주요 분야에 대한 설명을 드리겠습니다. 거기서 시작해서 내 삶을 구성하는 요소들이 어떤 것인지에 대한 현실 파악이 되어야지만 그 다음을 고민할 수 있기 때문입니다.

삶을 구성하는 요소를 작게 나누자면 너무나 많은 것들이 있겠지만 제가 제시하는 기준은 8개입니다.

그중에서 개인의 직접적인 삶과 연계된 네 가지는 건강(정신과 육체 및 감정적인 측면 모두), 배우자(연인), 가족, 친구입니다.

그리고 사회와 연계된 측면의 네 가지는 일(목적), 취미, 재정상태, 동료입니다.

우리의 삶은 이렇게 8개의 피스톤이 움직여서 힘을 내는 자동차의 엔진이라고 가정하면 좋을 것 같습니다.

자동차와 다른 점이 한 가지 있습니다.

자동차는 여덟 개의 피스톤을 모두 활용해서 달립니다. 하지만 사람은 때에 따라서는 단 하나의 피스톤만 가지고 삶을 끌고 가는 경우도 있습니다.

우리나라 사람들의 경우에는 주로 일에만 매달리느라 다른 것들을 돌보지 못하는 상황이 많이 일어납니다. 물론 이제는 그런 삶을 사는 사람들이 점차 줄어들고 있지만 아직도 많은 사람들이 그런 오류를 범하고 있습니다.

자동차의 엔진을 하나의 피스톤만 움직여서 작동하고 있다고 생각해보기 바랍니다. 결국 그 자동차는 제대로 성능을 내지도 못하고, 빠른 기간 안에 피스톤이 망가져서 멈추게 될 것입니다. 하나가 완전히 고장 나면 다른 피스톤들도 제대로 움직이지 못할 테니까요.

우리의 삶도 그렇습니다.

여덟 가지 구성요소가 잘 돌아가야 내 안에 있는 잠재력도 발현될 것이고 높은 성과도 낼 수 있게 될 것입니다. 그렇다면 각 요소에 대해 조금 더 설명을 드리겠습니다.

— 건강(정신, 육체, 감정)

사람이 무언가를 할 수 있도록 만들어주는 것은 결국 에너지입니다. 그리고 그 에너지는 단순히 육체적인 에너지만을 의미하는 것은 아닙니다. 그리고 감정적 에너지나 개인의 정신력으로만 평가할 수도 없습니다.

그 모든 것이 서로 영향을 미쳐서 만들어지는 것이 나의 에너지입니다.

에너지의 특징은 쓰면 사라진다는 것입니다.

잠이라는 수단이 우리의 에너지를 채워주고, 식사를 통해서 연료를 공급해주면 그 에너지들을 바탕으로 우리가 하루 안에서 해야 하는 것들을 하나씩 해나가는 것이지요. 따라서 오전 중에 너무 많은 에너지를 쓰면 오후에는 집중하기 어려울 수밖에 없습니다. 내지는 직장에서 너무 많은 에너지를 쏟아 내면 집에 와서 가족들에게 소홀히 대하기 쉬운 것도 마찬가지 이치입니다.

따라서 자신의 에너지 수준을 끌어올리는 것과 새는 부분을 막는 것 모두가 중요합니다.

좋은 책이나 강연을 통해서 정신적인 에너지를 키우고, 적당한 운동과 수면 그리고 식습관을 통해서 육체적인 에너지도 관리해야 하지요.

하루 안에서 불쑥 맞이하는 감정들에 휘둘리지 않고 자신이 원하는 기분으로 살기 위해서는 매일의 성찰이 필요합니다. 이런 것들이 모여서 나 자신의 에너지를 만드는 것입니다.

그렇다면 지금 이 순간 나의 건강 점수는 몇 점을 줄 수 있을까요?

정말 에너지가 넘치면 10점, 너무 모자라서 연신 한숨이 나온다면 1점을 주는 기준으로 평가해보기 바랍니다.

이때, 육체적, 정신적, 감정적 에너지를 나누어서 점수를 매기고 그 평균을 계산하여 평가하는 것도 좋은 방법의 하나입니다.

— 배우자(연인)

삶에서 가장 가깝지만 또한 가장 어려운 관계가 배우자와의 관계가 아닐까 싶습니다. 익숙한 만큼 더 마음을 써야 하는데 그렇지 못해서 반성할 때가 많다는 생각도 합니다.

물론 부부관계가 좋은 분들도 많을 것입니다.

그렇다면 현재의 나는 1~10점 중에서 어디에 해당할까요? 앞서와 마찬가지로 점수를 매겨보면 좋겠습니다.

만약 배우자가 없다면 현재의 연인과의 관계를 평가해보기 바랍니다. 그리고 배우자나 연인이 모두 없으신 분들은 평균점수인 5점으로 점수를 매기시기 바랍니다.

— 가족

배우자를 제외하고 내 삶에서 가장 가까운 사람들입니다. 특히 나이가 들어가면서 가장 나를 행복하게 해줄 수 있는 인간관계이지요.

부모님, 형제자매, 자녀 등과의 관계를 생각해보면 되겠습니다. 하물며 배우자와의 관계도 좋을 때와 그렇지 않을 때가 있기 마련인데 가족 관계도 당연히 마찬가지입니다.

지금 나와 가족들 사이의 관계에 대해 역시 점수를 매겨보세요.

그리고 그 순간에 내가 어떤 사람으로 가족의 앞에 존재해야 할지도 함께 고민해보면 더욱 좋겠습니다.

— 친구

가장 가까운 인간관계를 넘어서면 있는 사람들이 바로 친구들입니다. 별다른 이해관계가 없이도 가깝게 지내는 사람들이지요.

좋은 친구는 분명히 우리의 삶을 윤택하게 합니다. 되도록 가까이 두면 좋을 것입니다. 그렇다면 그들과의 관계는 어떤가요? 원하는 만큼 자주 친구들을 만나고 있으신가요?

제 경우에 가장 평가 점수가 낮은 것이 바로 이 친구들과의 관계입니다. 서로가 바쁜 것도 있지만 무엇보다도 직장을 다니면서 코치가 되기 위한 준비를 하는 기간에 제 시간이 필요했습니다.

누군가를 만나는 것을 극도로 줄였던 시기가 한 3~4년 정도 되었고, 그 사이에 많은 친구 관계가 피상적으로 흘러가게 되었습니다. 회복하기 위해서 가장 많은 노력을 기울여야 하는 상황입니다.

— 일(목적)

일이라는 주제를 두면 두 가지로 분류가 될 수 있습니다.

자기가 하고 싶은 일을 하고 있는 분들과 그렇지 않은 분들입니다.

그렇다면 평가하는 기준도 둘로 나뉠 수 있습니다. 자기가 하고 싶은 일이 따로 있는데 그 일을 하지 못하고 있는 분이라면 하고 싶은 일을 향해가는 나의 상태를 평가해보기 바랍니다. 만약 자기가 하고 싶은 일이 딱히 없으신 분이라면 지금 하고 있는 일에 대한 만족도를 점수로 매기시면 될 것 같습니다.

— 취미

취미 생활에 대한 관심도는 곧 삶에 대한 열정의 척도이기도 합니다.

취미에 깊이 빠져서 그 분야를 탐구하는 사람들이 삶에 대한 전반적인 열정도 많은 편입니다. 그리고 삶이 항상 같은 쳇바퀴를 도는 것같이 느낄 때 우선적으로 개선해야 하는 것이 바로 이 취미 부분입니다. 열정을 자극해서 삶의 에너지를 끌어올리기 위해서이지요. 따라서 현재 자신의 취미에 대한 관심도와 열정을 평가해보기 바랍니다.

— 재정상태

자기가 하고 싶은 일을 한다고 해서 반드시 돈을 잘 버는 것도 아니고 하고 싶지 않은 일을 한다고 해서 돈이 모자란 것도 아닙니다.

그리고 별다른 근로 수입이 없다고 해도 이제는 다양한 방법을 통해서 수입원을 만들어내고, 투자를 통해서 큰돈을 벌기도 합니다.

따라서 일과는 별개로 현재 자신의 재정 상태에 대한 평가는 필요합니다. 물론 어느 정도의 자산 규모를 가지고 있으면 적당한가에 대한 기준은 사람마다 다르겠지요. 하지만 자기 기준에 현재 자신의 재정 상태를 평가해보는 것은 꼭 필요한 일이기도 합니다.

— 동료관계

사람은 결국 어떻게든 다른 사람들과 함께 어울려서 일을 하게 마련입니다.

1인 기업을 한다고 해도 주변에 같은 일을 하는 사람들과 의논하고 배우면서 일을 해나가게 되지요. 따라서 어떤 식으로건 함께 일하는 동료는 생긴다고 봐야 할 것 같습니다.

그렇다면 그 동료들과의 나의 관계는 어떤지에 대해서도 평가해보는 것이 필요합니다.

이렇게 여덟 가지에 대한 점수를 모두 매긴 후 총점을 내보기 바랍니다. 그리고 어떤 분야의 점수가 특히 낮은지, 아니면 특히 높은지도 주의 깊게 살펴보면 좋겠습니다. 여기까지 모두 진행했다는 전제하에 다음의 이야기를 하겠습니다.

3) 삶을 평가하는 기준

앞서의 기준에 따라서 점수를 매겼다면 한 가지 기억해야 할 것 있습니다.

저는 앞선 두 개의 항목인 건강과 배우자를 제외하고는 구체적으로 점수를 매기는 기준을 제시하지 않았습니다. 그런데 여러분은 각자의 기준으로 점수를 매겼습니다.

어떤 기준으로 그 점수를 정하셨나요? 과연 여러분이 표기한 점수는 어떤 것들을 포함하고 있는 걸까요? 그것에 대한 말씀을 드리려고 합니다.

— 의식

삶의 주요 분야들에 대한 점수를 매기려고 하는 그 순간에 여러분은 우선 세 가지를 고려하게 됩니다.

그중에서 첫 번째는 나의 생각, 즉 의식입니다.

최근에 가족 중에 누군가 아팠던 분이 있었다면 의식적으로 가족에 더 많은 신경을 쓰게 됩니다. 그러면 가족에 대한 평가 점수가 높을 것입니다. 또는 새로운 취미를 배우기 시작했다면 의식이 많이 향하고 있으니 취미에 대한 점수가 높기 마련입니다. 이처럼 내가 의식적으로 더 많은 에너지를 쏟고 있는 분야에 점수가 높게 나타납니다.

이런 말씀을 드리면 많은 분들이 당연한 것을 왜 이야기를 하느냐고 합니다. 하지만 그것이 당연하다면, 과연 여러분은 얼마나 충분한 의식을 기울여서 삶의 주요 분야를 대하고 있을까요?

왜 수많은 사람들이 자신의 일에만 집중하다가 평생 제대로 된 취미 하나를 가지지 못하는 일이 벌어질까요? 또는 일에만 집중하다가 가족과의 유대감을 잃어버리는 걸까요?

그것은 삶의 여덟 가지 분야에 에너지를 골고루 나누어 주어야 한다는 것을 의식하지 못한 결과물입니다. 정확하게 이야기하자면 모든 에너지가 '일'에만 집중되어 있다는 것을 의식하지 못한 채, 다른 삶의 주요 분야를 하나씩 잃어가는 것으로 볼 수 있습니다. 주요 분야에 에너지를 분배하는 것이 당연하다고 생각하지만 정작 현실에서 실행되고 있지 못한 것이지요.

그런데 이런 말씀을 드리고 나면 많은 사람들이 불평을 하거나 또는 자기 타협을 하면서 이런 이야기를 하기도 합니다.

"한 가지만이라도 잘하면 다행인 거 같은데요."
"피곤하게 그걸 다 어떻게 신경을 쓰면서 살아요."

맞습니다. 절대 쉬운 일이 아닙니다.

삶을 의식적으로 살아간다는 것은 어려운 일입니다.

한 가지만 잘하기에도 많은 에너지가 필요한 세상이지요. 하지만 현실에서 우리의 삶이 성장하려면 여덟 가지 분야에서 모두 나아지려고 애쓰는 과정이 필요합니다.

힘든 일들을 해나가면서 자신에 대한 믿음이 커지고, 책임져야 하는 것들을 지켜내면서 그 위에 삶의 목표가 더해져야 합니다. 그래야 원하는 것을 이루어내는 삶을 살 수 있는 그릇이 만들어집니다. 그러니 이제부터라도 '내 의식이 어디로 향하고 있는가?'에 대해서 차분하게 생각해보기 바랍니다.

내 삶을 내가 원하는 곳으로 이끌어 가기 위해서는 필수적으로 의식적인 행동들이 더해져야 하기 때문입니다.

— 감정

삶의 주요 분야에 대한 점수를 매기는 두 번째 요소는 감정입니다.

많은 사람들이 의식적이고 이성적으로 판단하면 자신이 그에 맞게 행동할 것이라고 생각합니다. 하지만 실제로 사람을 움직이는 것은 감정, 즉 우리의 마음입니다.

의식적으로 그것을 떠올리더라도 마음이 따르지 않으면 그 일을 행하기는 어렵다는 것을 경험하지 못한 사람은 없을 것 같습니다.

우리는 앞서 '중요한 것을 중요하게 다루고 있나요?'라는 질문을 함께 고민해보았습니다. 그 연장선 위에서 보면, 우리가 삶의 주요 분야에서 생산성을 높이고 지속적으로 성과를 만들어가기 위해서는 무엇이 필요할까요?

그것은 바로 삶의 주요 분야에 있는 대상을 좋아해야 한다는 것입니다. 각각의 분야에 관계된 사람들을 디 좋아하거나 또는 그 분야의 일들에 애착을 가져야 하지요.

가족에게 더 많은 마음을 쓰고, 친구관계와 취미생활에도 더 많이 감정을 실어야 할 것입니다. 그래야만 그 분야가 지속적으로 나아질 수 있습니다.

그렇다면 주요 분야에 감정을 더 싣는다는 것을 현실에서 어떻게 확인할 수 있을까요? 바로 에너지가 어떻게 쓰이고 있는지를 살펴보면 됩니다.

예를 들어 일에 너무 몰입해서 집에 돌아와서는 아무것도 할 수 없는 상태라면 전반적인 삶이 더 나아지기는 어려울 것입니다. 또한 개인적인 취미에 깊이 빠져서 가족이나 일을 멀리하는 경우도 있을 것입니다.

이렇듯 나의 에너지가 얼마나 확보되어 있고, 어떻게 분배하고 있느냐가 매우 중요합니다.

코칭을 하면서 사람들과 대화를 하다 보면, 많은 사람들이 '시간이 없다.'라는 표현을 합니다. 그러면 저는 시간이 없는 것인지, 마음이 없는 것인지를 되묻습니다. 그때 대부분 자신이 얼마나 바쁜지를 이야기하다가, 시간이 조금 지나면 '제가 할 마음이 없었네요.'라는 결론으로 귀결되고는 합니다.

그럼 함께 스케줄에 대한 이야기를 나누지요. 그리고 정말 중요한 것을 한 가지 묻습니다.

"정말로 하고 싶은 마음이 없었던 것인가요? 아니면 에너지가 부족해서 하고 싶어도 할 수 없는 상태인 건가요?"

자신의 에너지가 부족하다 보니 그저 귀찮기만 하고 열정이 생겨나지 않는 경우가 많습니다. 열정도 내 마음속의 감정이니 곧 에너지이지요. 그러니 내 감정을 잘 다독이기 위해서는 에너지를 더 확보하기 위해 노력해야 합니다.

육체적이고 정신적인 측면에서 나의 행동을 결정짓는 요소는 자신의 에너지 상태라는 것을 꼭 기억해주세요.

아직도 공감이 잘 안 된다면 이렇게 생각해보기 바랍니다.

회사에서도 열심히 일하고, 퇴근하고 집에 와서도 따뜻한 부모이자 배우자로서 저녁시간을 보내고 잠들기 전에 다른 일도 집중해서 잘 해내는 삶을 원한다면 당연히 많은 에너지가 필요할 것입니다.

내 에너지가 부족하면 절대로 그 순간들에 나를 이끌어 줄 원동력을 확보할 수 없겠지요. 내 에너지가 나를 원하는 곳으로 이끌어줍니다. 꼭 기억해주세요.

— 행동

삶의 주요 분야에 대한 점수를 결정하는 마지막 요소는 행동입니다. 그리고 세 번째 요소가 행동이라는 이야기에 예리한 분들은 이런 질문을 하기도 합니다.

"의식적으로 삶의 주요 분야에 신경을 쓰면서 에너지를 집중하고 있고 그 과정에 그 요소들을 모두 좋아하고 있다면 당연히 행동하게 되지 않나요?"

그렇습니다. 대부분의 경우에는 의식과 감정이 향하면 행동하게 됩니다. 하지만 가끔은 의식과 감정이 닿아 있어도 행동하지 않는 사례들을 접하기도 합니다. 그런 경우의 대부분은 현실에 대한 인식을 착각하면서 벌어집니다. 간단한 예를 들어보겠습니다.

직업이 변호사였던 고객이 한 분 있었습니다. 코칭 중간에 제게 그런 말씀을 하셨습니다.

"코치님, 저는 배우자와 아이가 아니면 이 일을 절대 하지 않을 것 같습니다."

"그래요? 왜 그렇게 생각하시죠?"

"항상 뭔가 문제가 있는 사람들하고만 이야기를 나누는 기분이 들고, 내가 돈 버는 기계도 아닌데 바빠서 허우적거리기만 하다가 나이만 늘어가는 것 같아서 답답합니다. 배우자하고 애만 아니면 뭔가 더 즐거운 일을 찾아서 그 일을 하면서 살 것 같아요."

"일에서 느끼는 즐거움이나 보람이 없으신가요?"

"네, 그런 것 같습니다. 처음에는 이 일이 즐겁다고 생각했지만, 요즘에는 정말 아이와 배우자 때문에 합니다."

"그럼 아내분과 아이가 없으면 어떤 일을 하고 싶으신가요?"

"그런 것은 딱히 없지만, 일단 이 일은 하지 않을 것 같아요."

"그러시군요. 그럼 제가 한 가지만 여쭈어 봐도 될까요? 방금 배우자분과 아이들을 위해서 이 일을 한다고 하셨는데요. 그럼 소중한 아내분의 친구 이름 세 분하고 아이와 가장 친한 친구 세 명 이름을 제게 알려주시겠어요?"

이 질문에 대답을 한 고객들이 과연 몇 사람이나 될 거라고 생각하나요? 본인에게 이 질문을 던져보세요. 제 고객 중에 이 질문에 대답하는 사람은 단 한 사람도 없었습니다. 다들 말을 얼버무리셨지요.

자신에게 가장 소중한 가족인데, 가장 친한 친구 이름 세 명도 이야기하지 못하는 것은 뭔가 이상하지 않을까요?

자신의 일을 내켜하지 않는 의사, 대기업 직장인 등등 많은 분들이 자신의 의식과 감정이 모두 가족에게 집중되어 있다고 합니다. 가족을 위해서 자신의 현재의 삶을 희생하고 있다고 하지요. 그런데 그렇게 소중한 사람의 가장 친한 친구 세 명의 이름도 대지 못한다면 과연 그 사람은 의식과 감정이 모두 가족에게 가 있다고 말할 수 있을까요?

아마도 그렇지 않을 것입니다.

그렇다면 그 사람은 자신이 희생하고 있다고 '착각'하고 있는 셈입니다.

하지만 현실은 어떤 것일까요?

제 생각에 그 사람들은 자신에게 주어진 일을 그리 싫어하지 않습니다. 싫어하지만 용기를 내기 어렵다는 표현을 하는 사람들도 있지만, 결국 그만둘 만큼 그 일을 싫어하지 않는다는 반증일 뿐입니다.

냉철하게 생각해보기 바랍니다.

과연 나는 정말 지금 하는 일이 끔찍하게 싫은데도 어쩔 수 없이 하고 있는 것인지, 이 일을 하면서 아무런 보람이 없어서 삶의 의미를 전혀 찾을 수 없는데도 하고 있는지에 대해 고민해 보세요.

자신이 하는 일에 대해 완벽하게 만족하는 사람들은 많지 않습니다. 그래서 대부분의 사람들은 자신이 그 일을 지속해 갈 것임을 알면서도 억지로 하고 있는 것처럼 느끼고 싶어 합니다. 가장 대표적인 것이 앞서 말씀드린 가족을 부양해야 한다는 핑계이지요.

하지만 실제 그 사람의 마음속에서는 지금 하고 있는 일을 내일도 계속 이어서 할 시나리오가 만들어지고 있습니다. 싫다고 말하면서도 머릿속에서는 다음 날 어떻게 일을 할지를 떠올리고 있는 것이지요.

이렇듯 현실에 대한 착각이 일어나게 되면, 의식과 감정이 가 있다고 생각하면서도 정작 행동하지 못하는 상황이 벌어지고는 합니다. 그런 이유로 우리는 가끔 이런 질문을 던지면서 자신을 돌아봐야 합니다.

"지금 내 의식과 감정이 향하는 곳으로 행동하고 있는가?"

지금까지 삶의 주요 분야를 평가하는 기본 전제 세 가지에 대한 말씀을 드렸습니다.

나의 의식과 감정, 그리고 에너지가 어떻게 삶 속에서 분배되고 있는지, 그리고 어떤 행동들을 이어가고 있는지 최대한 객관적으로 바라보세요. 그리고 그런 객관적인 판단 아래서 삶을 더 나아지게 하기 위해 어떻게 해야 할지 고민하기 바랍니다.

4) 삶의 목표를 수립하기 위한 전제

앞서의 이야기들을 통해 자기 자신을 좀 더 이해하고, 내 삶을 구성하는 주요 분야에 대해 생각해 보았습니다. 이제 본격적으로 삶의 목표를 파악하기 위한 말씀을 드리고자 합니다. 일단 다음의 전제에 대해서 한번 생각해보기 바랍니다.

"삶의 목표는 어떤 일을 하느냐에 달린 것이 아니라, 어떤 사람이 되어서 어떤 가치를 더하는가에 달려 있다."

우리가 하는 일, 즉 직업 측면에서의 일은 삶의 여덟 가지 분야의 하나일 따름입니다.

그 한 가지가 우리의 삶을 결정짓도록 해서는 안 됩니다. 물론 일이라는 것이 삶의 큰 분야이고 자신을 완성시켜가는 하나의 수단이겠지만, 다른 주요한 요소들도 마찬가지로 중요하게 다루어져야 합니다.

다시 한번 위에서 언급한 여덟 가지를 돌아보기 바랍니다.

앞서서 이야기했던 자기 자신을 이해하는 요소들에 대해 보다 깊은 고민이 있어야 합니다. 그리고 그 끝에서 내가 사람으로서 지향하는 모습이 어떤 것인가를 선택해야 합니다. 그것이야말로 내가 어떤 사람이 되고 싶은지에 대한 답이 됩니다.

자기 자신에 대한 이해의 범위를 넓혀가야 하겠지만 결국 그 끝에서는 자신의 의지로 자기의 모습을 선택하고 만들어야 더 큰 의미가 있습니다.

한번 생각해보세요. 내 의지를 담아서 능동적으로 선택한 삶, 그것이 훨씬 내 마음을 설레게 하지 않나요?

그렇게 자신이 되고 싶은 모습을 선택하고 나면 그 다음 단계에서 이루어지는 것이 세상에 어떤 가치를 더해갈 것인지에 대한 고민입니다. 각자가 중요시하는 가치는 모두 다르기 때문에 이 시점에서 얻어진 결과들이 우리는 세상에 유일한 존재로서의 의미를 부여해 줍니다.

그렇다면 내가 중요하게 여기는 가치는 과연 어떻게 만들어질까요? 각자의 삶에서 마주하는 사건들에서 얻어진 통찰을 근간으로 한 자기 수양이 필요합니다. 그리고 현재에 발생한 문제들을 돌아보는 성찰의 과정에서 자신에게 의미 있고 가치 있는 것들에 대한 관점이 생겨납니다.

따라서 내가 선택한 능동적인 미래의 모습을 향해 살아가면서 지속적인 자기 수양과 성찰이 이루어져야 합니다. 그리고 그 과정에 의미 있다고 여겨지는 것들에서 성과를 만들어 내는 것이 우리의 삶의 목표가 됩니다. 삶이 복잡한 만큼, 우리의 목표도 다양하고 복잡해질 수밖에 없는 이유이기도 합니다.

좀 더 쉽게 말씀드리겠습니다.

무슨 일을 하는가는 삶의 목표를 좌우하지 못합니다. 그저 삶의 여러 가지 요소들 중에 하나일 뿐입니다. 결국 내 삶의 주요한 분야에서 어떤 모습들을 갖춰 가는지에 대한 답을 만들어 가야 합니다.

그리고 삶의 주요 분야에서 얻어지는 성과들로 세상에 좋은 것을 더해주는 것이 우리의 삶의 목표라는 이야기입니다.

위의 이야기들을 좀 더 깊이 있게 고민해보세요.

조금 어려운 이야기이지만 그만큼 고민해 볼 가치가 있는 이야기입니다. 어쩌면 내 삶의 기본 가치관에 큰 영향을 줄 수도 있는 순간입니다.

반드시 차근차근 그 단계에 따라 자신의 답을 찾아보고, 적어도 어떤 사람이 되고 싶은가에 대해서는 그 결과를 얻으실 수 있기를 바랍니다.

5) 실제 삶에서의 적용

앞의 이야기들이 매우 중요한 이야기이지만 현실에 적용하기에 조금 애매한 측면이 있습니다. 코치라면 그런 것을 명쾌하게 해드려야 하지요. 제가 제시하는 대안은 다음과 같습니다.

— 현재 삶의 목표가 명확하지 않은 경우

오히려 이 경우가 쉬운 경우입니다.

지금 당장의 삶의 목표가 명확하지 않다면, 주요 분야 8개에 대해서 치열하게 개선하고자 노력해보세요.

매주 한 번씩 평가를 통해서 지난주와 비교하고, 어느 분야가 향상되었고 어느 분야의 점수가 떨어졌는지를 살펴보면 됩니다. 그렇게 전 분야의 점수가 10점이 나올 수 있도록 한 주를 의식적으로 신경 쓰는 것입니다.

그렇게 해서 약 3주 정도 연속으로 전체가 10점이 나왔다면, 그 다음에는 현재의 10점을 7점으로 평가하세요. 그리고 새로운 10점은 어떤 수준일지를 떠올려 보면 됩니다.

그렇게 계속해서 삶의 주요 8분야에 대한 개선을 이루어 가시는 것이 삶의 목표가 될 수 있습니다. 따라서 현재 명확한 삶의 목표가 없으신 분께는 다음과 같이 앞으로의 1년간의 삶의 목표를 수립해드리도록 하겠습니다.

"앞으로 일 년간 삶의 주요 8분야에 대한 치열한 개선을 이룰 수 있는 한 해를 만든다."

실제로 이 목표를 따라서 한 해를 운영해보기 바랍니다.

생각보다 힘든 과정입니다. 해보지 않고는 얼마나 어려운지 느낄 수 없는 문제이기도 합니다.

주변에 보면 자기 삶의 목표를 찾기 위해 애를 쓰지만 그 근처도 가지 못하고 주저앉는 경우가 많이 있습니다. 그 이유는 바로 삶의 전방위에서 더 나아져야 한다는 무게를 버텨내지 못하기 때문입니다.

삶이 개선되고 있는 것이 느껴져야 제대로 된 목표도 만들어집니다. 그리고 목표만 있으면 이루어질 것이라는 어린아이 같은 마음도 내려놓아야 합니다.

우리는 치열한 현실을 버텨내면서 목표를 향해 나아가야 합니다. 의식적으로 오늘 하루를, 다음 일주일을, 한 달을, 반년을 그리고 한 해를 살아가면서 한 발씩 뚜벅뚜벅 나아가야 하는 것이지요.

그러니 우선 앞으로 일 년간 치열하게 나아지는 한 해를 만든다는 목표를 이루어내길 바라겠습니다.

제 경우에도 더 나은 한해를 만들겠다는 마음을 실현해 가는 과정에서 삶의 목표를 만났습니다. 취미 생활로 즐기던 자기 계발이 점점 더 삶에 중요한 부분을 차지하게 되다가 이제는 없어서는 안 될 커다란 존재가 되었습니다.

여러분도 삶의 주요 분야에 대한 치열한 개선을 위해 노력하다 보면 좀 더 명확하게 나에게 소중하고 의미 있는 것들이 나타나는 경험을 하게 될 것입니다. 그러니 당장의 목표가 없다면 앞으로 1년간 제가 방금 제안한 목표를 지켜 나가시길 바랍니다.

— 현재 삶에서 명확한 목표가 있는 경우

일에서의 측면이든, 취미에서의 측면이든 무언가 명확한 목표가 있는 사람은 그 목표가 삶을 이끌어줍니다. 따라서 생각보다 많은 시간과 에너지가 그 목표에 투입되어야 합니다. 그렇지 않으면 그 목표가 내 안에서 제대로 숙성되지 못하니까요. 그런 이유로 보통 전체 에너지의 60% 정도는 현재의 삶의 목표에 집중되어야 합니다. 그 정도의 관심과 집중도가 있어야 내 안에서 그 목표를 달성하고자 하는 힘이 생겨납니다.

기억하세요. 소중한 것을 이루기 위해서는 그만큼의 대가는 반드시 치러야 합니다.

하지만 그렇게 삶의 목표가 명확하다고 해도, 위에서 언급한 삶의 주요 분야는 똑같이 관리되어야 합니다.

어떤 일이 있어도 그것들은 사라지지 않습니다. 그 주요 요소가 곧 삶이니까요. 따라서 목표가 있는 사람들은 더욱 치열하게 자신의 삶을 경영해야 합니다. 에너지의 60%는 목표를 이루는 데 쓰고, 나머지 40%로 삶의 주요 분야들을 관리해야 하기 때문입니다.

많은 사람들이 이러한 현실을 간과합니다. 마치 삶의 목표가 없어서 지금의 삶이 힘든 것처럼 이야기하죠. 하지만 실제로 삶의 명확한 목표가 있는 사람들은 압니다. 목표가 있는 사람들이 훨씬 더 힘들다는 것을요. 목표도 이루고 삶도 경영하는 것을 동시에 해내야 하는 삶은 당연히 어려울 테니까요.

제 삶도 마찬가지였습니다.

회사를 다니면서 생산성 향상 코치가 되겠다는 목표를 이루기 위해서 정말 치열하게 살아야 했습니다. 먹는 시간도 이동하는 시간도 모두 너무나도 소중했습니다. 단순히 회사만 다니던 시절과는 차원이 다른 절박함이 있었습니다.

잠들려고 누울 때에도 강연을 틀어놓고 들으면서 잠이 들 정도로 애를 써야 했죠. 그렇게 치열하게 노력했기 때문에 이렇게 사람들 앞에서 강연도 하고 코칭도 할 수 있는 날들이 찾아왔다는 생각이 듭니다.

현실을 직시하세요.

목표가 없는 분들은 정말 제대로 목표를 세워보세요.

앞으로 1년간 주요 분야를 개선한다는 목표도 충분히 좋은 목표입니다.

절대 쉽지 않습니다. 엄청난 노력이 필요한 일입니다. 그리고 목표가 있는 사람들은 그런 삶의 도전을 당연한 것으로 여기기 바랍니다. 세상에 가치를 더하기 위해서는 그만큼의 대가를 치를 수밖에 없는 것이니까요.

가치 있는 무엇인가를 얻으려면 그만큼 피를 흘려야 합니다. 세상에 소중한 것 치고 쉽게 이루어지는 것은 없습니다. 쉬운 만큼 내 안에서 그것을 대한 자세가 달라집니다. 따라서 진정으로 원하고 이루고 싶은 것이 있다면 그 대가를 치를 각오를 하기 바랍니다.

삶의 목표를 수립하고 그것을 이루어가는 것은 이만큼 어렵고 힘든 일입니다. 내 삶이라고 하지만 그 안에서 나에게 왕관을 씌워주고 싶다면, 그 무게를 견딜 수 있는 내가 되어야 합니다. 그리고 그 왕관을 얻기 위한 과정에서 만나게 될 난관들을 정면으로 마주할 각오를 하기 바랍니다. 그만한 다짐과 각오 없이는 삶의 목표를 찾아서 이룬다는 것은 어불성설입니다.

심호흡을 크게 한번 하세요. 그리고 가슴을 펴고 하늘을 한번 올려다보기 바랍니다. 아울러 자신에게 이야기해주세요.

"이제 가보자. 나는 준비가 되었어."

그렇게 당당하게 시작하고, 그 끝에서 멋진 결과를 얻기를 바랍니다. 다시 한번 본 질문을 던져드릴게요.

"내 삶의 목표는 무엇인가요?"

제 4 장

코치의 조언

앞의 이야기들이 코칭을 하면서 정리한 생각들을 알려드린 것이라고 한다면, 이번에는 실제로 질문을 해온 분들의 이야기와 그에 대한 제 답변을 알려드리고자 합니다.
원래 코치가 해야 할 일은 상대방의 마음에서 답을 찾아낼 수 있도록 이끄는 일이지만, 가끔은 이렇게 컨설팅에 가까운 대안 제시를 할 때도 있습니다. 그런 이야기들에서 도움을 받는 사람들도 있을 것 같아서 몇 가지를 남겨드립니다.

— 1 —
일이 풀리지 않아 자신감을 잃고 헤맬 때

Q 잘할 수 있다는 다짐 반 자신감 반으로 시작했는데 생각지도 않은 문제들이 생겨나면서 점점 어려워지고 있습니다. 어느덧 자신감도 많이 떨어졌고요. 그래서인지 주변에서 쉽게 던진 말에도 흔들립니다. 어떻게 하는 것이 잘하는 것인지 판단도 서지 않습니다. 이럴 때는 어떻게 해야 할까요?

코치의 조언

A 문제가 생겼을 때는 언제나 현실을 정확히 다시 파악해보는 것이 시작점입니다. 정확히는 문제가 생겼을 때만 그렇게 하는 것이 아니라, 새로운 무언가를 시작하고자 할 때에도 마찬가지입니다. 지금 내가 있는 곳이 어디쯤인지를 확인하고, 여기서부터 내가 목표하는 곳까지 도달하기 위해서 과연 얼마나 멀리 떨어져 있는지를 냉정히 평가해야 합니다.

현실을 파악한다는 것에 대한 설명을 조금 더 드리겠습니다.

목표로 삼고 있는 것을 달성하게 해주는 주요 요소 3가지를 우선 파악해보세요.

예를 들어서 책을 출간하는 일이라고 한다면, 책 자체를 쓰는 일이 첫 번째이고, 어떤 형태로 출판을 할 것인지 하는 행정적인 일을 해야 하는 것이 두 번째이겠죠. 마지막 세 번째는 어떻게 독자를 확보하고 책을 홍보할 것인가에 대한 목표가 있어야 해요.

이 세 가지가 모두 잘 맞물려 돌아가야 제대로 된 책을 출판하는 거죠. 세 가지 중 하나라도 빠져 있다면, 빠진 분야와 관련된 문제는 계속해서 발생할 겁니다. 이제는 책에 대한 홍보까지도 당연히 작가가 함께 고민해야 할 시절이니까요.

목표로 하는 일을 달성하게 해줄 가장 중요한 세 가지를 정했다고 하면 이번에는 각각에 대해서 상세하게 어떤 중간 목표들이 있고 그 목표를 달성하기 위해서는 무엇을 해야 하는지를 파악해야 합니다.

앞서 언급한 책 출판과 관련되어 계속 예를 들자면, 어떤 분야에 어떤 형식으로 책을 쓸 것인지, 어떤 독자층을 대상으로 할 것인지, 그리고 책을 실제로 쓸 시간을 어떻게 확보를 할 것인지를 고민하는 것이 첫 번째 주요 요소인 '책 쓰기'를 달성하기 위한 시작점이 되겠죠.

그 다음에 실제로 현실에 대한 파악이 들어갑니다.

방금 작성한 목표 달성을 위해 해야 하는 일들을 앞에 두고, 각각 목표 대비 얼마나 진행되었는지를 점수를 매겨서 평가해보는 것입니다.

목표를 달성했다면 10점, 어림없이 모자란다면 1점을 기준으로 합니다. 그리고 이 평가 결과를 두고 어떤 부분이 가장 모자라고, 어떤 부분을 잘하고 있었는지를 스스로 이해하게 되는 것이 가장 명확한 현실 인식이 되어줄 겁니다.

책 쓰기의 진도가 너무나도 늦어지고 있어서 일정이 어그러지고 있다고 해봅시다.

내가 실제로 책 쓰기에 투입한 시간이 얼마만큼인지, 그리고 그 시간이 다른 일들보다 중요하게 다루어지고 있었는지, 내가 책을 쓰는 생산성이 가장 높은 시간이 언제였는지 등에 대한 생산성 분석이 필요할 것입니다. 그래서 얻어진 결과를 두고 언제 책을 쓰는 것이 효율적인지 파악이 되면 그 시간대에 책 쓰기에 집중할 수 있도록 다른 스케줄을 정비해야겠지요.

또한 지금 발생한 문제를 두고 고민해봐야 할 것은 어떤 측면에 대한 준비가 모자라서 발생을 한 것인지, 정말 예상할 수 없는 범주의 문제였는지에 대한 파악이 필요합니다. 준비가 모자랐다면 이제부터 유사한 문제가 다시 발생할 가능성은 없는지를 고민해 보고 대응 방안을 고민해야합니다.

만약 지금 발생한 문제가 가장 중요한 세 가지 항목에 들어있지도 않고 정말 예상할 수조차 없는 문제였다면 자신이 해 온 일이 잘못된 것은 아닙니다. 따라서 그런 일들 때문에 흔들릴 필요는 없습니다. 단, 그 일로 인해 목표를 달성하는 것에 어느 정도의 지연이 발생했다는 것만 받아들이고 나아가면 됩니다. 항해 중에 예상치 못한 폭풍을 만나면 그 자리를 지키고 서있는 것만으로도 정말 잘한 것이니까요.

목표를 향해 나아가는 것은 폭풍이 지나간 후에 다시 시작하면 됩니다.

그 과정에 많이 흔들리더라도 절대 놓치지 않아야 하는 것은 아무리 어려운 문제라고 해도 분명히 해결책은 있기 마련이라는 마음가짐입니다.

자신감이 없어졌다고 말씀을 하셨는데 사실 자신감이란 일을 잘해가면서 얻는 자기 충족감이 아닙니다.

자신감이란 문제가 생겼을 때 그 문제가 무엇인지 파악할 수 있고, 파악한 이후에는 그 문제를 해결할 방법을 찾을 능력이 있음을 의심하지 않는 것을 말합니다. 반드시 자신이 해결해야 하는 것도 아닙니다. 문제에 대한 정확한 파악이 이루어지면 다른 사람의 도움으로 해결할 수도 있으니까요.

지금의 문제가 발생한 이유를 정확히 파악해보세요. 그 다음에 그 문제를 해결하려면 어떤 것들을 해야 할지도 고민해보세요. 그 과정에서 목표를 달성하는 길이 좀 더 명쾌하게 보일 것입니다. 그리고 그 길 위에 보이는 중간 목표들을 언제까지 달성해야 하는지를 일정으로 만들게 되면, 이제는 정말 그 길을 걸어가기만 하면 되겠다는 다짐이 남게 되겠지요.

그 길 위에서 얼마나 열심히 걸어갈 수 있는지, 중간에 새서 다른 길을 가게 될지는 결국 사람마다 다릅니다. 하지만 이렇듯 명확한 목표들과 일정을 가지고 있다면 적어도 주변에서 하는 말들에 쉽게 흔들리지는 않을 수 있을 것입니다.

한 가지, 정말 중요한 주의 사항을 하나 더 알려드리자면 목표를 달성하기 위해 열심히 노력했지만 안타깝게도 이루지 못할 수도 있다는 것입니다. 하지만 그것은 삶에 있어 가장 중요한 자산이 되어줄 것입니다.

삶의 중간 중간 만나는 실패는 되돌릴 수 없는 것이 아닙니다. 오히려 좋은 경험이라고 여길 수 있어야 합니다. 어려운 일이겠지만, 그만큼의 근성이 있어야 의미 있는 무엇인가를 이룰 수 있을 수 있기 때문입니다.

그리고 많은 사람들과 이야기를 나누어 보면, 실패 자체를 절대 해서는 안 될 대상으로 여기고 그 부담감에 시작도 하지 못하는 경우를 많이 봅니다. 그리고 실패가 두렵다기보다도 부끄러운 것으로 인식하고 있다는 것이 정말 코치로서 속상할 때가 한두 번이 아닙니다.

여기서 실패하면 사람들이 나를 보고 실패자라고 할 것이고, 그래서 내가 사람들 앞에서 낙오자가 되는 모습이 부끄럽다는 것이지요.

하지만 임종을 앞둔 분들이 가장 후회하는 일이 무엇일까요?

해보고 싶은 일을 시작조차 해보지 못했다는 것입니다.

삶의 마지막 순간에 우리가 마음에 담아두게 될 것은 얼마나 많은 경험들을 해보고 배웠느냐이기 때문에, 과정에서 겪은 실패들은 각자의 마음먹기에 따라 반짝이는 삶의 경험이 되어줄 수 있습니다. 그러한 마음가짐을 가질 수 있는지, 그야말로 역경을 훈장으로 여길 수 있는지에 따라 탁월해지는 사람과 그렇지 않은 사람들로 나뉘게 됩니다.

꼭 기억해두세요.

실패는 두렵습니다.

그래서 더 철저히 준비해야 하고, 준비를 많이 한다고 해도 실제 이루어 가는 과정에서 뜻하지 않은 많은 풍파를 겪게 되기 마련입니다.

하지만 실패가 절대 부끄러운 일은 아닙니다. 지금의 힘든 일들이 모두 자산이 되어줄 것을 믿고 나아가시기 바랍니다.

— 2 —

관계 속에서 공허함을 느끼고 고독할 때

Q 많은 사람들을 만나고 정말 바쁘게 살고 있습니다. 하지만 집에 돌아오는 길에는 허탈한 마음이 들 때가 많아요. 좋은 분들이 분명히 주변에 많이 있는데도 그런 마음을 지울 수가 없습니다. 그리고 가끔은 사람들 앞에서 가식적으로 만들어진 모습을 보이는 것 같다는 생각이 들 때도 있고요. 시간이 지나면 나아질 거라고 생각하면서 지내지만 그 기간이 생각보다 길어지고 있습니다. 좋은 사람들 사이에서 느껴지는 이런 공허함의 원인은 어떤 것일까요?

코치의 조언

A 두 가지 측면에서 고민해볼 필요가 있을 것 같습니다.

1) 피상적인 인간관계에 너무 많은 에너지가 쓰이는 경우

사람이 가진 의지력이나 배려하는 마음 등도 모두 에너지입니다.

쓰면 사라지고 다시 채우는 데 시간이 걸리는 대상이라는 것이지요. 따라서 피상적인 관계에 너무 많은 에너지가 쓰이게 되면 정작 소중하고 중요한 사람들에게 쓸 에너지가 없게 됩니다.

사람을 대하는 데 자신의 의지가 중요하지 무슨 에너지 관리가 그렇게 큰 의미가 있느냐고 반문할 수도 있겠습니다.

맞는 표현이지요. 정말 중요한 상황에서는 자신의 좋은 에너지를 끌어올려서 상대를 대하고자 할 테니까요. 하지만 그런 하루 끝에 집에 돌아가면 과연 내 삶에 정말 가장 중요한 대상인 배우자에게는 어떻게 대하나요? 녹초가 되어서 집에 돌아가서도 따뜻한 마음을 전하는 것이 쉽던가요?

아마 그렇지 않을 것입니다.

대부분의 배우자 간 다툼은 서로 너무나도 힘이 들고 피곤한 시간에 발생할 것입니다.

그것이 에너지의 중요성을 설명해줍니다. 만약 같은 대화가 에너지 넘칠 때 이루어진다고 생각해보세요. 절대 그렇게 쉽게 싸움으로 번지거나 하지 않을 것입니다. 내가 좀 더 양보할 수 있는 여유도 가질 수 있고, 상대방도 마찬가지로 더 여유 있게 대화에 임하게 될 테니까요.

그럴 때는 쉽게 다툼이 발생하지 않습니다.

그래서 에너지가 중요합니다. 외부에서 의식적으로 힘을 쏟을 때는 물론 집에 돌아와서도 충분한 에너지로 소중한 사람들을 대해야 하니까요. 삶의 모든 것은 그 순간의 내 에너지가 결정합니다.

꼭 기억해주면 좋겠습니다.

이런 경우에 대한 대안은 두 가지 정도입니다.

첫 번째는 그다지 큰 의미 없는 만남을 줄이는 것입니다. 내가 꼭 가야 할 모임과 아닌 모임을 구분하는 것입니다. 특히 내 에너지가 너무나 낮은 상황이라는 느낌이 자주 든다면 되도록 외부 모임을 자제하길 권하겠습니다. 방전되지 않고 현재 가지고 있는 에너지를 아끼면서 그만큼을 소중한 사람들에게 더 많이 쓰는 것이 한 가지 방편이 될 수 있습니다. 그야말로 에너지의 소진을 최소화하는 대안이라고 할 수 있겠습니다.

그렇지만 이 대안은 생각만큼 큰 효과를 내기 어렵습니다. 왜냐하면 기존의 생활 패턴에 이미 많은 사람들을 만나야 하는 분들이 많기 때문입니다. 또한 그렇게 외부 활동을 많이 해야 하루가 만족스럽게 여겨지는 분들도 많을 것이기 때문입니다.

그런 경우에는 아무리 사람 만나는 것을 줄이라고 말씀드려도 쉽게 받아들이기 어려울 가능성이 높습니다.

그런 분들이라면 결국 두 번째 방법에 집중해야 합니다.

내가 가진 에너지를 순간적으로라도 끌어올리는 것입니다. 의식적으로 중요한 순간에 에너지를 향상시키는 것이지요.

중요한 사람과 만나기 직전이거나, 회의를 앞둔 시점에 숨고르기와 스트레칭 등을 통해서 혈액순환을 시키고 폐에 산소를 넣어주는 행동은 30분에서 한 시간 정도 내가 가진 에너지를 끌어올려 줍니다.

일시적으로 집중해야 할 때 활용하기 좋은 방법입니다.

이 방법을 가장 잘 활용하는 것은 바로 하루를 마치고 집에 들어가는 문 앞에 섰을 때입니다.

지금 문을 열고 들어가면 나는 이 안에 있는 사람들을 행복하게 해줄 것이라는 의지를 세우세요. 그 다음 잠깐이라도 심호흡과 스트레칭을 하고 긍정적 마음가짐을 갖는 시간을 가지세요. 그 단 한 가지만으로도 가족을 대하는 내 자세는 더 나아질 수 있습니다.

만약 운전을 하는 분들이라면 주차를 하고 차 안에 앉아서 잠시 눈을 감고 심호흡과 스트레칭을 하는 것도 좋은 방법입니다.

이렇게 두 가지 방법을 제시했지만 사실 더 큰 전제가 있습니다.

궁극적으로는 마음과 건강을 모두 지금보다 나아질 수 있도록 관리해주어야 합니다. 그래야 인간관계에 쏟을 수 있는 에너지가 커지게 됩니다.

식습관과 운동 습관, 수면 관리 등 모든 측면에서 내 에너지를 향상시키는 데 노력을 기울이는 것이 도움이 되겠지요.

앞선 이야기 중에서 '지금 나의 에너지를 의식적으로 관리하고 있나요.'의 내용들을 다시 한번 확인해보기 바랍니다.

2) 자기 자신과의 연계가 잘 이루어지지 않는 경우

앞서의 조언이 에너지 자체에 관심을 가졌다면 이번에는 자신을 대하는 방식에 대한 이야기입니다. 어쩌면 지금 드리는 이야기를 더 필요로 하셨을 가능성도 높을 것 같습니다.

좋은 사람들 사이에서 어울리고 있어도 사람은 고독할 수 있습니다. 자기 자신과 연계되어 있지 못하면 그 사람은 절대 다른 사람과 깊이 연계할 수 없기 때문입니다.

그렇다면 자기 자신과 제대로 연계하고 있는지는 어떻게 확인할 수 있을까요?

자신의 생각을 외부로 드러내는 것에 얼마나 자유로운가요? 표현하는 방식은요?

그리고 내가 좋아하는 것과 싫어하는 것에 대해서 잘 다스리고 있나요? 세상살이가 다 그런 것이라고 말하면서 자기 자신이 싫어하는 것들을 너무 강압적으로 참고 지내고 있지는 않은가요?

감정 표현의 측면은 어떤가요? 물론 감정이 떠오르는 대로 외부에 발산하는 것이 어른스러운 행동이라고 할 수는 없습니다. 그렇지만 그 감정을 받아들이고 난 후에 외부에 드러내는 방식을 고민하는 것과 그 감정 자체를 억누르는 것은 완전히 다른 이야기입니다.

그렇게 자기 자신을 보듬어 주고, 그 이야기를 들어줘야 자기 자신을 잘 돌보고 연계되어 있는 것이라고 할 수 있지 않을까요?

자기 자신도 돌보지 못하는 사람이 남과 깊은 교류가 이루어지기는 너무나도 어렵습니다. 그래서 언제나 진실한 내 모습으로 살아가는 것이 중요합니다. 물론 그 진실한 모습이라고 하는 것도 세상을 살면서 배우고, 나이 들어가면서 깨닫는 것들이 늘어 가면 조금씩 바뀌어 갑니다. 하지만 현재의 자기가 봐서 납득할 수 없는 삶을 살아가고 있다면 언제나 고독하다는 느낌을 받을 수밖에 없게 됩니다.

나조차도 이해할 수 없는 나를 과연 세상에 어떻게 내놓을 것이며,

내놓는다고 하더라도 과연 얼마나 많은 사람들이 나를 이해해줄 수 있을까요?

우선 자기 자신을 먼저 돌아봐야 합니다.

내가 생각하는 것과 삶이 얼마나 일치하고 있느냐, 아니면 지금은 서로 멀리 떨어져 있다고 하더라도 언젠가는 그 둘이 한 곳에서 만날 것임을 믿어야지만 자기 자신과 연계된 삶을 살고 있다고 할 수 있습니다.

앞서 한 이야기와 묶어서 말씀을 드리자면 자기 자신과도 연계되지 않은 사람은 그저 그 자리에 서 있는 것만으로도 엄청난 에너지를 소모하게 됩니다. 내 안에서 일어나는 싸움이 너무나도 치열하기 때문이지요. 세상 모두를 속이는 것보다 자기 자신을 속이는 것이 훨씬 더 어렵기 때문입니다.

요약하자면, 우선 큰 의미 없는 만남을 줄여보고 그 다음에는 건강관리에 좀 더 신경을 써서 자신의 에너지 레벨을 높여보기 바랍니다. 그리고 최종적으로는 자기 자신에게 진실한 삶을 살아가는 방향으로 나아가기 위한 노력을 시작해 보기 바랍니다.

— 3 —
일의 의미를 찾지 못하고 방황할 때

Q 오랜 준비와 힘든 시기를 거쳐 남들이 부러워하는 공무원이 되었습니다. 합격했을 때의 성취감도 정말 컸고 많은 이들의 축하도 받았습니다. 어느 덧 3년이라는 시간이 지났네요. 하지만 일의 의미를 잘 찾지 못하고 있습니다. 어디선가 읽은 내용으로는 월급을 주지 않아도 이 일을 하겠다고 덤벼들 만한 일을 하라고 하던데, 저는 만약 월급을 주지 않는다면 공무원으로서의 삶은 절대 살지 않을 것 같습니다. 그렇다고 이만큼 안정적인 직장을 떠나서 도전적인 어떤 것에 덤벼드는 것도 어렵습니다. 가족을 위해서 절대 해서는 안 될 일이라는 생각도 들고요. 가장으로서 지켜야 할 책임이 있으니까요. 이럴 때는 어떻게 해야 할까요?

코치의 조언

A 질문 안에 있는 단어 하나가 힌트가 되어 주는 것 같습니다.

공무원 시험을 합격했을 때 '기뻤다.' 내지는 '행복했다.'라는 표현을 쓰는 대신 '성취감이 컸다.'라는 말씀을 하신 부분입니다. 물론 그런 단어 하나로 사람의 성격을 파악할 수는 없겠지만 제가 느끼기에는 어떤 일을 함에 있어서 얼마만큼의 성취감을 얻느냐가 중요한 부분인 것 같습니다. 그렇다고 하면 공무원이라고 하는 현재 직업이 본인의 성향에 잘 맞아 떨어지는 직업은 아닐 가능성이 높을 수도 있습니다.

지금 저는 성급한 일반화를 하는 오류를 범하고 있습니다. 공무원이라는 직업에 성취감이 높지 않다는 것은 제 편견입니다. 다른 누군가는 충분한 성취감과 업무 만족도를 누리면서 지낼 수도 있습니다. 하지만 저는 지금 질문을 주신 분의 관점에 맞춰서 설명해드리는 것이기 때문에 이런 표현을 썼다는 것을 말씀드립니다. 그리고 제 조언은 그 관점에서 시작하겠습니다.

같은 일을 해도 누군가는 그 일에 만족감을 느끼고 다른 사람은 그렇지 못합니다. 물론 반복되는 일을 하다 보면 매너리즘에 빠져서 지루해질 수는 있습니다. 하지만 특별히 지금 하는 일에 흥미를 느끼지 못하신다면 일을 대하는 관점에 대해서 한번 생각해볼 필요가 있을 것 같습니다.

결국 사람을 자극하는 것은 변화입니다. 또는 역경이 있어야 합니다. 이 두 가지가 없으면 흥미가 생겨나기 어렵습니다.

사람들이 힘든 일과 변화를 싫어한다고 하지만 그것이야말로 삶이 재미없어지는 지름길인 셈입니다. 물론 집에서 같은 하루가 반복되는 것이 편하고 좋다면서 절대 변화를 싫어하는 사람들도 가끔 있습니다. 하지만 그런 사람들도 반복되는 일상에서 가끔 여행을 가고 싶어 합니다. 그 이야기는 모르는 장소에서 보지 못한 것들을 보고 듣고 먹고 싶다는 것을 의미합니다. 그러한 변화를 통해서 새로운 의미를 찾고자 하는 셈이지요.

그렇다면 그런 관점에서 현재의 업무를 한번 살펴보기 바랍니다.

작은 변화로 더 높은 성과를 만들어 낼 수 있는 업무들은 없나요? 지금만큼의 성과를 더 짧은 시간에 낼 수 있는 방법은 없나요? 아니면 같은 시간에 더 많은 성과를 낼 수 있는 방법은요?

그렇게 생각하고 일하면 그 사람에게만 일이 몰리게 돼서 똑같은 돈 받으면서 괜히 일을 더해야 한다고 할 수도 있습니다. 실제로 그럴 가능성도 높습니다. 박탈감이 느껴질 수도 있습니다. 아마 그런 측면에서 공무원이라는 직업이 마음에 들지 않는 측면이 있을 가능성이 높을 것 같습니다. 하지만 지금부터의 이야기를 집중해서 들어주세요.

성취감이라는 것은 무언가를 도전해서 이루어 가면서 얻는 긍정적 감정입니다.

세상에 너무나 많은 사람들이 그 감정을 얻지 못해서 힘들어하고 있지만, 성취감이라는 것은 사실 누구나 얻을 수 있는 권리입니다.

자기 자신만을 위해서가 아닌 보다 더 큰 무언가를 이루기 위해 애쓰고 세상에 공헌했다는 느낌을 가질 수 있습니다.

운 좋게 누군가만 당첨되는 복권이 아닙니다. 지금의 일에서 만족감을 느낀다는 것이 극히 소수의 사람에게만 주어지는 것이 아닌 겁니다.

제 개인적인 말씀을 조금 드리겠습니다.

건설회사에서 10년이 넘게 근무를 했습니다.

그 가운데에는 힘든 일도 있었고, 부당한 대우를 받기도 하고, 매너리즘에 빠져 흔들린 시절도 분명히 있었습니다. 하지만 저는 그 일을 좋아했습니다. 엔지니어로서 다른 사람들의 문제를 해결해주고, 회사에 기여하면서 많은 성취감과 만족감을 얻었습니다.

코치로서도 마찬가지입니다. 봉사활동을 하면서 만났던 학생들이 다시 찾아와서 사는 이야기를 해줄 때, 코칭을 받던 분들이 삶의 목표를 잘 찾아가고 있다며 인사해주실 때, 강연에 오셨던 분들이 제 이야기에 공감하며 눈물을 흘려주실 때 정말 감사하고 행복했습니다. 이 일을 시작하기를 정말 잘했다는 생각을 많이 했습니다.

그리고 그렇게 각각의 다른 업무에서 모두 성취감과 만족감을 얻기 위해서는 한 가지 마음가짐이 절대적으로 필요합니다.

바로 평범해지지 않겠다는 마음입니다.

물론 세상 어느 누가 잘하고 싶지 평범하고 싶겠느냐고 물어볼 수도 있겠지만, 의식적으로 평범함을 넘어서겠다는 의지를 가진 것과 아닌 것은 다릅니다.

그렇게 더 탁월해지는 것을 선택하고 그렇게 되기 위해서는 어떤 것들이 필요한지를 파악하고 실천해가야 합니다.

똑같은 돈을 받고 일을 더 많이 하는 것이 억울한 것이라고 여긴다면 탁월한 삶으로 나아가기는 어렵습니다. 그리고 앞서 말씀드린 대로 평범함을 선택하면 삶이 지루해지기 쉽다는 것은 각오하고 있어야 합니다.

어떤 방향으로 삶을 이끌어 갈지는 본인의 선택입니다. 무엇이 옳다 내지는 그르다는 답은 없습니다. 다만 그 삶의 끝에서 후회하지 않을 삶을 살면 되겠지요. 여기까지가 제 첫 번째 조언입니다.

두 번째 조언은 이미 마음이 완전히 떠났을 경우에 대한 말씀을 드리겠습니다.

사실 이 경우에는 앞선 조언이 조금은 자극이 될 수는 있지만 마음이 향하는 큰 방향을 바꾸기는 어려울 테니까요.

공무원인 입장에서 현재의 안정적인 직장을 버리고 새로운 커리어를 시작한다는 것은 매우 어렵습니다. 쉽게 결정할 수 있는 선택이 아니죠. 언급하신 대로 가장으로서의 책임이 있으니 자기 자신을 찾는 여행을 위해 모든 것을 다 걸 수는 없는 입장인 것도 공감이 갑니다.

저도 가정이 있고, 커리어를 바꾸는 경험을 해보면서 그 책임감이라는 것이 어떤 것인지 너무나도 강하게 느꼈기 때문입니다.

그런 경우에는 원하는 커리어와 관련된 것들을 재능 기부나 봉사활동을 통해 시작해 보세요. 말 그대로 수입이 발생하지 않아도 그 일을 하고 싶은지 확인할 수 있는 방법입니다.

제 경우에도 그 과정을 거치면서 코치가 된다는 것을 더 진지하게 고민하고 그 삶으로 한 발씩 내딛을 수 있는 원동력을 얻었습니다.

만약 가정 상황이나 가까운 사람들의 반대로 인해 그마저도 시작하기 어렵다면, 다음과 같이 조언을 드리고 싶습니다.

현재 삶에서 성취감을 높이기 위해서 필요한 것은 결국 '새로운 도전'입니다. 그리고 그 도전이 반드시 커리어를 바꾼다든지 하는 형태의 너무나도 드라마틱한 변화만 해당하는 것은 아닙니다.

새로운 취미를 만들어 보세요.

기타나 피아노 같은 악기를 배워보든지, 배드민턴이나 테니스, 자전거 같은 운동도 좋겠습니다. 아니면 그림을 그리거나 조형물을 만드는 취미도 좋습니다. 요리를 배워보는 것도 정말 좋을 것 같습니다.

이러한 활동을 제안해드리는 이유는 작은 성취들을 자주 이어갈 수 있는 기회가 될 것이기 때문입니다.

성취했다는 기쁨을 자주 느끼게 되면 삶의 열정이 다시 생겨날 가능성이 높습니다. 가장 안전한 새로운 도전은 바로 '배움'이기 때문입니다.

이렇게 삶의 주요 요소 중에서 취미가 활성화되게 되면, 물론 각자의 건강 수준에 따라 다르겠지만 전반적인 삶의 열정이 높아지게 됩니다. 그렇게 높아진 열정으로 인해 일에 대한 의미를 다시 찾게 될 수도 있고, 삶의 다른 분야의 성취를 높이면서 좋은 자극의 선순환도 발생할 수 있게 됩니다. 그러니 꼭 취미에 관심을 가지고 개선해보기 바랍니다.

콕 집어서 한 가지만 추천한다면, 주변의 좋은 사람들과 함께 운동을 하는 취미를 만들어보세요. 건강과 친구/동료, 그리고 취미 분야가 한 번에 개선되는 효과가 있을 수 있을 것입니다.

지금까지 꽤 많은 것들을 언급해 드렸는데요. 다시 한번 꼼꼼히 돌아보면서 원하는 방향을 고민하고, 그 끝에서 멋진 선택을 하길 응원하겠습니다.

— 4 —
원하지 않는 인생을 살고 있을 때

Q 이 세상에 자기가 원하는 삶을 살고 있는 사람이 그리 많지 않을 거라는 것은 잘 알고 있습니다. 하지만 어쩔 수 없이 수동적으로 끌려가는 제 삶이 너무 싫습니다. 저도 뭔가 제가 바라는 삶을 찾아서 거기에 매진하고 싶어요. 어떻게 해야 할까요?

코치의 조언

A 말씀을 드리기 전에 우선 짚고 넘어가야 할 것이 하나 있습니다.

어떤 환경에서 어떻게 끌려가고 있는지에 대한 말씀을 하지 않으신 상황입니다. 그렇다면 조언을 드리기도 어렵습니다.

똑같은 질문을 하더라도 주어진 환경에 따라서 누군가에게는 따뜻하게 보듬어 주는 말 한마디가 필요할 수도 있고, 누군가에게는 정신이 번쩍 들 만큼 강한 어조로 냉철하게 이야기해야 할 때도 있을 테니까요.

지금은 냉철하게 말씀드리고 싶습니다.

따뜻한 조언과 위로를 해줄 수 있는 분은 분명히 주변에 또 있을 테니까요. 그럼 이제 시작하겠습니다.

본인이 바라는 삶을 찾아서 매진하고 싶다고 하는데, 과연 얼마나 치열하게 본인이 바라는 삶을 찾아보셨는지 되묻고 싶습니다.

고등학교, 대학교를 지나면서 몇 번은 마주쳤을 문제일 것입니다. 심지어는 사회에 나와서도 말입니다.

내가 바라는 삶은 어떤 것인가에 대한 고민이 없었을 것이라고는 생각하지 않습니다. 다만, 정답이 없는 문제를 두고 정답을 찾고 있던 것이 아닌가 싶습니다.

자기가 원하는 삶을 처음부터 알고 있는 사람은 거의 없을 것입니다. 살면서 그 답을 만들어 가는 것이지요. 만약 정답이라는 것이 있다면 당연히 모든 사람이 그 삶을 살려고 하지, 지금처럼 수많은 종류의 삶의 모습들이 세상에 있을 리 없습니다. 그래서 아무리 나를 잘 아는 부모님이나 친구라고 해도 내가 원하는 삶을 찾아줄 수는 없습니다.

물론 자꾸만 정답이 있는 것처럼 느껴질 것입니다.

주변의 누군가가 성공한 이야기, 사람들이 제안하는 성공 방정식이 정답인 것처럼 다가오겠죠.

하지만 삶에서 정말 원하는 것을 찾겠다는 시험지는 결코 다른 사람이 답을 내줄 수 없습니다. 몰래 남들의 답안지를 훔쳐봐도 별반 도움이 되지 않습니다.

그저 주변에 좋은 분들의 조언을 듣고 경험을 하면서 자기가 만들어내야만 합니다. 설마 내 삶이라는 연극에서조차 주인공이 아닌 채로 조연으로 남고 싶지는 않으실 테니까요. 행여나 그런 고민이 어렵고 힘들어서 삶의 주연 자리를 다른 사람에게 내주고 그저 시키는 대로 따라가고 있다면, 그것이야말로 진정 끌려가는 삶일 겁니다.

돈이건 부모님이건 내가 아닌 다른 대상에 의해 끌려가는 삶을 빨리 끝내야만 합니다. 그 이유는 간단하고 명쾌합니다. 내가 끌고 가건, 다른 사람에 의해 끌려가건 모든 책임은 내가 지는 것이기 때문입니다.

내가 만들지 않은 삶은 없습니다. 끌려가는 것조차도 내가 허락하지 않으면 일어나지 않을 일입니다. 어쩔 수 없다고 말하는 것은 핑계일 가능성이 높습니다. 그저 끌려가는 것이 익숙하다 보니 습관처럼 끌려가고 있으면서 어쩔 수 없다고 하는 것은 아닌지 돌아보기 바랍니다.

억울하다고 느낄 수도 있지만 지금의 나를 만든 건 무조건 나입니다. 모든 결정은 내가 한 겁니다. 따라서 삶의 주인공으로 살아오지 못했다고 해도 그 책임도 본인에게 있습니다.

내 삶을 두고도 주인으로 살지 못하면서 내가 원한 삶은 이런 것이 아니었다고 말할 자격은 없습니다.

선택과 책임.

이 두 가지는 아무도 대신해 줄 수 없는, 삶의 가장 깊은 곳에 있는 인생의 주춧돌이기 때문입니다. 다시 한번 강조하겠습니다.

선택과 그에 따른 책임. 이 두 가지는 절대 외면할 수 없습니다.

조금 더 이야기를 확장하겠습니다.

본인의 삶에 일어난 일이라면 선택하지 않은 것까지도 내가 지고 가겠다는 마음을 갖기 바랍니다. 역시나 이유는 간단합니다. 본인이 외면하면 그 누구도 책임져 주지 않기 때문입니다.

내 삶의 방향을 결정지은 일이지만 내가 선택하지 않았던 일, 예를 들자면 너무 이른 나이에 부모님을 잃은 것과 같은 마음 아픈 일들, 가족의 삶을 짊어지고 있는 위대하지만 숨 막히는 책임감과 같은 것들도 포함합니다.

내 삶의 중간에 일어난 모든 일들은 내가 의도했건 그렇지 않았건 총체적인 책임이 자기 자신에게 있습니다. 세상에 태어난 것은 자기 의지가 아니지만, 그 이후에 모든 것은 결국 내가 다 지고 가야 됩니다.

절대 피할 수 없는 명제이지요.

이 문제를 두고 도망가는 삶을 산다면, 절대 평생 원하는 삶을 살게 될 용기조차 낼 수 없을 것입니다. 현실을 받아들이지 않고서는 더 높은 곳을 바라볼 수는 없을 테니까요.

현실을 받아들인다는 말은 그만큼 어려운 일입니다.

하지만 아무리 어려워도 거기서 시작해야 합니다. 그 선택의 기로에서 이번에는 물러나지 말고 꿋꿋이 버티어 내시길 바랍니다. 사람은 그렇게 성장해 가는 것이니까요.

제가 지금까지 드린 말씀을 받아들이셨다는 전제하에 원하는 일을 찾을 수 있는 방법에 대해 간단한 팁을 드리고자 합니다.

이전에 말씀드렸던 삶의 주요 8가지 분야를 나아지게 하는 데 온 에너지를 집중해 보기 바랍니다. 각각의 점수를 매주 매겨가면서 얼마나 나아지고 있는지를 점검하고, 의식적으로 더 나아지기 위해 노력해야 합니다.

그 와중에 자신에게 어떤 분야가 더 중요한지 알게 될 것입니다. 그러면 그 분야에서 새로운 의미를 찾을 수 있게 될 것입니다. 그렇게 각 분야가 개선되어 가다 보면, 내가 하고 싶은 일이 어떤 것인지에 대한 힌트를 발견할 수 있을 겁니다.

제가 지금 드린 말씀을 무시하지 말고 꼭 실천해보세요. 어쩌면 지금 이 글을 읽은 순간이 본인의 삶을 통째로 바꾸는 시작점이 될 수도 있습니다. 잊지 마세요.

— 5 —

행복하지 못하다고 느낄 때

Q 다른 사람들과 비교했을 때 크게 모자람 없이 살고 있습니다. 사내아이 둘을 키우고 있는데 공부를 잘하지는 않지만 아픈 데 없이 건강하고, 저희 부부는 맞벌이하면서 각자의 위치에서 노력하고 있고요. 돈이 많지는 않지만 먹고 사는 일에 큰 어려움은 없습니다. 특별히 잘되고 있거나 하는 일도 없지만 그렇다고 딱히 잘못되고 있는 일도 없는 상황입니다. 조용히 흘러가고 있다고 하면 맞을 것 같습니다. 하지만 그다지 행복하다는 느낌을 받지는 못합니다. 뭐랄까, 주어진 숙제를 그냥 해 나가고 있는 느낌이라고 하면 맞을 것 같습니다. 어떻게 해야 나아질 수 있을까요?

코치의 조언

A 질문이라는 것은 해석하는 방법에 따라 달라집니다. 말 그대로 현재 행복하다는 느낌을 받지 못하는 것인지, 아니면 단어는 행복이

라고 적으셨지만 삶의 충만함을 느끼지 못하는 것인지는 구분을 지어야 할 것 같습니다. 일단은 행복하다는 느낌을 받지 못한다는 문맥 그대로에 대해서 조언을 드리고, 그 다음은 삶의 충만함이라는 측면에서의 말씀을 드리겠습니다.

행복하다는 느낌을 받는다는 것에 대해서도 두 가지 말씀을 드릴 수 있을 것 같습니다.

첫째는 현 상황에서 큰 변화 없이도 어떻게 하면 더 행복감을 많이 느낄 수 있는가에 대한 것이고,둘째는 더 행복한 일들이 많아지도록 변화해 가는 것에 대한 것입니다. 물론 두 가지를 모두 적용한다면 더 좋겠지요. 자, 그럼 첫 번째 말씀을 드릴게요.

1) 현재 상황에서 큰 변화 없이도 더 많은 행복감을 느끼고 싶을 때

큰 변화 없이도 더 많은 행복감을 느끼는 방법은 어찌 보면 간단합니다.

주어진 것들에 의미를 부여하는 것입니다.

지금 내 곁에 감사할 일들을 되도록 많이 찾으면 됩니다. 감사를 한다는 것은 용서와 더불어 자신에게 주는 가장 큰 위로가 되어주기 때문입니다.

누군가에게 감사하다는 생각을 하게 되면 두 가지 측면에서 행복감을 고양시킵니다.

첫 번째는 그 표현을 하고 있는 순간에 자기 자신이 느끼는 것입니다.

말이나 글에는 힘이 있고, 그 힘이 가장 긍정적으로 자기 자신에게 영향을 주는 순간이라고 할 수 있겠습니다. 고맙다는 표현을 말하면서 본인에게도 고마워한다고 생각하면 가장 이해하기 쉬울 것 같습니다.

두 번째는 관계를 잘하고 있다는 감정입니다.

누군가에게 감사하다는 표현을 하게 됨으로써 자신이 좋은 사회 구성원이 되었다는 느낌을 받게 됩니다. 더 가치 있는 사람이 되었다는 만족감이 생긴다고 보면 될 것 같습니다.

그런 측면에서 현재 있는 그대로의 상황에서 더 행복해지는 방법으로 '감사 일기'를 적는 습관을 가져보길 추천하겠습니다. 그리고 가능하면 자신과 관계를 구분지어서 쓰면 좋겠습니다.

오늘 하루 안에서 자기 자신에 대해 감사한 일을 적고, 그 다음에는 내 주변의 사람들이나 주어진 일에 대해서 감사한 것을 적는 겁니다. 만약 몇 개나 적어야 하느냐고 물어본다면 각각 최소 3가지로 정하길 권해드립니다.

감사 일기라고 해서 거창할 것은 하나도 없습니다. 그저 오늘 하루에 일어난 일 중에서 아무리 사소한 것이라도 감사할 만한 사건이 있었다면 그 일을 기록하면 됩니다.

짧게 남겨도 좋습니다. '점심에 먹은 미역국이 맛있었다. 감사하다.'와 같은 이벤트를 적는다든지 '오늘 아침도 건강하게 일어날 수 있었음에 감사하다.'와 같은 자신의 반복된 현실에 대해서도 감사할 일은 정말 많습니다.

이러한 것들 중에서 딱 3가지씩만 매일 기록해보세요.

처음에는 큰 효과가 없을 것처럼 느껴질 수 있겠지만, 약 3개월~6개월 정도면 삶을 대하는 마음 자세가 많이 바뀌는 경험을 할 수 있을 것입니다.

2) 일주일/한 달에 하나씩 새로운 도전해보기

새로운 것에 대한 호기심은 인류가 성장해온 근본 요소이기도 합니다.

호기심으로 인해 인류는 정말 많은 것들을 이루어 왔죠. 개인도 크게 다르지 않습니다. 새로운 무언가가 지속적으로 자극을 해 주어야 활력이 생깁니다.

그 자극이라는 것이 반드시 크고 중대한 것일 필요는 없습니다.

한 번도 시도해보지 않은 운동을 해 본다든지, 동네에 새로 생긴 예쁜 카페를 찾아가본다든지, 숨은 맛집을 찾아본다든지 하는 것도 좋은 자극이 됩니다.

무거운 것들은 당연히 부담을 주기 마련이지만, 그런 소소한 새로움을 찾는 것은 언제나 좋은 생활 속의 습관이 되어줍니다.

그런 활동을 의식적으로 계획해 보기 바랍니다.

일주일, 한 달 단위로 나누어서 하면 더욱 좋습니다.

예를 들자면 이번 주말에는 이태원에 가서 한 번도 먹어보지 못한 이국적인 음식점을 찾아가는 겁니다.

한 달 단위로는 새로운 모험을 해보세요.

패러글라이딩이나 스카이다이빙, 번지 점프 같은 짜릿한 스포츠를 해볼 수도 있고, 필라테스 같은 처음 시도해보는 운동에 도전할 수도 있습니다. 아니면 오랜 시간 마음에 담아두었든 기타를 배우는 도전도 해볼 수 있겠지요. 그런 것들이 큰 활력으로 다가올 가능성이 매우 높습니다.

그리고 세 달에 한 번은 반드시 제대로 휴가를 가기 바랍니다.

금요일 휴가를 내고 2박 3일간 여행을 하는 것이 가장 좋습니다.

국내에도 가보지 못한 곳이 많고, 한 번 가본 곳이라고 해도 계절의 변화가 주는 차이로 인해 새로운 즐거움을 줄 것입니다. 그렇게 의도적인 새로움을 많이 계획하다 보면 지금보다 훨씬 더 행복감을 자주 느끼실 수 있습니다.

그 다음은 삶의 충만감에 대한 말씀을 드리겠습니다.

삶의 진행 단계에 대해서 저는 세 가지로 구분합니다.

첫 번째는 짓눌려 있는 삶, 두 번째는 편안하고 안락한 삶, 세 번째는 충만감을 느끼는 삶입니다. 그 에서 현재 말씀해 주신 삶은 두 번째에 해당할 것 같습니다.

편안한 삶의 단계의 초기에는 참 많은 행복감을 느끼게 됩니다. 그야말로 작은 것들에도 감사하는 마음이 저절로 피어오르죠. 주변 사람에게도 더 잘해주게 되고 삶이 점점 나아진다는 희망도 품게 됩니다. 하지만 결국 시간은 모든 것을 익숙하게 만듭니다. 그리고 익숙함이 짙어지면 결국 시들해지기 마련입니다.

인류가 발전을 해온 것은 그런 익숙함을 벗어나 새로움을 추구하는 과정이었다는 것을 기억해주기 바랍니다. 어쩌면 숙명적으로 새로운 것을 지속적으로 찾아서 도전하도록 프로그래밍 되어 있다고 봐도 무방할 것 같습니다.

따라서 앞서 말씀드린 것들을 시도해도 삶에 채워지지 않는 때가 찾아옵니다. 그럴 때는 의도적으로 변화를 위해 노력해야 합니다.

사실 많은 사람들이 이러한 고민이 생겼을 때 처음으로 자기 계발이라는 것을 시작합니다. 과연 내 삶을 어떻게 살아야 할 것인가에 대한 진지한 고민이지요. 그리고 그 여행은 한번 시작하면 평생을 이어가야 합니다. 한번 시작한 변화는 끝나지 않기 때문입니다. 반드시 계속해서 무언가를 더 알고 싶어집니다.

지속적으로 자신의 삶이 향하는 방향에 대해 의문을 품고 지금의 삶의 모습과 살아가고 싶은 모습을 일치시키기 위해서 노력해가기 바랍니다.

그 끝에서 원하는 목적지에 완전히 도달하지는 못할 수도 있겠지만, 적어도 그 과정에서의 배움과 성장만으로도 큰 의미가 있을 것입니다. 물론 그 길이 어려우시겠지만 분명히 의미 있다는 것을 배우게 될 겁니다. 잘해내길 응원하겠습니다.

— 6 —
돈이 부족하다고 느낄 때

Q 코치님은 살면서 돈이 충분하다고 느끼신 적이 있었나요? 저는 항상 돈이 부족해서 애쓰고 있습니다만 도통 자산이 늘어나지 않습니다. 나름 열심히 아끼고 모으지만, 대체 언제쯤이 되어야 만족하는 수준까지 모아질지 모르겠습니다. 그 목표가 너무 멀어 보이다 보니 숨이 막히는 기분이 들어요. 어떻게 해야 할까요?

코치의 조언

A 이 문제에 대한 답변은 코칭과는 큰 연관은 없을 것 같습니다. 하지만 제가 가진 생각을 이야기해 드리도록 하겠습니다.

돈은 절대로 충분해지지 않는 것 같습니다. 물론 제가 큰돈을 가져보지 못해서 하는 이야기인지도 모르겠습니다. 큰돈을 벌어보지도 못하고 이렇게 말씀을 드리는 것은 난센스일 수도 있습니다. 하지만 적어도 저는 정말 큰 부자 한 분을 코칭해본 적이 있습니다. 그분의 말씀을 들으면서 돈이라는 대상에 대해서 참 많은 것들을 알게 되었습니다.

그분은 외국 분이었습니다. 유럽에서 왔고 회사 3개를 가지고 있는 그룹 오너였습니다.

그 교육에 온 이유는 코칭 방법을 배워서 각 회사마다 자기가 고용한 CEO 및 임원진들을 코칭하기 위함이었습니다.

그룹 오너가 코치 교육을 받아서 자기 회사의 임원들을 코칭하겠다는 생각으로 교육에 참가한다는 것이 참 신기했던 기억이 납니다.

CHPC의 경우에는 교육이 끝난 후에도 코치들이 서로 라이프 코칭을 하면서 경험을 쌓기를 권하기 때문에 그분과 그 이후에도 몇 번 연락을 해서 서로 코칭을 했었습니다.

그분이 얼마나 돈이 많은지는 잘 모릅니다. 다만 처음 만났을 때 제가 어디서 왔느냐고 했더니 집은 유럽이고, 방금 몬트리올에서 회의를 하고 왔다고 했습니다. 이 교육이 끝나면 LA로 넘어가서 미국으로 사업을 확장하는 것과 관련된 회의를 한다고 했습니다. 그리고 회의가 끝나면 라이프 코치를 만나 상담을 하고 다시 몬트리올에 가서 몇 가지 의사결정을 한 다음 아내를 불러다가 일주일간 휴가를 보낼 거라고 했습니다.

라이프 코치가 LA에 사는 사람이냐고 물었더니, 그건 아니고 그 코치와 함께 LA 해변을 걸어보고 싶어서 자기가 불렀다고 하는 바람에 제가 눈이 휘둥그레져서 놀랐던 기억이 납니다. 아버지가 하던 작은 회사를 물려받아 시작했지만 지금처럼 키워낸 것은 순전히 본인의 노력이었다고 했던 것도 기억에 남습니다. 여기까지만 들어도 정말 상식 밖의 부자라는 것은 대충 알 수 있었습니다.

그런데 그분과 서로 코칭을 진행하면서 느꼈던 것은 결국 똑같은 돈의 문제로 고민하고 있다는 것이었습니다.

그 규모가 다를 뿐이었어요.

가장 적절한 비유를 해드리자면 제 아들 녀석이 장난감이 가지고 싶어서 돈이 필요하다는 고민을 하는 것과 같았습니다.

어떻게 3만 원이라는 거금을 만들어 낼 것인가에 대해 진지하게 고민합니다. 그것이 부모인 제가 보기에는 큰일이 아니지만 제 아들에게는 세상 중요한 고민이죠.

마찬가지였습니다.

제가 하는 금전적인 고민이 그분에게는 큰 고민의 대상이 아니지만 결국 그분도 그 상황에 맞는 고민은 심각하게 하고 있었습니다.

제가 집을 사고 싶다는 마음에 돈이 필요한 고민을 하는 것과 그분이 사업을 더 크게 키우기 위해 고민하는 것이 결국 돈이 부족하다는 현실에 대한 것이었습니다.

아무리 돈이 많아져도 결국 그 다음 단계의 고민은 이어지고, 그 순간에 하는 고민의 본질은 같다는 것을 알게 되었습니다.

주어진 현실은 각자가 다르지만, 각자의 위치에서 이루어낸 성취는 항상 또 다른 욕망을 낳습니다. 그리고 그 욕망을 달성하기 위해 우리 모두가 애를 쓰면서 살게 됩니다. 그 이야기는 결국 아무리 벌어도 돈이 충분해지지는 않는다는 것이지요. 그렇다면 우리는 이렇게 질문해봐야 합니다.

"돈이 모자란 걸까, 아니면 행복과 돈은 서로 별개인 걸까?"

이 이야기와 연관된 연구도 있습니다.

미국에서 2008~2009년에 걸쳐 45만 명에 달하는 사람들에게 조사를 했습니다.

그 결과는, '소득이 높아질수록 삶의 만족도는 높아지지만 행복감은 연봉 8,500만 원 부근에서 멈춘다.'라는 것입니다.

대부분의 경우 이 문장의 의미를 연봉이 8,500만 원이 넘으면 더 이상 행복해지지 않는다고 이해하지만, 좀 더 명확히 할 필요가 있습니다.

삶의 만족도, 그러니까 내 삶이 지금 잘살고 있느냐라는 평가를 하는 것에 있어서는 돈을 많이 버는 것은 측정 기준이 되어줍니다. 자본주의 시대이다 보니 자기 분야에서 일을 하면서 많은 돈을 받는 것이 성공의 기준이 되어준다고 이야기한 것이죠.

그 내용을 이해한 다음 행복감에 대한 평가를 고찰해봐야 합니다.

버는 돈이 많아질수록 일이라는 분야의 성공은 이루어지는 것으로 느끼지만, 정작 그래서 행복한지는 잘 모르겠다는 이야기죠.

삶을 돌아보면 연봉이 8,500만 원이 넘어가면서부터는 큰 차이가 없다고 결론지은 것입니다. 이미 오래전 연구 결과이다 보니 지금의 기준으로 본다면 연봉 1억 정도라고 보면 무난할 것 같습니다.

이 이야기의 핵심을 우리의 삶과 비교해보겠습니다.

사회생활 초기에 연봉이 오르면서 만족도와 행복감이 높아지다 보니 돈을 더 많이 벌면 무조건 더 행복해질 거라는 생각을 하게 됩니다. 그래서 그 과정에 사람들이 가장 많이 범하는 오류가 있습니다.

자산의 규모를 가지고 내 삶의 가치를 정량화하려고 드는 겁니다. 모든 성취를 돈이라는 매개체로 평가하려고 한다는 이야기입니다.

많은 사람들이 새로운 도전을 시작한 사람을 두고 다른 사람들에게 묻습니다.

"그래서 그 사람 그거 해서 돈 벌었어?"

성공도, 도전의 가치도 모두 돈을 기준으로 판단하겠다는 이야기이지요. 하지만 그렇게 시작한 비교는 언제나 그 마지막에 비참한 기분을 만들어냅니다. 세상에 나보다 잘사는 사람, 돈 많은 사람은 언제나 너무나도 많기 때문입니다.

과연 그러면 지금 말씀해주신 문제가 돈이 얼마까지 벌면 해결이 될까요? 연구 결과를 따라서 연봉을 1억 정도를 벌게 되면 끝이 날까요?

절대 그렇지는 않을 것 같습니다. 그 이후로도 무수한 욕망이 따라

붙을 테니까요.

물론 열심히 돈을 벌고 모으는 행동을 두고 잘했는지 아닌지를 평가할 이유는 없습니다. 본인이 믿는 바를 시행하기 위해 노력하는 것이므로 존중 받아야 할 행동이지요.

저는 더 나아지고 싶다는 그 의지와 열망을 존중하고 싶습니다.

그렇다면 제가 이 시점에 드려야 할 조언은 무엇일까요? 돈을 덜 벌어도 행복하다는 관점을 만들라고 하는 것일까요?

그것은 너무나 비현실적인 이야기입니다. 사람의 본성을 거스르는 조언인 셈이지요.

그렇다면 돈을 어떻게든 치열하게 더 벌라고 말씀을 드려야 할까요? 그것도 잘 모르겠습니다. 얼마만큼의 돈을 벌면 지금의 마음이 덜어내어질지를 알 수 없기 때문입니다.

그저 한 가지 주의사항만 말씀드리고 싶습니다.

돈을 아껴 쓰고 열심히 모아서 원하는 자산을 만들기 위해서 애를 쓰되, 돈 쓰는 것을 너무 아끼면 안 되는 분야도 있다는 것입니다.

결국 우리는 어제보다 더 나은 나를 만나기 위해서 애를 씁니다. 그렇다면 자신을 더 나은 사람으로 만들기 위한 비용까지 아끼면서 돈을 모으려 하지는 말기 바랍니다. 더 나은 나로 변해가는 것이 주는 성취감과 그로 인한 만족감을 놓쳐서는 삶을 지속하는 원동력이 약해집니다. 우리는 돈 버는 기계는 아니니까요.

나의 내면을 키워주는 좋은 책 한 권을 사거나, 명사의 강연 등을 듣는 비용, 자신이 꼭 배워야 하는 것들, 예를 들자면 외국어라든지 글쓰기 능력, 발표 능력을 키우는 일 같은 것들에는 돈을 아끼는 것은 도움이 되지 않습니다.

삶에서 자기가 지배하는 시간을 늘려가야 하듯 자신이 할 수 있는 일들의 범주도 넓혀가는 것이 중요합니다.

자신의 능력이 확장되어 가는 것처럼 뿌듯한 것이 없습니다. 그리고 그 과정에 정말 자기가 하고 싶은 것이 어떤 것인지 더 많이 알게 됩니다. 그리고 그런 것들을 하나씩 해나가면서 진정 소중한 가치를 부여할만한 일을 알 수 있게 됩니다.

그렇게 자기가 하고 싶은 일을 찾아서 그 분야에서 일을 해서 돈을 벌게 된다면, 그 금액에 관련 없이 큰 성취감을 느끼게 됩니다. 같은 금액의 돈이라고 해도 느끼는 행복감이 다릅니다. 뿌듯함이랄까요. 그런 것이 가슴 가득해집니다. 그것이 우리가 원하는 삶이 아닐까요?

지금까지 제가 드린 이야기가 질문에 대한 충분한 답이 되지는 않을 수도 있을 것 같습니다. 하지만 돈에 대한 제 답은 이렇습니다.

자기가 사랑하는 일을 하면서 버는 돈으로 생계를 유지해가고 미래를 그려볼 수 있는 디딤돌이 되어주는 만큼이라면 그만큼 소중한 돈은 없을 것입니다. 절대적인 양을 기준으로 고민해봐야 답은 없을 테니까요.

도움이 되셨기를 바랍니다.

— 7 —
사람들 앞에서 발표를 잘하고 싶을 때

Q 회사를 다니면서 가장 크게 스트레스를 받는 것이 발표하는 것입니다. 회의를 하면서 의견을 나누는 것은 크게 어렵지 않은데 공식적인 발표를 하게 되면 긴장을 너무 심하게 하는지 식은땀만 흘리면서 말을 제대로 하지 못합니다. 처음 회사를 다니기 시작할 때는 다들 더 나아질 거라고 하셔서 그러려니 생각했는데 어느덧 3년차가 다 되어 가는데도 여전히 발표를 하는 것은 겁부터 납니다. 저는 왜 이렇게 발표를 못 할까요? 코치님은 워낙 말을 잘하니 그런 걱정을 해보지 않았을 것 같기는 하지만, 저 같은 사람은 어떻게 해야 사람들 앞에서 말을 잘할 수 있을지 혹시 알려주실 수 있을까요?

코치의 조언

A 사람들은 다른 사람의 현재 모습만을 보는 경우가 많습니다. 그리

고 잘 알지 못한 채로 그 사람에 대해 쉽게 단정 짓기도 합니다. 그것만큼 안타까운 오해가 없습니다. 지금 그 사람이 예전에 어떤 모습이었는지, 그리고 미래에 어떤 모습이 될지는 아무도 알 수 없는 일입니다. 방금 저에 대한 이야기도 완전히 잘못 알고 계신 상황이니까요. 제 예전 말씀을 한 가지 드리겠습니다.

25살 청춘이었던 시절이었습니다.

단체로 봉사활동을 갔습니다. 약 30명 정도가 함께 했고, 각 팀당 5명으로 나누어서 활동을 시작했습니다.

그날의 봉사활동은 독거노인 분들을 한나절 돌봐드리는 일정이었고, 일부는 어르신들과 이야기를 나누면서 시간을 보내고 나머지는 집안의 여기저기를 정리하면서 월동준비를 위해 창문에 에어캡을 붙이는 작업 등을 했습니다.

그때 우리가 찾아갔던 할머니는 두 눈이 보이지 않으셨습니다. 그래서 집 안에 있는 물건들의 위치를 바꾸지 말아달라고 신신당부를 하셨지요. 그래서 특히 더 조심해야 했습니다.

우리가 실수로 위치를 바꾸면 할머니가 너무 많이 고생을 할 테니까요.

세 시간 정도 일도 하고 이야기도 나누고 과일도 나누어 먹으면서 서로 친해졌습니다. 도착해서부터 할머니 손을 잡고 말씀을 나누던 여성분은 끝나고 나오는 길에 가야 해서 죄송하다고 하면서 눈물을 흘리기도 했지요. 그러자 할머니는 괜찮다고 하시면서, 이렇게 와준 것만 해도 그저 고맙다고 손을 쓰다듬어 주셨고, 그 여성분은 더 많이 울었습니다.

기분이 참 오묘했습니다. 고작 한나절의 가치가 이렇게 큰 것일 수도 있음에 놀랐지요.

다시 처음의 모임장소로 돌아왔을 때, 저희 팀원들이 앉아서 이야기를 나눌 때 저는 그 생각을 나누었습니다.

한나절의 가치가 이렇게 클 수도 있다는 것에 참 놀라웠다고 하면서 무심하게 지나쳤던 주변에 약한 분들에 대해서 다시 생각해봐야겠다고 했지요. 그렇게 이야기를 나누던 중, 전체 운영하는 분이 모임을 정리하기 시작했습니다. 그리고 마이크를 잡고 이렇게 말했습니다.

"혹시 오늘 활동에 대한 소감을 말씀해주실 분이 있을까요?"

그 시절에 저는 절대 사람들 앞에 나서서 말하는 행동을 하지 않았습니다. 끔찍하게 싫어했지요. 그런데 한 가지 문제가 생겼습니다. 제 맞은편에 있던 분이 손을 번쩍 들더니 제가 한 이야기가 정말 좋았다면서 다른 분들이 함께 들었으면 좋겠다고 하시면서 저를 추천한 겁니다.

저는 싫다고 손사래를 쳤지만 반강제적으로 앞으로 나가게 되었습니다. 그래서 발언대 뒤에 서서 마이크를 잡게 되었습니다.

이미 손은 땀으로 젖었고, 등줄기에도 땀이 흐르기 시작했습니다. 한 손으로 스탠드를 잡고 다른 한 손은 마이크를 쥐고 있었습니다. 길게 말할 것도 없었습니다. 제가 할 말은 아주 단순했지요. 그저 생각만 정리해서 말하면 되는 상황이었습니다.

하지만 제 두 다리는 벌벌 떨고 있었습니다. 발언대를 왼손으로 붙들고 있지 않았다면 아마도 주저앉았을 거라는 생각이 들었습니다. 그렇게 몇 번 마이크에 말을 하려고 움찔 거리다가 저는 결국 한참을 주저했습니다. 그리고 마지막에 이렇게 말하고 자리로 돌아왔습니다.

"제가 지금 다리가 후들거려서 도저히 말을 못 하겠어요. 죄송해요."

제 말씀을 듣고 나니 어떤 생각이 드시나요? 발표를 끔찍하게 싫어했던 25살의 청년이 이렇게 강연과 코칭을 하는 사람으로 변하기 위해 얼마나 치열하게 애를 썼을까요?

이제부터는 정말 드리고 싶은 말씀을 시작하겠습니다.

지금 자신에게 던져야 할 질문은 '나는 왜 발표를 못 할까?'가 아닙니다. '나는 어떻게 해야 발표를 잘할 수 있을까?'라는 질문을 해야 합니다.

그래서 조금은 다행스럽습니다. 이렇게 제게 문의를 하셨다는 자체가 더 나아지겠다는 의지의 표현일 테니까요. 그 마음을 잊지 말고 이어가시길 바라겠습니다.

결국 자신의 의지가 밑받침이 되어야 나아질 수 있으니까요.

그럼 이제 제가 발표를 잘하기 위해서 어떻게 애를 써왔는지를 간략하게 말씀드리겠습니다.

25살 겨울, 그날의 경험은 정말 충격적이었습니다.

그 뒤로 한참을 힘들어했습니다. 저조차도 받아들이기 어려웠지요. 발표하는 것을 싫어하기는 했지만 그 정도로 어려워하는 줄은 전혀 몰랐습니다. 대체 어떻게 해야 할지, 어디부터 시작해야 하는지 막막하기만 했습니다. 그저 무엇이든 해야겠다는 절실함만 남았습니다. 그렇게 겨울이 지나갔지요.

봄이 찾아오고 다시 한 학기를 시작할 때 한 가지 다짐을 했습니다.

앞으로 발표를 할 기회가 있으면 일단 무조건 손을 들어야겠다는 것이었습니다.

그 시절에는 정말 힘들었습니다. 발표하려고 서 있는 자체가 고난이었습니다. 그래서 다른 무언가를 할 엄두도 내지 못했습니다. 그렇다 보니 해야 할 말을 모조리 적어서 읽듯이 발표해야 했습니다. 힘들었지만 제가 발표를 할 수 있는 유일한 방법이었지요.

따가운 눈총도 많이 받았습니다. 잘하는 사람도 많은데 왜 그렇게 발표를 할 거면서 굳이 하겠다고 했는지 이해하지 못하는 사람들도 많았습니다. 그러면 저는 그런 분들께 미안하다고 사과하면서 한 번, 두 번 발표를 이어가게 되었습니다.

여전히 온몸이 땀에 젖었지만 그래도 조금씩 나아졌습니다. 처음에는 종이만 들여다보다가 나중에는 잠깐잠깐 고개를 들 수 있게 되었으니까요.

그렇게 한 발씩 나아지는 수밖에 없었습니다.

발표하다가 울고 싶다는 생각도 많이 했지만 어떻게든 버텼습니다. 지금 넘어서지 못하면 다시는 덤벼들 수 없을 거라는 생각이 강하게 들었습니다.

그렇게 발표기회가 늘어가고, 시간이 흐르자 모든 것을 다 쓰지 않아도 되는 상황이 되었습니다. 이전에 10장을 써야 했다면 이제는 5장으로 요약해도 발표가 가능하게 되었습니다. 시간이 더 흐르면서 1장에 요약한 것만으로도 이야기를 할 수 있게 되었고, 한 2~3년이 지나고는 원고가 없어도 발표 자료만 띄워둔 채로 발표를 할 수 있게 되었습니다.

그 시간 동안 과연 얼마나 많은 연습을 했는지, 발표를 한다는 벽을 넘기 위해 얼마나 아등바등 애를 썼는지, 사람들은 잘 모릅니다. 그리고 제게 물어봅니다. 원래 말하는 재주를 타고난 게 아니냐고요.

예전에는 그런 말이 참 속상했습니다. 제가 들이는 노력에 대해서는 아무도 알아주지 않는다는 생각이 들었으니까요.

하지만 지금은 아닙니다. 그냥 웃으면서 감사하다는 인사를 합니다. 그리고 저 자신에게 칭찬을 합니다.

'그래, 정말 수고했어.'

그 순간에 제게 감사하는 마음이 생겨서 참 행복합니다.

그 대상이 꼭 발표일 필요는 없을 것 같습니다.

정말 꼭 넘어서야 하는 대상이 있다면, 내 삶을 짓누르고 있는 그 무엇이 있다면 언젠가는 그 앞에 정면으로 마주해야 합니다. 그렇게 외롭지만 홀로 설 수 있는 것을 두고 자립이라고 하겠지요.

이제는 정말 현실적인 도움이 될 수 있는 팁을 드리겠습니다.

지금부터의 이야기들은 제가 경험하고 배워온 것이기는 하지만, 모두에게 적용되는 정답이 아닐 수도 있음은 명심하길 바랍니다.

발표를 하려고 하면 일단 평소와 다른 발성을 하게 됩니다. 가뜩이나 긴장하고 있는데 평소에 내지 않던 목소리를 내야 하는 것이 부담이 되지요. 그래서 평상시에도 발표를 하는 것처럼 호흡하고 말하는 것이 가장 좋습니다. 그런데 그렇게 이야기를 하면 이런 질문이 있기 마련입니다.

"아니 어떻게 하루 종일 발표하듯이 해요. 목이 아파서 안 돼요."

이것이 첫 번째 오해입니다.

사람은 훈련만 잘되면 하루 종일 말을 해도 목이 아프지 않을 수 있습니다.

실제로 제 경우에도 하루에 8시간씩 연속 이틀간 강연을 하기도 합니다. 그래도 목이 아프거나 하지는 않습니다. 이를 위해서는 횡격막을 사용하는 호흡, 즉 심호흡을 하면서 날숨에만 말을 해야 합니다. 소위 말하는 '공기 반 소리 반'이라는 표현은 그렇게 심호흡을 하면서 말하는 것을 의미합니다.

그렇게 호흡이 갖추어지면, 그 위에 말하기를 위해 고려해야 하는 것은 총 5가지입니다.

음량, 멜로디, 피치, 음색, 빠르기를 조합해서 이야기를 펼쳐야 합니다. 각각에 대해서도 필요하다면 배움을 이어가야 하겠지만 일단은 이런 요소들이 있다는 것만 아셔도 좋겠습니다.

목소리를 제외하고도 알고 있어야 할 것이 한 가지 더 있습니다.

무대 위에 설 때의 자세에 대한 것입니다.

강연을 준비하게 되면서 가장 열심히 배우려고 했던 것이 무대 매너에 대한 것이었는데, 그중에서 가장 인상적이었던 것은 의도적으로 무대 위에서 최악의 발표를 해보라는 것이었습니다. 그렇게 완전히 바닥을 치게 되면 두려움이 많이 사라진다고 하더군요. 그러면서 발표자들에게 일부러 망치도록 연습을 시키고 발표를 이어서 하도록 했습니다.

자기가 상상할 수 있는 최악의 발표를 해본 사람들은 두려움이 많이 없어졌다고 했고 그 다음부터는 점점 편하게 발표를 하게 되었습니다.

제 경우도 이와 비슷했던 것 같습니다.

의도치 않게 바닥을 치는 경험을 해서 오히려 두려움이 많이 없어진 것이 아니었나 싶습니다. 그러니 여러분도 마찬가지 경험을 해보면 좋겠습니다.

아주 친한 사람들 몇 명 앞에서 의도적으로 최악의 발표를 해보는 것도 시도해보기 바랍니다.

그렇게 두려움이 어느 정도 없어지고 나면 또 배워야 할 것들이 있습니다.

무대에서 어떤 자세로 서 있어야 하는지, 동작은 어떻게 해야 하는

지 등등 정말 많습니다. 하지만 지금은 이것만 기억해주기 바랍니다.

무대에서 말하는 그 순간만큼은 내가 제일 잘한다고 생각하는 마음이 필요합니다.

무대를 내려와서는 발표를 곱씹어보고 반성하면서 나아질 곳을 찾더라도, 발표를 하는 그 순간만큼은 나보다 잘하는 사람이 없다는 것을 굳게 믿고 있어야 합니다. 그렇게 두려움을 하나씩 이겨내다 보면 자신감이 생기고, 자신감이 실력으로 이어지면서 한 발씩 나아질 수 있습니다.

저는 지금도 모든 강연을 녹화합니다. 그리고 반드시 다시 돌려봅니다.

어디가 미흡했는지, 어떤 부분에서 발음이 제대로 안 되었는지, 어떤 부분에서 감정 처리를 더 잘해야 하는지를 고민합니다. 그렇게 계속 노력해야 더 나은 강연을 할 수 있을 테니까요.

마지막은 이야기를 구성하는 방식입니다.

물론 강연을 하거나 할 상황은 아니지만, 결국 언젠가는 자신의 이야기를 세상에 전해야 할 때가 있게 될 것입니다. 그러면 그때는 이 이야기를 꼭 기억해주세요. 사람들에게 전해야 할 것은 정보가 아닙니다.

나의 이야기입니다. 그러면 자연히 어떻게 기승전결을 만들어서 극화를 하고, 그 과정에 나의 이야기가 어떻게 녹아들어갈 것인지를 고민해야 합니다.

사람은 타고난 이야기꾼이기 때문에 이야기에 반응할 수밖에 없습니다.

정말 길게 말씀을 드렸네요.

마지막에는 이 이야기로 마무리하고 싶습니다.

삶에서 가치 있는 것은 절대 쉽게 얻어지지 않습니다. 그만큼의 노력과 대가를 지불해야만 내 것이 됩니다.

저도 이만큼 발표를 하기 위해서 정말 긴 시간 많은 것을 배우고 노력해왔습니다. 앞으로도 더 잘하기 위해서 계속 노력할 생각입니다. 사람은 그렇게 성장해가는 것일 테니까요.

그렇게 더 나아지는 길 위에서 다시 뵐 수 있기를 바랍니다.

— 8 —
무엇을 해야 하는지 알고 있으면서도 하지 못할 때

Q 코치님 저는 다이어트 시작한 지 며칠 되지 않아 흐지부지하게 되고, 공부를 하는 것도 처음에는 열심히 하다가 이내 그만두고 맙니다. 미라클 모닝도 한 달 이상 이어가 본 적이 없어요. 제가 산만한 성격이라서 그럴 수도 있지만, 의지력이 정말 모자라다는 생각을 자주 하게 됩니다. 그런 것들을 잘해내는 사람들을 보면 그저 부럽기만 하다는 생각이 많이 들기도 하구요. 저는 어디가 문제일까요? 어떻게 해야 의지력이 높아질 수 있을까요?

코치의 조언

A 좋은 질문입니다. 실제로 많은 사람들이 유사한 문제를 겪고 있지요. 아마도 그런 문제를 한 번도 겪지 않았던 사람은 없을 것 같습니다. 저도 마찬가지입니다. 삶의 많은 분야에서 '이것도 해야 하는데' 하면서 실제로는 못 하는 경우들이 많습니다. 그런 측면에서 보

면 이번 조언은 저 자신에게 던지는 아픈 메시지가 될 것 같습니다.

변화는 왜 이렇게 힘이 드는 걸까요? 비슷한 사례를 가지고 설명을 드리겠습니다. 어떤 분이 코칭을 받는 중간에 이런 이야기를 한 적이 있습니다.

"민 코치님, 저 살 빼고 싶은데 왜 이렇게 안 될까요? 정말 답답하네요."

"어떻게 해야 살이 빠지는지 모르시는 건가요? 방법을 알려드릴 사람을 소개해 드릴까요?"

"윽. 그건 아니에요. 방법은 잘 알고 있어요."

"지난주 중에 마지막으로 운동하러 갔던 날이 언제이시죠?"

"……"

꿀 먹은 벙어리가 됩니다. 이렇듯 많은 사람들이 뭘 해야 하는지 알면서도 실제 그것을 삶에 옮기는 데에는 실패합니다.

과연 이분이 놓치고 있는 것은 무엇일까요?

저는 그것을 '상식'이라고 이야기하고 싶습니다.

당연히 아는 상식이지만 현실에 적용되지 못하는 것이지요. 그 이유는 다양할 것입니다.

의지력이 부족하다든지, 환경이 좋지 않았다든지 등등의 이야기를 합니다. 만약 자신이 계속 하지 않을 이유를 찾고 있는 사람이라는 생각이 든다면 지금부터의 이야기에 집중해주세요.

상식으로 머릿속에 들어 있지만 실제로 실행하지 못한다는 것은, 그 생각에 따라 살아가는 자기 자신이 떠올려지지 않는다는 것입니다. 즉, 나의 비전이 거기까지 미치지 못한 것이지요.

나는 어떤 사람이 되겠다, 나는 이런 일들을 하고 싶다 하는 것들이 실제 내 시야 안에 들어와야 사람은 움직이게 됩니다. 그런 비전이 없이 무언가를 하려고 하면 사람은 쉽게 지쳐버리게 되죠.

다이어트를 주제로 사례를 들겠습니다.

예를 들어 단순히 '10kg을 빼겠다.'라고 이야기하면 그 목표가 이루어지지 않을 가능성이 높습니다. 하지만 자신이 진심으로 건강하고 활기찬 삶을 살겠다는 비전을 가지고 있고, 그 비전이 달성된 자신의 모습을 떠올리면서 다이어트를 시작하면 성공할 가능성이 매우 높아집니다.

현실적으로 생각해보기 바랍니다.

10kg을 빼겠다는 목표보다는 3개월 후에 바디 프로필을 찍겠다는 목표가 나를 더 자극하지 않나요?

이렇듯 실제 내가 바라보는 미래의 내 모습이 지금의 나에게 투영이 되어야 합니다. 그리고 그것을 명확하게 떠올릴수록 그 대상을 향해 가고 싶다는 절실함이 커지고, 행동하려는 동기도 함께 커지게 됩니다.

제 경우에도 마찬가지였습니다.

발표를 잘하고 싶다고 막연하게 생각할 때는 움직이지 못했습니다. 하지만 다른 누군가를 생각하면서 그 사람처럼 말하고 싶다고 생각하니 무언가를 시작할 수 있었습니다. 그렇게 조금씩 나아졌지요. 그리고 제 선생님인 브랜든 버처드의 강연을 보고 난 다음부터는 '저 사람처럼 말하고 싶다.'는 마음이 생겼습니다.

그 마음을 키워가기 위해서 머릿속으로 그 사람의 무대 위에 제가 서 있는 것처럼 생각했습니다. 250명을 대상으로 스테이지에서 활기 넘치게 강연하는 모습을 머릿속으로 그렸습니다. 어떤 옷을 입고, 어떤 신발을 신고 무대 높이는 몇 미터이고 등등 이러한 모든 상세한 것을 떠올리면서 그 자리에 제가 서 있다는 생각을 하려고 했습니다.

그러면 긴장감이 높아졌습니다. 숨이 막히는 기분이 들고, 심할 때는 등에 땀이 흐르기도 했죠. 하지만 그런 생각을 매일 아침 하다 보니, 어느덧 200명 앞에서 말하는 것은 어렵지 않겠다는 생각이 들었습니다.

그래서 이제는 더 큰 무대를 떠올립니다. 2만 5천명 앞에서 강연하는 무대를 떠올리면서 다시 숨이 막히는 경험을 합니다. 그렇게 익숙해지고 대담해지는 과정을 반복했습니다.

이렇게 내 시야 안에 '미래에 어떤 모습으로 살고 싶은지'를 명확히 그리면, 그 생각을 이루어내기 위해 오늘 아침에 해야 할 일이 있다면 하지 않을 수가 없습니다.

제 경우에는 2만 5천명 앞에서 발표를 해야 한다고 생각하니 당연히 보컬 트레이닝과 무대 매너 훈련을 해야만 했습니다. 그렇게 총 4년간 저는 거의 모든 아침에 보컬 트레이닝을 했습니다. 그렇게 지속적으로 나아졌지요.

본인의 삶에서 소중한 것, 또는 얻고 싶은 가치가 있는 것을 떠올려보세요. 그리고 그 대상을 현재 자신이 하고자 하는 일을 연관 지어서 바라보기 바랍니다. 다이어트이건 공부이건 그것을 해야 하는 이유가 절실해지도록 말이지요. 그리고 매일 아침마다 그 바람이 이루어진 것처럼 떠올려보세요. 그러면 행동하는 것이 더 쉬워질 것입니다.

마지막으로 한 가지만 더 말씀드리겠습니다.

의지력이나 수행력 모두 에너지입니다.

행동 의지가 있어도 충분한 에너지가 없다면 모두 공허한 이야기가 될 뿐입니다. 항상 에너지 관리에 신경 쓰기 바랍니다.

— 9 —
사랑하는 사람을 잃었을 때

Q 얼마 전 친한 직장 동료가 교통사고로 세상을 떠났습니다. 급작스럽게 일어난 일이다 보니 며칠이 지난 다음에야 그런 일이 일어났다는 것을 실감했습니다. 그 사람의 빈자리가 업무 여기저기서 보이면서 이제 정말 다시 볼 수 없다는 생각이 자꾸 반복해서 들고 있습니다. 입사동기가 그렇게 세상을 떠나는 바람에 저도 충격이었지만, 그 동료는 결혼한 지 얼마 되지 않은 신혼이기도 했는데 남겨진 그의 부인에게는 얼마나 큰 상처일지도 걱정입니다. 이렇게 소중한 누군가가 세상을 떠나면 대체 어떻게 마음을 수습해야 할까요?

코치의 조언

A 대답하기 무척 조심스럽습니다. 사랑하는 사람을 잃는다는 것이 그 당사자에게 얼마나 큰 상처인지는 정확히 알 길이 없기 때문입

니다. 소중한 사람을 잃는다는 것은 결국 누구에게나 언젠가는 일어날 일이지만, 그렇다고 해서 얼마나 아픈지를 온전히 이해할 수는 없는 것이니까요.

우선 충분한 애도의 기간이 필요할 것입니다. 가슴속에 들어왔던 누군가를 비워내는 데는 아무래도 꽤 긴 시간이 필요하니까요.

흘려야 할 눈물이 있다면 그 눈물을 다 쏟아낸 이후에야 무언가를 시작할 수 있을 것입니다. 그렇게 애도하는 시간이 어느 정도 지나서, 아직 슬프지만 이제 한 걸음을 내딛어야 할 때 오겠지요. 그때가 왔을 때 앞으로 내 앞에 놓인 삶을 어떻게 살아가야 할 것인가를 고민하는 시간을 위한 조언 한 가지만 드리도록 하겠습니다.

떠난 사람이 세상에 남기고자 했던 것이 무엇이었을까요? 가까운 분이었다면 한번 그분의 상황에 자신을 놓고 생각해보기 바랍니다.

그분이 세상에 더하고 싶었던 가치가 무엇이었을까요? 아니면 지속적으로 더해오고 있었던 가치는 무엇이었을까요?

그 사람은 어떤 사람으로 세상에 기억되고 싶었을까요?

마음속에 그 사람을 떠올리고, 그 사람에게 물어보세요.

가장 소중한 것이 무엇이었고, 세상에 어떤 가치를 더하고 싶었는지를 물어보세요. 고통스럽다고 해도, 그 과정이 있어야 그 사람이 원하는 것이 무엇이었는지를 내 마음에 담게 됩니다.

분명히 마음속에 떠오르는 답이 있을 겁니다. 내게 그 사람이 소중했던 만큼 그 사람 마음속에 소중했던 가치는 이미 내게 전해져 있을 테니까요. 그러면 그 사람이 이루지 못한 몫만큼 내가 그 가치들을 이루어내고, 지켜주는 겁니다. 내 앞의 삶을 지금 보다 더 정성껏 대하는 것이지요. 그 사람이 전하고자 했던 가치와 내가 생각하는 가치를 함께 전달할 수 있다면 좋지 않을까요?

저도 소중한 후배를 잃었던 적이 있습니다. 앞서 그 말씀을 드리기도 했지요.

그 일이 일어났을 때 하필 제가 한국에 있지도 않았던 시절이어서 후배가 떠나는 마지막 모습도 지켜주지 못했지요.

그 후배는 항상 그런 이야기를 했었습니다.

'형, 저는 정말 멋진 엔지니어가 되고 싶어요. 문제가 생기면 멋지게 해결해주는 그런 엔지니어요.'

한국에 돌아와서 그 후배의 몫까지 채우기 위해서 꾸준히 애썼습니다. 제가 풀 수 없는 문제라면, 그 문제를 풀 수 있는 사람에게 연결을 해주기라도 하겠다는 마음가짐으로 어떻게든 답을 구해주려고 노력했습니다. 그렇게 한 10년이 지나고 보니 어느 곳에 가더라도 엔지니어로써 떳떳할 만큼은 되어 있었습니다. 후배가 이루고자 했던 가치를 제가 함께 이룬 셈이랄까요.

그렇게 그 후배는 오랜 기간을 제 안에서 함께 있었습니다. 아직도 많이 모자라다고 할 수 있지만, 이만큼의 노력을 기울여 왔다는 것을 알고 있을 테니 나중에 저 세상에서 다시 만나면 제게 고마워하겠지요.

소중한 누군가를 잃었을 때 결국 우리가 가야 할 길은 그런 것이 아닐까 싶습니다. 그 사람이 미처 이루지 못하고 간 몫이 남아 있다면 그것을 이루어주는 거지요. 결국 그 선택은 내 삶을 더 아끼고 사랑하는 방향이 될 것입니다.

내가 세상을 떠난 그 사람이라고 생각해보세요. 남은 누군가가 망가지는 것을 보고 싶지는 않을 것입니다. 따라서 떠나는 사람이 남아 있는 사람에게 해주고 싶은 마지막 한 마디는 이것이 아닐까 생각합니다.

"슬픔에 머물러 있지 말고, 떠난 내 몫까지, 당신은 삶을 더 아끼고 사랑하면서 살아줘."

당연한 이야기이겠지만, 제가 드릴 수 있는 말씀은 결국 이 한 마디뿐입니다.

힘내세요. 떠난 사람에 대한 아쉬움과 그리움이 있겠지만, 당신의 주변에는 아직 당신을 아끼고 사랑하고 걱정해주는 사람들이 많으니까요. 그리고 더욱 열심히 삶을 살아주기 바랍니다. 떠난 분께서도 온 마음으로 그걸 바라실 테니까요.

| 마치는 글 |

뜻하지 않게 사막에서 길을 잃었습니다. 그렇게 시작한 제 이야기는 참 많은 시행착오를 겪고 지금까지 이어져 왔습니다.

책에서 별도로 이야기하지는 않았지만 참 많은 일이 있었습니다.

책을 내보려고 하다가 세 권 분량의 원고를 수많은 출판사로부터 모두 거절당하는 경험도 했고, 건강이 상해서 죽을지도 모른다는 두려움도 겪었습니다.

봉사활동으로 코칭과 강연을 하던 시절에도 강연장에 아무도 나타나지 않아서 속이 새카맣게 타는 경험도 많이 했습니다. 그 모든 과정은 제 삶의 이유를 찾겠다는 마음에서 시작되고, 지금까지 이어지고 있는 과정이기도 합니다.

그렇게 내 삶의 이유를 찾고, 그 이유를 달성할 수 있는 더 나은 사람이 되기 위해서 오랜 기간 담금질했습니다. 그리고 그 끝에서 저는 코치가 되겠다는 마음을 품게 되었습니다.

처음부터 그랬던 것은 아닙니다. 저는 제 삶의 목표를 찾아서 그것을 달성하고 싶은 마음이었습니다. 마치 내가 만나야 할 에베레스트를 찾아서 그 산을 정복하고 싶은 마음이었습니다. 하지만 '언젠가는 나를 찾아와서 자기 인생을 바꿔주었다고 이야기 해주는 사람이 단 한 사람이라도 있으면 좋겠다.'는 생각이 들게 되면서 저는 제 역할을 새롭게 깨달았습니다.

제가 겪었던 힘든 과정과 그 과정에 배운 것들을 기준으로, 사람들이 자기만의 에베레스트를 오를 때 그 옆에서 도움이 되는 셰르파가 되어야겠다는 결심을 하게 되었습니다. 제 노력으로 다른 누군가의 삶을 변화할 수 있도록 돕는다는 것은 정말 가치 있는 일이라는 것을 알게 되었으니까요.

그리고 그 과정에 정말 절실하게 깨달은 것이 한 가지 있습니다.

원하는 것이 있으면 그것을 이루기 위해 그만한 대가를 치러야 한다는 것입니다.

많은 분들이 '끌어당김의 법칙'에 대해 이야기합니다.

온 마음을 다해서 끌어당기면 이루어진다는 법칙은 분명히 존재하는 것은 맞습니다.

온 열정이 다하는 곳을 향해 에너지가 집중되어 성공할 가능성이 높여줍니다.

하지만 너무 많은 분들이 '온 마음을 다해 끌어당긴다.'는 표현을 이해하지 못합니다.

그 표현은 목표를 이루기 위해서 내가 해야 할 수 있는 모든 노력을 기울인다는 것으로 이해해야 합니다. 마음으로 바라고 있다고 해도 나의 행동과 노력이 다른 곳을 가리키고 있다면 바라는 것은 찾아오지 않는다는 것을 깨닫기 바랍니다.

즉 생각과 의지, 그리고 행동이 일치해야 비로소 그 대상이 나를 찾아옵니다. 그리고 내가 원하는 것에 상응하는 대가를 반드시 치러야 합니다.

이러한 내용과 관련해서 제가 좋아하는 표현을 하나 전해드리겠습니다.

"피를 흘릴 시간입니다."It's time to shed Blood

그렇습니다.

원하는 것이 있으면 그만큼의 피를 흘리기 바랍니다.

당당하게 나의 노력으로 내가 바라는 것을 이루어 가길 바랍니다.

그렇게 이루어지는 것들이 쌓이면서 나의 자신감과 자존감도 높아질 것입니다. 결국 삶의 마지막에 우리가 자랑스러워할 것은, 나의 노력으로 인해 이루어진 것들일 테니까요.

이 책에서 말씀드린 것만으로 여러분의 삶이 바뀔 수 있을지에 대해서는 자신할 수 없습니다. 하지만 적어도 그 질문과 고민들을 진지하게 받아들이고 그 답을 만들어 가기 시작한다면, 삶의 변화를 일으키는 동력이 될 것이라고 확신합니다.

차분하게 제가 전해드린 이야기를 가지고 자신의 내면을 돌아보세요. 그리고 그 과정에 떠오른 생각과 의지를 행동으로 옮기기 바랍니다.

모두가 자신의 에베레스트 정상에 오르는 기쁨을 누리시길. 그리고 그 과정에 제가 조금이나마 도움이 될 수 있었기를 바랍니다.

감사합니다.